高校学生管理创新与辅导员工作研究

徐姗姗 ◎ 著

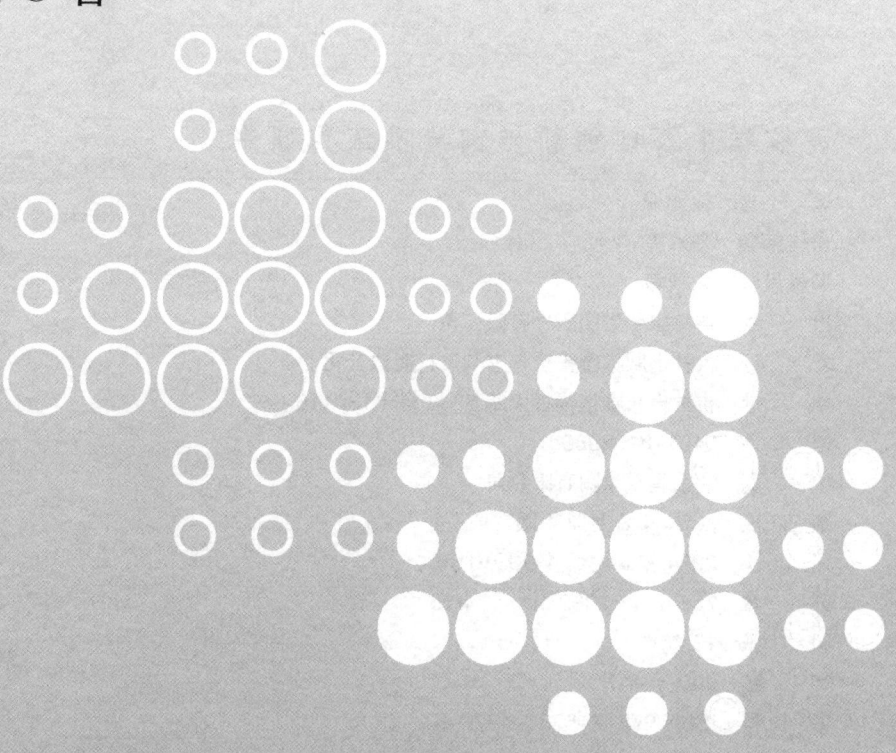

吉林出版集团股份有限公司
全国百佳图书出版单位

图书在版编目（CIP）数据

高校学生管理创新与辅导员工作研究 / 徐姗姗著
. -- 长春：吉林出版集团股份有限公司，2024.3
ISBN 978-7-5731-4777-6

Ⅰ．①高… Ⅱ．①徐… Ⅲ．①高等学校－学生－学校管理－研究②高等学校－辅导员－工作－研究Ⅳ.
①G645.5②G645.1

中国国家版本馆CIP数据核字(2024)第069397号

GAOXIAO XUESHENG GUANLI CHUANGXIN YU FUDAOYUAN GONGZUO YANJIU
高校学生管理创新与辅导员工作研究

著　　者	徐姗姗
责任编辑	张婷婷
装帧设计	朱秋丽
出　　版	吉林出版集团股份有限公司
发　　行	吉林出版集团青少年书刊发行有限公司
地　　址	吉林省长春市福祉大路5788号（130118）
电　　话	0431-81629808
印　　刷	北京昌联印刷有限公司
版　　次	2024年3月第1版
印　　次	2024年3月第1次印刷
开　　本	787 mm×1092 mm　1/16
印　　张	13.75
字　　数	240千字
书　　号	ISBN 978-7-5731-4777-6
定　　价	76.00元

版权所有・翻印必究

前　言

　　学生管理工作是地方高校工作体系的重要组成部分，若学生管理工作无法正常开展，高校整个大系统的运转也就成了一个问题。因此，地方高校管理人员应该重视学生管理工作，分析地方高校学生管理中存在的问题，从管理实际出发，不断探索新的管理方法，并进行深入研究与思考，将实践经验凝聚成理论认识，丰富高校学生管理研究的理论体系。只有这样，地方高校才能形成学生管理工作的长效机制，才能提高管理的质量。

　　鉴于地方高校学生管理工作的艰巨性以及高校辅导员在学生管理工作中的重要性，笔者在总结前人优秀研究成果以及自身丰富学生管理经验的基础上，对新时代地方高校学生管理与辅导员工作创新问题进行了全面分析。

　　本书对指导地方高校开展学生管理工作提供了不少新思路，同时也为地方高校辅导员队伍建设提供了可行性建议。由于时间仓促以及笔者水平有限，书中难免存在疏漏与不足，恳请各位专家批评指正。

目　录

第一章　高校学生管理工作概述 ·· 1
　　第一节　高校学生管理工作的内涵及特点 ································· 1
　　第二节　高校学生管理工作的目标及原则 ································· 4
　　第三节　高校学生管理工作取得的成绩 ···································· 6
　　第四节　完善我国高校学生管理工作模式对策研究 ·················· 9

第二章　走向对话的高校学生管理研究 ··· 18
　　第一节　对话理论在高校学生管理中运用的必要性与可行性 ····· 18
　　第二节　基于对话理论的高校学生管理运行机制 ······················ 22
　　第三节　基于对话理论的高校学生管理目标与方式 ··················· 29
　　第四节　基于对话理论的高校学生管理实践运作 ······················ 35

第三章　高校新生工作管理创新 ·· 44
　　第一节　新形势下高校新生工作的探索 ··································· 44
　　第二节　马斯洛需要层次理论对高校新生工作的启示 ··············· 49

第四章　新生代大学生的教育管理策略 ··· 54
　　第一节　更新大学生教育管理理念 ·· 54
　　第二节　创新大学生教育管理方法 ·· 62
　　第三节　拓展大学生教育管理途径 ·· 69

第五章　我国高校学生管理工作创新趋势 ····································· 80
　　第一节　"微时代"下高校学生管理工作创新措施 ··················· 80

第二节　大数据时代高校学生管理工作创新探究 …………………… 86
　　第三节　互联网技术在高校学生管理工作中的应用探究 ……………… 91
　　第四节　基于法治视角的高校学生管理工作改革探索 ………………… 93
　　第五节　基于柔性管理理念的高校学生管理工作探析 ………………… 95
　　第六节　基于服务理念的高校学生管理工作思路与对策 …………… 101

第六章　高校辅导员工作概述 ………………………………………… 117
　　第一节　高校辅导员概念的由来及角色定位 ………………………… 117
　　第二节　高校辅导员素质构成 ………………………………………… 121
　　第三节　高校辅导员的教育理念解析 ………………………………… 123
　　第四节　高校辅导员工作内容解析 …………………………………… 126
　　第五节　高校辅导员工作原则与方法 ………………………………… 135

第七章　高校辅导员工作精细化研究 …………………………………… 142
　　第一节　高校辅导员工作精细化内涵解读 …………………………… 142
　　第二节　日常管理工作精细化 ………………………………………… 147
　　第三节　高校辅导员精细化工作推进的保障 ………………………… 159

第八章　课程模式下高校辅导员工作研究 ……………………………… 162
　　第一节　辅导员工作课程化模式的内涵 ……………………………… 162
　　第二节　探索与实施辅导员工作课程化模式的必要性 ……………… 166
　　第三节　课程化模式下高校辅导员工作体系构建 …………………… 170
　　第四节　课程化模式下高校辅导员工作的流程 ……………………… 178

第九章　高校辅导员专业化发展的考评激励机制 ……………………… 187
　　第一节　高校辅导员专业化发展的考评机制 ………………………… 187
　　第二节　高校辅导员专业化发展的激励机制 ………………………… 197

参考文献 …………………………………………………………………… 211

第一章 高校学生管理工作概述

第一节 高校学生管理工作的内涵及特点

一、高校学生管理工作的内涵

高校学生管理工作是对大学生日常事务的管理，其含义是指通过对学生的日常行为进行规范、指导和服务，来促进学生的全面发展。学生管理工作有广义和狭义之分，广义的学生管理工作即学生工作，包括德育、日常事务管理、学生工作的考核与评估、学生成长发展指导等内容。本书所讲的学生管理工作指的是狭义的学生管理工作，也就是管理学生，侧重的是日常管理，包括班级建设、学生奖惩、学生资助、安全教育、宿舍管理、生活服务、就业指导等，涉及学生在校生活、学习的方方面面。

（一）理想信念教育和道德品质规范的养成教育

理想信念是一个人前进的航向，而道德品质则是为人做事的准绳。在高校学生管理工作中，管理工作者要重视校园文化建设，为大学生营造高雅的文化氛围，通过校园文化的影响和熏陶为大学生营造良好的舆论氛围，通过文化活动的组织和开展增强德育的效果。

（二）依法治校，维护学生合法权益

实行依法治校，即在高校的日常管理工作中，要明确学校和学生的权利及义务，要充分保障学生的合法权益。要依靠法律和学校的各种规章制度，对学生进行奖励、资助、处分等；在处理如对学生进行处分等涉及学生权益的问题时，要严格按照正当程序，规范处理过程，使学生的合法权益不受侵害。

（三）学籍管理和学习指导

随着高校教学体制改革的深入和弹性学制、学分制的实施，在学生学籍管理中，高校可以实施跨校、跨专业修读或专修和辅修相结合等有利于学生成长的管理模式。学生管理工作者可以通过学风建设，为学生创造积极向上的学习氛围。在学生进行自主学习的同时，管理者要提供全方位、积极主动的辅导，帮助学生养成自主的学习习惯和终身学习的思想观念。

（四）就业指导和就业服务

就业指导服务是学生管理工作的一项重要内容。面对日益严峻的就业形势，高校要设立专门的就业指导部门，由学校主要领导直接负责管理。就业指导部门要做好在校生职业生涯规划指导、就业信息收集、实习基地建设、毕业生就业指导、毕业生职业规划等工作。

（五）勤工俭学和贫困生资助

贫困生资助和勤工俭学也是学生管理工作中的一项重要内容。学生管理工作部门要针对学生的实际情况和高校的规章制度，开通助学贷款的"绿色通道"，尽可能多地开辟勤工俭学的岗位，认真做好国家奖、助学金和校内贫困生补助的发放工作；同时，针对学生群体中发生的突发事件应建立应急处理机制和临时困难补助制度，对于发生重大家庭变故的学生，要及时给予特殊帮助。

（六）生活服务和心理健康教育

高等教育不仅仅体现在学习方面，还要把服务育人的理念贯彻到日常的学生管理工作中去。学生管理工作部门要和校内其他服务部门互相配合，在为学生提供衣、食、住、行等方面服务的同时，还要重视对学生进行健康生活方式的引导。高校心理咨询中心要通过各种渠道、运用多种形式在全校范围内对学生开展心理健康教育和心理咨询活动，加强对学生的心理疏导。学生管理工作者要建立畅通的信息网络，使德育教育和心理健康教育有效结合，进而提高学生管理工作的水平。

（七）校园秩序与课外活动

学校要为学生提供健康、和谐的学习和生活环境。学生管理工作者要积极引导学生，自觉遵守学校管理制度，提高自身的道德修养，自觉维护校园秩序。同时，学校要积极鼓励学生团体组织开展有益于大学生身心健康的活动，并对活动加以管理和指导，保证学生活动的合法性和科学性。大学生通过参加各种类型的团体活动，可以在人际交往和社会适应能力等方面得到锻炼，这有利于其全面发展。

二、高校学生管理工作的特点

大学生是思想最为敏锐的群体，有着自身独有的特点。根据大学生的身心特点有针对性地开展工作，是高校学生管理工作顺利进行的保证。每个学生的成长和教育环境的不同，造成了他们价值取向的多元化、思想观念的差异化，具体表现有：理想与现实的差距使其虽有理想信念，但难以抉择；虽有明确的是非观，但自控性和自律性较差；实用主义倾向明显，只关注与自身利益相关的事情；个人主义突出，自我意识较强；要求独立，但依赖性强，渴望尽快走向社会，但又无法实现经济独立；适应新事物的能力较强，但心理承受能力较差。学生管理工作要适应学生的特点、满足学生的需要，这是学生管理工作取得成效的关键。针对大学生的特点开展工作，能够使学生管理工作更具专业性和操作性，从而促进高校学生管理工作目标的实现。高校学生管理工作有以下特点。

（一）教育性

培养全面发展的高素质人才，为社会主义现代化建设服务，是高校学生管理工作的主要目标。高校学生管理工作者要通过对学生的教育和引导，提高大学生的科学文化素质，培养他们良好的品德和修养，引导他们坚持正确的政治方向，帮助他们树立远大的理想。总之，高校学生管理工作者要通过学生管理工作的教育和引导作用，促进高校管理目标的实现。

（二）开放性

高校的学生管理工作具有开放性，因此日常管理工作可以通过多种途径和方法开展。高校的学生管理工作既可以通过课堂教学教育，又可以通过组织校园文化活动进行日常管理，还可以通过学校教育、社会教育、家庭教育等多种渠道展开。学生管理工作者要善于利用多方资源，懂得统筹和协调，形成促进学生管理工作的合力。

（三）持续性

高校学生管理工作系统是一项复杂的工程。每一项具体工作的完成都要以学生管理工作的总体目标为方向，都要体现学生管理工作的效果，都要促进大学生的全面发展。高校学生管理工作要建立长效的工作机制，使学校教育、社会教育、家庭教育三者有效结合，通过外在的制度管理和内在的学生自我约束，结合思想政治教育，来增强学生管理工作的效果和系统性。

（四）实践性

高等教育以培养适合社会需要和适应时代发展的高级知识人才为目标，要提高学生解决实际问题的能力。社会形势的不断变化和发展，要求学生管理工作模式随之改变。新的管理方法和手段不能只是空谈理论，而应该在实际工作中得到切实的运用，以达到理论指导实践的目的。只有具有实践性的学生管理工作，才能更好地适应日益变化的社会环境。

第二节 高校学生管理工作的目标及原则

一、高校学生管理工作的目标

高校学生管理工作的目标是培养适应社会发展需要的高素质人才，以提高大学生的综合素质为主要目的，具体来说，就是要提高大学生的思想政治素质、科学文化素质、身心素质与创新素质等。

（一）思想政治素质

提高思想政治素质，要求大学生拥有正确的政治方向、坚定的理想信念，要养成良好的道德品格；自觉跟党走，认真学习党的理论知识和重要思想，同时自觉践行党的路线、方针、政策，坚持正确的政治立场。

（二）科学文化素质

提高科学文化素质，要求大学生拥有全面丰富的知识结构和扎实的理论功底；提高科学文化素质，要求大学生努力学习科学文化知识，掌握正确的学习方法，养成良好的学习习惯，要学会用理论指导实践，全面提高自身素质；同时，要树立终身学习的观念，在实践中寻找不足，以学习来弥补不足。

（三）身心素质

提高身心素质，要求大学生拥有强健的身体和健康的心理，通过积极参加体育锻炼、文体活动强健体魄，提高身体素质；通过自我管理、自我控制和自我调节健全人格；通过积极参加社会实践培养良好的个性和环境适应能力，并且拥有健康的心理素质，更好地为社会服务。

（四）创新素质

提高创新素质，要求大学生要有科学的思维方式和把理论运用于实践的能力。大学生要通过学习积累理论知识，运用科学的思维，辩证地、全面地分析和辨别事物；要有较强的创新和实践能力，面对不断变化的环境要勇于创新，不断地进行自我突破，在提高创新能力的同时拓展综合素质。

二、高校学生管理工作的原则

为提高学生管理工作水平，实现有效管理，学生管理工作者在日常管理中应该遵循以下原则。

（一）实际性原则

实际原则要求高校学生管理工作要一切从实际出发，既要考虑学校的实际情况，又要考虑学生的实际情况；通过了解学校与学生的实际，建立健全组织机构，明确各组织机构职能，确定学生管理目标，同时要研究适合高校自身的学生管理模式；从实际出发进行学生管理，有利于有针对性地开展学生工作。

（二）制度化原则

制度化原则要求学生管理工作者要根据国家法律规定，结合高校自身实际，制定各种规章制度进行学生管理。制度化是进行规范管理和提高管理效率的必然要求。只有通过制度化管理，高校学生管理工作才有章可循，才能不断地增强科学性、有效性。

（三）服务性原则

高校学生管理工作要坚持服务育人的理念，以服务学生为出发点和落脚点。在对学生的日常管理中坚持服务性原则，就要从学生的根本利益和切身需要出发，把学生看作学生管理工作的主体，一切为了学生。因此，高校学生管理工作者在实际工作中应坚持服务性原则，通过服务达到管理的目的。

第三节　高校学生管理工作取得的成绩

　　高等学校的根本任务是培养德、智、体、美、劳各方面全面发展的社会主义事业的建设者和接班人。学生管理工作是高校工作的重要组成部分，对培育适应21世纪经济社会发展需要的"四有"大学生至关重要。几十年来，各高等学校对学生管理工作都十分重视，投入了大量的人力、物力和财力；学校的学生管理工作者认真贯彻党的教育方针，围绕学校培养目标，大胆实践，努力探索，形成了一套行之有效的工作途径和方法。他们热爱学生、关心学生，爱岗敬业，为培养学生付出了巨大的劳动和心血，为我国的社会主义建设培养了大批合格的专门人才。特别是近年来，高校学生管理工作队伍在学生管理工作的科学化、规范化上进行了有益的研究与探讨，取得了一定的成绩，归结起来主要有以下几点。

一、加强大学生德育教育，为大学生成才提供精神动力

　　大学生的日常德育工作是课堂教学、德育课、形势政策课等之外的重要补充，具有针对性、时效性等特点。高校学生管理工作注重大学生的日常思想政治工作，以解放思想、更新观念、提高认识为指导思想，树立"一切为了学生"的教育理念，增强服务的意识，强化服务的功能，自觉、主动地为大学生成长和成才服务，既坚持教育学生、引导学生、鼓舞学生、鞭策学生，又做到尊重学生、理解学生、关心学生、帮助学生；既对大学生学习、生活规范管理，促进大学生向有道德、有纪律的方向发展，又要提高大学生的文明素养，促进大学生文明习惯的养成。德育教育工作要做到学生的心坎里，要被学生接受，要受学生欢迎，发挥解疑释惑、化解矛盾、鼓舞士气和激发热情的作用，为大学生成才提供精神动力和舆论力量。

　　对大学生的德育教育一般采取集体、小组、个别教育的形式，通过运用大会、讨论、学习、讲评等方法，结合不同阶段学生的思想状况，有目的地对学生加强德育教育、引导大学生全面提高素质，例如通过"三好学生""文明宿舍"等各项先进评奖，引导学生开展创优争先活动，努力学习，积极进取，在学习、品德、行为、身体锻炼等各方面追求进步，成为优秀人才；而对大学生不良行

为的处罚，不仅对其本人的健康成长具有重要意义，对其他同学也具有重要的教育意义。另外，高校学生管理工作者可通过新生军训，培养学生适应环境的能力，增强学生的国家安全意识，培养学生坚韧不拔的意志、艰苦奋斗的精神，养成文明、守纪的习惯；通过专业介绍，进行学习目的教育、理想教育，激发学生学习的热情，提高学生自我提升的积极性；通过校史校情教育，对学生进行学校光荣传统教育、艰苦奋斗教育、优良学风教育，为他们今后的学习和提高打下坚实而良好的思想基础；通过对毕业生的各项教育，引导学生正确看待和处理自我发展需要与社会需要之间的关系，帮助学生树立正确的择业观；通过引导学生剖析自身素质与社会需要之间的差距，增强学生的忧患意识，进一步提高大学生道德修养的积极性、主动性和创造性；同时，还要加强竞争意识教育、挫折教育、创业教育等，进一步促进学生提高自身素质。

二、积极开展丰富多彩的活动，为全面提高大学生素质搭建舞台

（一）积极组织社会实践，锻炼学生的社会适应能力

利用寒暑假开展社会实践是高校学生管理工作的常规内容。大学生利用寒暑假进行社会实践的形式是多种多样的，有环保调查、行业实践、公益实践、母校回访、勤工助学等。社会实践活动没有固定的模式，也没有固定的场地和对象，一般是在一个比较开放的环境下，面对不断变化的情境，让学生独立面对和解决各种问题。社会实践能充分调动学生的积极性，引导学生在实践中勇于开拓、敢于创新。

此外，大学生能够通过实践走向社会，亲身体验生活，看到城乡差别，在与人民群众的接触、了解、交流中受到真切的感染，从典型事例中受到深刻的教育和启发，从而使其思想得到升华，社会责任感和使命感得到加强，同时也能使其看到自身知识和能力上存在的不足，比较客观地去重新认识、评价自我，逐渐摆正个人与社会的位置，进而潜心思考自身的发展问题，不断地提高自身素质和能力，以适应社会发展的需要。

总之，社会实践可以训练学生独立生活和适应环境的能力，提高知识的实际应用能力和自身的组织管理能力，巩固和发展专业技能，了解国情民情，增强社会责任感，强化学生的社会服务精神，塑造他们吃苦耐劳的品德。大学生在积极参与这种实践活动的过程中，会逐渐养成坚韧、顽强的优良品性，养成务实的学习态度和生活作风，不断完善提高自己。

（二）组织社团活动，为大学生搭建开发潜能、展现自我的重要平台

社团活动是大学生校园文化活动的重要组成部分，是对大学德育的有效补充，也是大学生素质教育的重要载体，是高等院校中一道亮丽的风景线。大学生社团是大学生立足校园，基于共同兴趣和爱好，依照法律与一定的章程，自愿结成的具有固定成员和特定活动内容的组织，大致可分为思想政治、学术科技、文体娱乐、志愿服务、创业或综合五种类型。社团活动形式新颖、丰富多彩，在培养学生的想象力、创造力、批判能力和协作精神，充分调动社团协会的主体性与参与性等方面，起着桥梁和纽带的作用。它不仅丰富了大学生活，而且为大学生身心健康发展提供了课堂以外的学习机会，让他们在活动中锻炼自己的能力、发挥自己的特长、展现自己的才干，这无疑是大学生开发潜能、展示自我的舞台。

（三）丰富校园文化，提高学生的人文艺术修养

文化素质是大学生个人素质中的一个重要内容，其含义是指具有一定的文学修养、理论修养、音乐修养、艺术修养等。学生管理工作的重要内容之一就是校园文化建设。校园文化具体表现在各种活动的组织与开展中，如元旦联欢会、歌手大赛、合唱比赛、社团嘉年华、科技文化节、校园辩论赛、纳雅大讲堂、假面舞会等。青年人思想活跃，吸收力强，可塑性大，比较容易接纳新生事物、观念、行为及生活方式。因此，学校通过群体文化的规约和引导，形成良好的校园文化大气候，对学生素质的提高大有裨益。学校通过丰富多彩、形式多样的文化艺术活动，引进高雅艺术如音乐会、芭蕾舞、话剧等，学生的艺术修养和审美素质得以有效提高。

（四）组织课外学术科技活动，锻炼学生的创新能力

大学生课外学术科技活动包含三个方面的内容：一是学术科技的学习，二是学术科技的创新，三是学术科技的应用。这是伴随着"科学技术是第一生产力"的论断逐步为社会所接受并确立其在经济社会发展中的主导地位，一步一步发展起来的。高校学生管理工作部门对此应高度重视，不断健全组织机构，形成有效管理的模式；建立评比表彰制度，营造学术气氛，并采取积极措施使这一活动不断发展和深化。

课外学术科技活动激发了学生的学习积极性和创造能力，使学生从校园走

向社会，从单纯受教育和知识传承的身份，逐渐成长为社会财富的创造者，打破课外与课内的界限，最终使学生建立终身学习的观念。

三、加强学生管理工作队伍建设，提高推进素质教育的能力和水平

辅导员是从事学生思想政治工作的基层干部，是思想政治工作第一线的组织者和教育者，也是和学生接触最多的老师之一。高素质的辅导员有利于国家的稳定和繁荣、学校的生存和发展以及学生的健康成长。因此，高校应把那些政治素质硬、业务水平高、思想品德优、综合能力强、热爱辅导员工作的优秀毕业生党员选留到辅导员队伍中来，加强对辅导员的管理，以提高队伍整体素质。从发展趋势来看，我国高校学生管理工作日渐强调教育性和发展性，在强调德育传统的同时，基本上得到认同"以人为本"的管理理念；管理制度也更为完善，管理干部队伍的层次日益改善，有的高校学生管理干部中硕士毕业生已经占有一定比例，有的学校为博士毕业生任专职书记。

第四节　完善我国高校学生管理工作模式对策研究

一、以"柔性管理"思想为指导，更新管理理念

在学生管理工作中，"以人为本"是柔性管理的核心，同时也是柔性管理的价值取向，更是柔性管理的核心指导原则。高校的学生管理工作特别是院系学生管理工作的出发点和落脚点应该是学生的成长成才，以培养德、智、体、美、劳全面发展的社会主义建设者和接班人。

（一）确立以学生为本的管理理念

中共中央、国务院颁布的《关于进一步加强和改进大学生思想政治教育的意见》，明确把以人为本作为加强和改进大学生思想政治教育的指导思想，强调要坚持以人为本，贴近实际、贴近生活、贴近学生，促进人的全面发展。这就给高校学生管理工作提供了理论支持，要求我们必须树立以学生为本的学生管理工作理念，从而更好地指导我国高校学生管理工作的开展。

要在实际工作中树立起以学生为本的学生管理工作理念，就要通过相应的规则确定学生在高校的学生管理工作中的主体地位，充分突出学生的主体性。这也就是说，在学生管理工作过程中，学生管理工作人员要时刻以学生为中心，发掘学生的潜能，发挥学生参与管理的积极性，引导学生维护自身的合法权益；关心学生发展，帮助他们解决在日常学习和生活中出现的各类问题，真心诚意地为学生服务。

以生为本、服务学生的理念要求高校院系在实施具体的学生管理工作中，要考虑到学生的主体性和个性发展，减少一些强制性、单一性的内容。基层管理人员在具体工作中要做到尊重学生的个性诉求（基础），关注学生的身心健康（关键），服务学生的各类需求（方式），发展学生的综合素质（目的）。尊重学生就是尊重学生的个性诉求，尊重学生在高校中的主体地位。高校的成立基础是学生，所以在具体工作中，要尊重学生的主体地位，尤其对特殊学生更要加倍重视。关心学生就是关心学生的学习和生活，及时掌握学生在学校的学习和生活的具体情况，帮助学生解决问题，让他们感受到学校的关爱。服务学生就是以学生需求为导向，努力创建适合学生发展的软硬件环境，促使学生进行良好的自我管理，促进学生形成正确的人生观和世界观。发展学生是以学生为本的目的，也是尊重学生、关心学生、服务学生的归宿，最终都是为了学生的全面、协调发展。

（二）坚持民主管理

民主管理对于我国高校院系学生管理工作既是手段又是目标。一方面，它是院系学生管理工作有效性的重要保证，通过学生广泛参与，可以树立其主人翁意识，牢固学校的凝聚力和向心力；另一方面，它能培养学生的民主意识，增强学生参加学校管理的积极性。

民主管理内涵非常丰富，是现代管理的重要内容之一。根据当前我国高校的实际情况，在高校院系学生管理工作中，民主管理的理念应着重体现在两个方面：第一，以人为本，认同学生的主体地位；第二，讲求宽容，为学生发展提供宽松的环境。

1. 以人为本，认同学生的主体地位

实施对人的管理是学生管理工作的本质，因此学生管理工作必须始终贯彻以人为本的核心思想。学生是高校管理的对象，也是高校管理的主体。因此，

"为了一切学生，一切为了学生，为了学生的一切"的思想，应该成为高校学生管理工作的基本理念。这也是柔性管理理论中一个重要的概念。这就要求学校涉及学生的各个部门都要树立起以学生为本的核心思想，实行民主管理的方式。基层学生管理工作者对学生的个性发展要正确认识和充分尊重，对学生的意见和要求要广泛听取，将学校和学生的发展融为一体；在各项规章制度的制定过程中，要调动学生参与的积极性，同时增加透明度；对学校院系各项工作中存在的问题，要鼓励学生主动积极参与管理，听取学生的意见，以此来充分、有效地调动学生"自我教育、自我管理、自我服务、自我激励"的积极性。

2. 讲求宽容，为学生发展提供宽松的环境

宽容就是要求学生管理工作人员尽量理解或亲身参与到学生的各种创造性活动中去，鼓励学生在校园文化活动中百家争鸣、百花齐放，不要用简单划一的制度和方式去规定学生，减少对学生的强制要求和无谓监督。既然有创新，也就意味着有风险，宽容就是要求学生管理工作者特别是院系学生管理工作者要有勇气去替学生承担风险和压力，力所能及地为创新型学生提供帮助和支持。当前大学生体现出个性多元化、发展差异化的特点，院系学生管理工作人员不仅要考查学生学业知识，还要考查学生的道德、创新及实践能力等方面，以促进学生的个性化发展。

（三）强调管理服务意识，实现个性化管理

市场经济的建立和高等教育大众化的发展，使高等教育成为一种消费，大学生就是特殊的教育消费者。"教育是一种具有服务性质的实践活动，教育服务就是教育活动的产品，或者说是一种服务形态的产品，教育产品是教育服务。"市场经济条件下，服务的提供方是高校，学生作为消费者，因此，学生在付出学费的前提下，有权利要求高质量的教育服务、享受优质的教育资源，而高校也必须提供相应的教育服务。因此，高校学生管理工作理念必须要进行转变，而院系作为与学生接触最密切的基层组织，其本质就是要坚持以服务学生为学生管理工作理念，这就要求学生工作组织以及学生管理工作者要根据市场经济发展的各项要求为学生提供服务，要一改以往行政化、官僚化的学生管理工作作风，实现学生管理工作向规范化、制度化、科学化的方向转变。

理念为行动指明了方向。院系学生管理工作者要学会转变角色思考问题，多从学生的角度出发，思考学生面临什么问题，应该如何处理问题；要搞清学生当前的思想动态，把解决学生的问题作为学生管理工作的出发点和归宿；同

时，让学生发挥其主动性，使得学生参与到学生管理工作中来，让学生提出积极的意见，这也是培养他们发现问题、分析问题、解决问题能力的一大重要举措。

二、坚持以学生为本，改革和完善院系管理体制

（一）建立院系党政共同负责学生管理工作领导机制

基层院系学生管理工作的有效开展离不开院系领导班子的大力支持。院系学生管理工作体系建设首先要安排院系班子即专门领导全面负责学生管理工作，同时也要院系党政领导亲自抓。建立党政领导共同负责学生管理工作的领导机制，可以全面整合院系各部门的力量，使得院系教务、行政等各部门分工协调，促进基层院系学生管理工作有序开展。在院系党政领导的共同负责下，学生管理工作既不是单纯的思想教育工作也不是单纯的行政管理工作，而应该既是思想教育工作又是行政管理工作。为了确保党政共同负责落到实处，院系党政领导可以在院系党政联席会议上单列一项学生管理工作，用以保障学生管理工作顺利、高效地开展。

需要说明的是，各项工作的开展要学校学工处发挥指导功能。同时，学校有必要赋予院系学生管理工作部门一定的行政权力和主动权，否则，若其仅作为与院系同等的职能部门，其各项工作极有可能得不到有效开展，导致院系学生管理工作部门的职能与目标存在差距，实现不了预期的管理目标。

（二）以学生的发展和需要为依据进行组织机构和职能设置

院系基层学生管理工作必须建立在配备完善、工作得力的学生管理工作机构的基础上。长期以来，院系的学生管理工作机构虽然采取了不同的设置形式，但是无论采取哪种设置形式都必须满足学生受教育的需要，满足一定的设立条件，比如是否适合学生全面发展，是否能使学生管理工作人员顺利开展工作，是否能够使得院系学生管理工作部门达到预期的目的等。

高校要加强院系一级的领导和管理。在机构上成立院系学生管理工作办公室，与学校学生管理工作处相对应，院系党政负责人共同对本院系的学生管理工作负责，院系学生管理工作办公室的常务负责人是院系党委（党总支）副书记，成员包括院系学生管理工作办公室主任、团委书记、年级辅导员等。需注意的是，院系一级的本科生学生管理工作由党委（党总支）副书记负责，而一些高校的

研究生学生管理工作由党委（党总支）书记负责，那么在管理中应当由院党委（党总支）书记对全院研究生、本科生的学生管理工作负责，在具体工作中一定要统筹兼顾、理顺研究生和本科生的管理机制。

目前，由于大学生数量不断增多，事务量也随之增大。虽然近年来学生管理工作组织进一步扩大，学生管理工作人员数量进一步增多，但是院系学生管理工作人员既要应付日常学生管理工作，也要随时处理突发事件，往往有些力不从心。为此，院系学生管理工作部门应当以管理职能化、规范化为目标进行部门设置，细化管理职能，以更好地满足学生的需要。具体来说，院系层面要成立或者设立以下几个与学生利益相关的办公机构。

1. 成立院系资助工作办公室

院系学生管理工作部门应在院系层面上成立院系资助工作办公室，专门负责管理院系学生的各种经济资助事务，具体职能包括：做好与学校的资助管理办公室的任务衔接，同时，根据本学院的专业特点与有意向资助单位进行联络，负责资助信息的收集和发布；要做好学校奖学金、助学金的发放工作，适时提供一些勤工助学岗位信息，等等。院系资助工作办公室的作用如下：一是深入学生中摸查情况，全面了解学生经济状况，做好贫困学生建档工作；二是努力构建和完善以"奖、贷、勤、助、补"为主体的资助体系；三是对贫困学生开展励志教育，引导贫困学生自强不息；四是大力开展诚信教育、感恩教育，引导贫困学生以实际行动回报社会。

2. 建立院系心理健康辅导室

当前由于经济社会的快速发展，学生心理健康问题呈现出独特性和复杂性的特点，从学生管理工作的本质以及服务学生的需要出发，当代大学生需要专门化的心理辅导。院系直接接触学生，需要成立针对各院系特点的专门的健康和发展咨询部门，配备既了解心理辅导知识也了解本院系特点的专门人员。院系层面上的心理辅导室，可以借助学校心理辅导中心的力量，为每个本院系的学生建立心理健康档案，使得院系心理辅导工作成为学校心理辅导的有效补充，同时也能在第一时间为院系学生提供心理帮助。

目前，我国很多高校都对辅导员提出考取心理咨询师职业资格证书的要求，很多辅导员也顺利通过考试，获得了心理咨询师职业资格证书。所以，院系学生管理工作系统已经具备建立心理健康辅导室的师资条件。院系在辅导学生心理健康时要注意以下内容：一是制订学生心理危机干预预案，完善学生心理健康档案；二是举办心理健康活动，普及心理健康知识；三是做好心理辅导和咨询工作；四是认真进行学生心理状况摸排工作，妥善处理好有心理问题倾向的学生的心理干预工作。

3. 成立院系学生就业创业指导中心

院系学生管理工作部门应在院系层面设立院系就业创业指导中心，其职责是利用相关学生管理工作人员的专业优势，指导院系学生制订职业生涯发展规划，为毕业生提供与专业相关的求职技能和就业信息，指导学生从事创业活动等事务。院系就业创业指导中心应加强与学校就业创业指导中心的合作，利用院系的专业优势，加强与相关企业的联系，为学生提供高质量的就业创业服务。

院系就业创业指导中心要牢牢抓住就业创业服务和就业创业指导这两条主线开展工作，做到重点关注、重点服务、重点推荐，谋求整体突破，提高毕业生就业率。

（三）加强院系学生管理工作队伍专业建设

优秀的学生管理工作队伍是基层院系学生管理工作开展的组织保障。一支高水平的学生管理工作队伍，是基层院系学生管理工作开展的有效保证。我国将高校基层学生管理工作者称为辅导员，要打造一支优秀的辅导员队伍需要注意以下几个方面：首先，要建立辅导员的聘用选拔体系，以"专业化、科学化"为原则，在选拔过程中不仅要考核辅导员的专业知识，还要考查辅导员的作风、纪律、观念，要高标准、严要求。其次，要建立辅导员培训发展机制，结合高校学生工作的特点，制订辅导员培养计划，可根据实际制定出固定培养机制、临时培养机制。再次，要建立辅导员队伍的绩效考核和监督评价机制，实行量化考核，对辅导员的工作进行动态管理，要增加考核工作的透明度和实效性。最后，要建立辅导员激励和淘汰机制。要重视辅导员的个人发展，在辅导员的评先评优、职务晋升上建立完善的机制，对于考核不及格或者在任期内发生重大事故的辅导员要进行批评和教育，严重者要从辅导员队伍中除名。

院系学生管理工作办公室要注重专、兼职辅导员的学习培养和教育管理，专、兼职一视同仁，责权利清晰，形成一支团结上进、富有朝气和战斗力的辅导员团队，并通过辅导员培训、交流和考核等多种形式，着重提升辅导员的以下五种能力。

1. 服务大局，提升凝聚力

学生管理工作队伍要紧紧围绕学校奋斗目标、紧扣学校发展定位、紧跟学校发展步伐，做到盯得住目标不偏离、耐得住寂寞不放弃。全体辅导员和学生管理工作者要互帮互助，团结协作，共同进步。

2. 加强修养，提升道德力

辅导员要示范德行，带头遵守校纪校规，在工作中做到平等对待学生，牢固树立以学生为本的理念，尊重学生创新性，关心学生疾苦，了解学生的难处，始终不忘责任，不辱教师的神圣使命。

3. 持之以恒，提升学习力

首先，院系要为辅导员提供学习的平台，为辅导员"充电"提供良好的环境。其次，院系要培养辅导员独立思考的能力，因为当前我国高校从事专职辅导员工作的人员大多数是刚刚参加工作的研究生或者本科毕业生，社会阅历不足，缺乏处理问题的经验。最后，辅导员要坚持理论与实践相结合的原则，努力把理论知识转化为谋划学生管理工作的思路、解决学生问题的办法和推动学生管理工作的本领。

4. 与时俱进，提升创新力

院系还在一定程度上要求全体辅导员努力探索学生管理工作新途径，解决学生管理工作中出现的新问题。

5. 爱岗敬业，提升执行力

每一名辅导员都应勤恳踏实、爱岗敬业，做到坚持政策不走样，灵活把握不教条；同时认真负责，经常深入班级及寝室，了解学生情况，解决学生之间矛盾，疏导学生情绪，坚持处理矛盾讲究策略、解决问题注意方法。

三、完善院系学生管理工作的内容架构

（一）构建以学生安全管理为基础，促进学生全方位发展的保障平台

高校基层院系学生管理工作最基本的职责是保障学生生命、健康和财产安全。院系必须采取有效措施构建一个安全、稳固的平台，为学生创造安全的学习、生活环境，以保障学生的生命、健康和财产安全。

1. 牢固树立安全第一的思想

院系学生管理工作部门应利用网络、板报、展板、主题班会等形式，经常性地开展安全法制教育，使安全防范意识更加深入人心。比如，加强学生的安全意识，特别是防盗、防骗意识。

2. 加强对特殊学生的管理

院系学生管理工作者要时刻掌握特殊学生的情况和思想，特别是加强毕业班学生、有心理隐患学生、在外实习学生等重点群体的管理，一旦发现问题，要及时进行干预，必要时上报学校学生管理工作部门，寻求更高层面上的帮助。同时，院系还要关注产生问题的原因，以从根源上解决问题。如针对孤儿、单亲家庭学生，院系可以多组织些座谈会，让孤儿、单亲家庭学生互相了解，增强生活信心；针对家庭困难学生，院系可以提供一些勤工助学岗位或者发放困难补助，帮助其解决经济问题；对有学习方面困难的学生，学院可以安排教师或者学习成绩较好的同学展开帮扶；对确诊有心理疾病的学生，学院在保密的前提下，可以邀请心理健康教育中心的老师，为其做好心理疏导工作，避免问题的进一步恶化。

3. 完善突发事件应急预案和学校公寓管理办法

院系学生管理工作部门应成立学生公寓管理委员会、文明纠察队等，经常性地进行突发事件的演习，使得学生管理工作者在演习中不断丰富经验，当危机来临时，可以以良好的心态和恰当的方法来应对；建立完善的危机预警机制，一个完善的危机预警机制是院系面对危机最主要的手段之一，对于解决危机起到不可估量的作用。

（二）构建指导学生成长成才，促进学生全面发展的服务平台

当代大学生应当具备的各项能力，概括而言，可以归纳为思想领域和实践领域两方面。其中实践领域包含专业技能、人际交往能力、应变及抗压能力等。

1. 思想领域

大学生的思想素质主要通过德育教育来实现，而基层院系学生管理工作的核心就是学生党建工作。共产主义理想信念、社会主义核心价值观等先进的思想应成为当代大学生必须懂得的真理。因此，新时期下，学生党建工作应成为基层院系学生管理工作体系的核心，把院系建设成为对学生进行德育教育的主阵地，以党建工作推动其他各项教育工作不断向前发展。

2. 实践领域

基层院系学生管理工作的主要内容是全方位的学生发展指导。学生的全方位发展是院系学生管理工作内容的本质所在，因此，院系学生管理工作部门应以学生全方位发展为依据，建立培养学生综合技能的帮扶指导平台，具体建设内容如下。第一，构架学生的专业规划。当前很多院系的学生在校学习了一年还不知道本专业到底是什么。针对这一问题，笔者认为有必要让学生从入校开始就懂得专业概念，并深刻地了解本专业的学习特点、学习方法和就业趋势。第二，指导并培养学生适应社会的各项能力。院系必须充分了解当前的社会发展现状，结合当代学生的各类特点，制订行动方案，有针对性地组织开展相应的活动，并且贯穿于大学生活的始终。

第二章 走向对话的高校学生管理研究

高校肩负着培养人才的艰巨任务。近几年，随着教育成本个人分摊的变大和高校优质生源竞争的激烈，高校的服务意识越来越强，高校更加重视满足学生和社会的"需要"。高校的学生管理工作是直接面向学生、直接接触学生的，高校的管理制度是否合理、合法、全面将直接影响管理工作的效果。本章将"对话理论"作为高校学生管理变革的理论基础，建立了充满生机活力、平等民主、有效反思的高校学生管理模式，并在此基础上培养了学生的对话理性，引导其对话人生。

第一节 对话理论在高校学生管理中运用的必要性与可行性

一、适应社会的变化与发展

人的根本属性是其社会属性，社会人不能摆脱时代而独立存在，因此也毫无选择地带上了时代的印痕。当代社会正处于一个伟大的变革时代，经济全球化和第三次科技革命日益深入，民主化进程加快，互联网飞速发展，信息传播渠道增多，思想极为活跃，思潮风起云涌，如此形成的合力以前所未有的爆发力改变了人类社会政治、经济、文化以及生活方式，构筑了一个全球化、民主化、开放性、全方位的相互联系的总体，使对话成为必需和必然。这些社会的最基本特征，也成为高校学生管理全方位发展的大背景。

（一）适应全球化浪潮的需要

经济的高速发展与科学技术的突飞猛进相结合，使人类进入全球化时代，深刻改变着人们的生活方式和社会发展模式，对于"全球化"，英国学者约翰·汤姆林森一言以蔽之，即"复杂的联结"，在这里"全球化"不只是物理空间概念的联结，也是指全球意识的形成。这是一种对话、沟通、交流的意识，全球化使各民族、各地区、各群体的对话、交流已成为一种普遍现象。

在全球化背景下，"各种价值观念的碰撞、冲突更加激烈，……社会价值多元化更趋于明显。人们不再习惯于一种声音，'嘈杂'成了我们这个时代的一个特征"。L.斯维德勒在《全球对话的时代》这本书中多次引用教皇保罗六世的话："现今需要对话。……正在改变着现代社会面貌的能动的行动过程需要对话。社会的多元化和人在今天的时代达到的成熟性需要对话。"这也是一种积极参与、广泛共享的意识，我们必须进入与那些思想和我们不同的人的对话中，去学习更多的单由我们自己不可能了解的全部的客观存在，对所有世界观和文化敞开胸怀，积极主动而不是消极被动地进入世界，并通过参与对话深入地认识、挖掘并贡献我们自己的优秀精神财富。就此而论，对于走向全球化文明中的人类，对话是必需的也是至关重要的。

（二）适应国家民主法治化建设的需要

当今社会不仅需要与宽广的世界生态环境建立联系，而且也需要着眼于本国的建设和发展。随着我国社会法治进程的加快，"法治中国"被提升到前所未有的高度，培养现代法治社会的民主公民也成为高校的责任和使命。

对话之于法治社会的建设具有重要意义。随着法治化程度的提高，人们的法治观念日益增强，思想观念更加开放、多元，主体意识全面觉醒，主体地位空前提升。对话作为一种精神，包括民主平等、公平公正、开放自由、理解包容等方面的理念和思想意识，促进了人们对完满社会和人的内在生活更深的觉醒，二者相得益彰。

对话之于公民的培养同样具有启示意义。现代法治社会的公民，不仅具有法律文本意义上的"主体地位"，且更深刻地具有法律意识和法制观念的"内涵文化"，具有开放、平等、公正的"核心本质"。本质上说，公民的培养需要耐心的倾听、清晰的思维、驾驭多元化视角并与之洽谈的能力，以及尊重其他人和尊重差异的美德等一些基本技能，而这正是对话所具有的基本环节特征。就此而论，对话成为民主法治化建设的关键因素所在。

（三）适应信息化、网络化社会的需求

随着信息技术的发展，网络已经渗透到社会生活的各个领域，对人们的生活乃至思想观念产生着广泛而深刻的影响。正如安东尼·吉登斯所言："一个瞬息电子通信的世界，正在瓦解各地的地方习惯和日常生活模式。"

在信息网络环境下，人们超越了传统时空的限制，突破了交往双方的局限，传统的障碍和隔阂逐渐缩小，包容性和共享性逐渐加大。人们的交往出现几大变化：传统的单一主体转变为多级主体，单向信息传播转向多元交互，参与个体从消极被动转为积极互动，由此人们组成了新型的交往共同体，形成了资源共享的价值观念。这种互为主体的交往状态，体现了对话的精神和实质。

信息化、网络化社会延长了人的手臂，放远了人的眼光，促进了人们的开放多元，成为人们获取知识和各种信息的重要渠道与来源，人们足不出户便可知晓天下，而各种思想文化、价值观念的交融与碰撞只有通过对话才能形成各种共识。就此而论，对话已成为信息化、网络化社会生存的必需与可能。

二、高等教育大众化的新诉求

随着市场经济的发展，高等教育改革步伐加快，高校招生规模不断扩大，高校后勤社会化改革不断深化，学分制等教学管理改革全面推广，这些都对学生管理模式提出了新的要求。换言之，社会环境和管理对象的变化推动了高校学生管理的发展，也无疑给学生对话管理提供了新的广阔的空间和契机。

（一）高校招生规模，要求管理者转换角色

20世纪90年代初开始，我国高等教育进入了快速发展的阶段，高校扩招使高校学生管理工作难度与日俱增。第一，学校的教学、管理、后勤等资源全面紧张，更多的学生分享有限的资源，导致学校过度拥挤，教育资源捉襟见肘，各种矛盾错综复杂；第二，学生人数激增，使学生整体素质相对下降，学生来源多样化，学生事务也日益复杂；第三，市场经济的发展带来各种社会问题的折射，学生的问题越来越多，如心理问题、就业问题等，使学生管理的压力不断增大，这对高校学生管理提出了新的挑战和要求。学生管理工作者处于第一线，日常事务繁多，工作应接不暇，如果仍然一味追求亲力亲为、面面俱到，而不激发广大学生的自主意识和参与热情，纵使有"三头六臂"也不可能做好所有的工作，因此，学生管理者必须首先从传统意义上的"管理者"解放出来，提高管理工作效率。

（二）学分制条件下高校学生管理需要改革与创新

目前，全国各高校已普遍实施了学分制。学分制打破了原有整齐划一的学年制，教学组织形式灵活多样，如弹性学制、自主选课制、主修辅修结合制等，

注重学生发展的个性化、学习自主化、学生需求多样化、学生生活的分散化。传统意义上的班级的作用越来越小，反而形成了以课程为纽带的、多变的听课群。学分制条件下，学生可以选择教师、选择专业、选择课程，个性发展的空间更大了，但这并不意味着学生可以随意选择，教师可以放任不管，教师还需要在学生的成才设计、构造合理的学科知识结构、自主选择学生方法等方面有所作为。

因此，学生管理在更多重视培养学生自主能力的同时，管理方式也由指令性管理向指导性管理转变，但这并不是管理的松懈与放任。

三、高校学生主体的出场

高校学生是未来经济、社会的建设者，是新一代先进文化的继承者、发扬者、实践者和创新者。学生处于学生管理活动的第一线和最前沿，所有的学生管理活动都在学生中得以实施。学生管理工作必须首先对学生客观地、历史地、现实地加以认识和理解，并从他们身上吸取积极的、合理的、有意义和有价值的因素，才能实现科学有效管理。

（一）消费者角色的转换

消费者是一个和市场经济相连的经济概念。随着高校收费制度的全面实行，学生和学校的关系也成为买方和卖方的关系，而"学生消费者"的提出正是由高等教育大众化所间接引发、高等教育市场化直接形成的结果，是一种注重和保障学生权益的"市场管理哲学"。学生交费上学，对教育费用实行成本分担，在客观事实上，学生就是与学校处于平等地位的法律主体和利益相关者，作为教育服务的投资者、消费者，学生有权充分了解学校相关物质资源、信息资源等信息，有权对教育教学服务质量、教学课程、师资条件、管理环境等提出合理化的要求和建议；学校也要重视学生需要，保障学生权益，整合学校资源，为学生的发展提供一系列专业化、个性化的服务。

在主观态度上，学生也已不再满足于仅仅作为被管理的对象，他们的权益意识、主观意识增强，希望自己的需要得到重视和满足，他们既关心眼前利益也关心长远利益，既关心精神性收益也关心经济性收益，因此也会强烈要求与他人（学校、教师、同学等）平等对话，根据在对话中的体验、领悟确立自己的判断并自主地处理各种事务和关系。

（二）选择者角色的扮演

吴康宁认为，随着我国社会"多元性""选择性"色彩增浓，学生也开始扮演"选择者"的角色，并将其概称为"选择的学生"，他们开始日趋明确地表达自己的选择愿望，主张自己的选择权利，自愿承担自己的选择后果。学生在根据自己的兴趣、能力和实际条件的基础上，具有更多选择高校、选择课程、选择教师、选择学习进度和修学方式等的权利，更能把握选择的主动性和自觉性，也能获得更多的发言权。

第二节　基于对话理论的高校学生管理运行机制

一、对话过程

运作机理的分析就是把一个言说者同倾听者如何就某一事情达成一致理解的过程作为分析对象。为了便于理论上的分析，我们将对话分解出若干个"单元"，并勾勒出对话过程的几个阶段：提出问题—表达倾听—话语理解—话语接受—对话循环，探讨在各个环节里对话得以生成和进行的运作机理。

（一）提出问题

在一般情况下，提问比应答更重要，因为敞开的对话是由问题引导的，问题提示着意义生成的方向，提供了逼近真理的可能性。提问能促进思考，好的问题就像灯塔一样照亮人们向未知的水域航行，能够引导、推进对话的开展。谈话的原始程序经常就是问和答，一旦问题没有了，对话就暂时中止，转入"独白"。

1. 问题的确定

高校学生管理中的对话并非凭空而起，而是常常涉及某些问题，问题是对话的动力。

（1）问题的聚焦性

对话是"半封闭式"的，即表述一个话题时，尽管该话题与主要话题相关，但极有可能随着对话情境的变化突破界限，涉及其他问题。这样一来，不但应该讨论的问题没有解决，而且对话在一些无关紧要的问题上长时间地"空耗"，就此陷入了"无底洞"的恶性循环，无法找到航向，在黑暗的礁石间打转。这时，"掌舵手"需要及时介入，以各种方式加以"维护"和"引导"，使双方尽量围绕着中心话题展开讨论。具体来说，在对话的过程中，"掌舵手"需要先行敞明问题，随时引导问题，同时也必须对问题做出公正和适宜的裁决，及时解决问题。

（2）问题的匹配性

话题匹配是对话通达的过程特征之一，即对话不能漫无边际，对话话语必须在双方认知发展水平阈值内。在对话过程中，一个问题的提出，既是对上一项表达的延续，也是对下一项表达的刺激，应答者应当具有"破译"信息所必需的知识体系和经验储备，超过或低于认知发展水平阈值都不利于对话的顺利进行。阈值匹配的对话能激发双方的创造力和想象力，促进新知识及意义的生成。

"理解一个问题，就是对这个问题提出问题"，问题的确定可以采用问卷调查等书面形式确定，也可以通过平时观察、聊天等方式来积累。以学生管理中的对话为例，教师、学生都需要具有一种"问题意识"。教师要从学生出发，从小处着眼，既包括学生群体的共性问题，也包括学生个体的特殊问题，认真观察学生的学习、生活，挖掘学生的生活世界。学生也要积极参与，不能"两耳不闻窗外事，一心只读圣贤书"，关注班级、学院、学校的改革大事，这样在问题的关注中不仅解决了自己的问题，也为学生群体谋求了福利，更重要的是可以培养社会公民意识。

2. 提问的方式

提问方式的好坏也可能决定对话效果的好坏。就此，笔者梳理了一些提问方式，具体包括询问、陈述、澄清、探求、提供自身经验、反向思考方式、鼓励肯定地演绎分析、寻求突破、深层揭露等，这些提问方式都有助于触发问题的讨论，并使学生从中获得启迪。

问题聚焦并合理提出后，即可进入对话环节。

（二）表达倾听

任何话语都希望被人聆听，让人理解，得到应答，期待他人的回应，所以对话必然会构成一种双方或多方的表达和倾听关系。每一个言说者都是倾听者，每一个倾听者同时也是言说者，对话反映的是相互关系的双向互动的过程。

1. 鼓励表达

表达，在保障对话连续、深入上起着"脚手架"的作用，如果人人缄口、乏善可陈，对话将无以延续。因此，鼓励表达就是摒弃自我预设立场，允许对话参与者就讨论中的问题，进行不同形式的思考、询问、辩驳。

（1）鼓励表达创新想法

"有想法就发言。"这是对话的基础。发言者如果暂不确定说话内容，那就先听别人说；如果有主意或问题不断在脑中浮现，那么这个时候就畅所欲言地大胆表达，或许能为团队打开一扇通往新一层理解的大门。

（2）鼓励表达差异想法

不同个性、文化背景的人在一起对话时，难免会有一些矛盾和冲突。如果回避差异、视而不见，被掩盖的矛盾往往会出其不意地爆发；如果不同意见被鼓励表达，那么分歧和冲突也能够像多样性一样，成为团队的资源。因此，即使是与自己意见相左或有违常规的意见，也应当被鼓励提出、说明、解释，意见表达者不会因为意见不一而受惩处。

2. 善于倾听

对话过程实际上是由"听—说"关系构成的，"说"之所以成为可能，原因在于有"听"，有"听"才会有"说"，因此，倾听是对话的重要组成部分。

倾听不只是听见，听见是一个生理过程，而倾听则是一个分析和理解的过程，就像打开一扇大门，把物质、情感和智力融合起来寻找意义和理解，即"倾听他人意见的意愿，以及在决定应该合理包容他人观点时的公正态度"。

倾听能力是需要训练的，倾听者要去听别人的潜意识和潜台词，提高自己的理解能力，揣摩到别人深层次更想要的东西。对话中，每一方都必须尽可能以开放的态度倾听对方，以便尽可能确切地设身处地理解对方。比如，当学生发表了自己的意见后，教师紧接着如果能够给予公正、客观、准确的评价，不仅能充分发挥教师的主导作用，也会使学生在思维方法和价值观层面有获得感。"这样的投球般的快感，我认为应当是教师与学生互动的基本。"①

应该说，在倾听者转为言说者，开始发表意见时，对话才真正开始，而且这时的发言不是刚才预先构思好的答案，而是对一个已经被理解了的对话伙伴的回应。

---

① 佐藤学.静悄悄的革命：课堂改变,学校就会改变[M].李季湄,译.北京：教育科学出版社，2014.

在表达倾听之后，对话即将进入下一个重要环节——话语理解。

（三）话语理解

"话语理解"有两层含义，一种是"理解了意思"的"理解"，对话语内容加以恰如其分的确认与把握，这是话语理解的基础；另一种是"体味潜在想法"的"理解"，以批判性思维去理解、学习和成长，可以牢牢把握自己先前的观点，可以以一种谨慎稳妥的方式向前，也可以转变自己至另一种看世界的生活形式中，生存于并体验他者世界，把自己变成他者，要求像理解自己一样去理解对方，并期待领会和欣赏表达者所言内容，这是话语理解的升华。

话语理解的过程是对话者之间的视野、认知或情感不断辩证共建的开放过程，在这一过程中，对话者自身的片面经验也被嵌入其中的"过程式图景"，以更好地做出明智的决策，解决问题。

（四）话语接受

话语接受是对话的重要环节，从一定程度上说，话语接受是对话的实现，没有话语接受环节，一切对话则都会成为无效劳动而失去意义。从根本上讲，对话的有效性取决于话语接受的程度，也可以说，话语接受是提高对话的成效和促进科学化的生长点。

话语接受可以是支持性采纳，即对他人的言语、行动意义的尊重、解读后双方达成统一或认可。但即使是完全采纳，也是多种观点否定之否定的辩证成果，是对话参与者在理解的过程中通过"移位"相互包容、相互激荡，形成新认知的一种状态。

话语接受也可以是修正性批判，即听者对言说者提出质疑、反思与改进，这样的对话也是有效的。事实上，即使结果存在差异的对话也是有积极意义的，因为任何人之间的见识、经历都不同，如果一方的立场态度或多或少有别于另一方，且都能找到适当的理由时，这样的对话更有价值。批判的态度是对话应有的特性，双方若一起进入思想讨论中，或有可能突破原有体验与理解的局限性，获取一些新的意义，达到一种新的意境，这对正确的问题认识、健康的自我成长至关重要。

需要说明的是，话语接受仅仅是某种时刻及情境之下的暂时性认知，而非固定答案。一个话轮的结束，也意味着新的话轮的开始，此时对话的循环就有可能获得新知，诠释新意。

（五）对话循环

共识不是全体一致，而是某种互相"妥协"的结果，共识的形成往往不是一个话轮结束即可，而是需要相互协调、反复论证。意义的不断生成导致对话不是在起始处，而是在新的不同的点和不同的面产生新的循环，因此对话成为典型的周而复始、重复发生和螺旋上升的循环过程。

对话的特点之一就是蕴含连续性与动态性特征，每一次对话都是一种暂时性的辩证综合，并都将成为下一次新对话的基础。问题—回答—理解—接受这一周期，伴随着意义的不断呈现、深化、扩展，同时也伴随着对话者视域的不断转换、更新、提高，可见对话可以循环往复以致无穷。

20世纪60年代末至70年代初，萨克斯、沙格洛夫、杰斐逊等三位美国社会学家提出了"话轮转换"（turn-taking）理论，他们阐述了简单有序的运行规则：一是讲话人自行选择下一个讲话人；二是讲话人不选，其他人"选择自己"获得发言权；三是讲话人不选，其他人也没有发言，则讲话人或继续发言，或选择等待（但等待时间不长）；四是一旦有人开始讲话，则重复以上三个步骤。

总之，对话循环由所有对话参与者共同实施，鼓励轮流的表达、话题的改变、互动的开始。

二、对话方式：协商民主

作为民主的新范式，协商民主就是通过自由而平等的对话、讨论、审议等方式，参与公共决策和政治生活。我们若对协商民主所蕴含的基本元素、典型标志等进行思考，就会惊喜地发现，高校学生对话管理与协商民主具有相同的内涵指向。

（一）民主与对话之间的共通性

一方面，对话超越不平等而注重追求平等，拒绝压迫而强调追求自由，否定不公而坚持公正，反映了民主的本质。另一方面，民主的过程就是所有人通过讨论、辩论、审议的话语交往过程，是不断听取民众意见并使之转化为政策的过程，民主需要对话。

（二）协商民主内涵解读

协商民主是一种比较新的民主形式，在20世纪80年代末开始兴起。

"协商民主"包含"民主"和"协商"两个部分，哈贝马斯在《在事实与规范之间》一书中，将协商的理想从精英扩展到大众，自此以后，协商民主便指大众型协商民主。

陈家刚将协商民主界定为："基于人们主权原则和多数原则的现代民主体制，其中，自由平等的公民，以公共利益为共同的价值诉求，通过理性的公共协商，在达成共识的基础上赋予立法和决策以合法性。"这个定义涵盖了协商民主的三个核心内容。

1. 从协商的主体看，协商民主体现了民主

协商民主以人民主权原则为基础，强调所有利益相关者都有权参与到讨论中来，不仅体现了对参与者的包容，也意味着对不同立场、视角和观点的开放，不仅精英群体的理性声音有机会得以呈现，少数群体和边缘群体的声音也有机会得以表达。

2. 从协商的方式看，协商民主体现了协商

所有协商参与者都通过相互阐述理由的方式进行论证，并且这个理由是相互间可以理解并可以接受的。参与者不仅要理性提出观点为自己的主张进行辩护，而且要真诚地聆听他人的观点，不仅假设参与者立场改变的可能性，而且假设通过"更加论证的力量"加以改变。

3. 从协商的目标看，协商民主追求的是共识

协商民主中的反思和讨论落脚点并非私利，而是公共利益，即怎样才能更好地促进共同体的利益发展。

可以说，协商民主提倡的是这样一种民主形式：自由而平等的公民，就共同的议题自由地表达意见，愿意倾听并考虑不同的观点，并基于理性的公共协商（对话、讨论、交流、慎思等），从而实现立法和决策的共识。

（三）高校学生对话管理与协商民主理论基础

1916年，杜威出版了《民主主义与教育》，在杜威看来，民主不仅是一种政府形式，而且是一种联合生活与共同交流经验的方式。个体把各种观点放在一起，进行持续的沟通和讨论，这既是协商民主的过程，也是一种教育的过程。

罗伯特·韦斯特布鲁克明确指出，杜威所追求的民主教育理想，可以最适合被称之为"协商民主"。

(四)高校学生对话管理与协商民主相关联

1. 高校学生对话管理

高校学生对话管理将民主程序和规范内涵相结合,使管理者与被管理者之间相互尊重、彼此平等、共同参与,既肯定了民主权利,又尊重了管理界限,力图通过完善民主程序、强调自由平等的对话来消除冲突,以保证公共理性和普遍利益的实现,使对话双方获得相互了解,达成对话共识,实现预期目标。

我们将高校学生对话管理内蕴的民主特征概括为以下几点。

(1)主体的开放性与平等性

在高校学生管理中,开放性体现为主体的包容、广泛,以学生为圆心,学生可以与学生管理事务相关的任何一方,如专业课教师、辅导员教师,与学校管理层、与职能部门教辅行政人员,与同伴、朋辈、自我等产生对话关系。

平等性体现为任何一方与学生的地位都是平等的(弧边到圆心的距离相等),在这里,我们讨论的核心内在价值是,每个人在民主决策的认知条件方面都是平等的,而这也正是协商民主的要求。在对话过程中,如果有人连表达的机会都没有,他首先就会被认为低人一等,因此平等参与是对话得以顺利进行的前提。

(2)议题的差异性和共识性

各方之所以要进行对话,是由于主体各自存在独立性,对于同一问题的观点和认识必然存在差异,但这种差异不同于一个吃掉一个、一个压倒一个,而是不同主体成员在强调公共利益的基础上,在相互作用中形成一种比较协调的运动方式。对话的过程,也是从差异逐步形成共识的过程,是对专制的否定和排斥。而且,对立的观点和争论、意见的分歧和多样,正是健康民主最肥沃的土壤、最真实的内核。比如,学生管理中,教师和学生必然存在利益上的分歧、认知上的级差,但对话就是承认主体差异,通过公开商谈、广泛辩论,聚合各方优质能量,利用"试错过程"弥合分歧,使差异逐步缩小、距离逐步靠近,最终实现共赢,达成共识。以协同推进差异趋近为目标是对话的优势所在,也是协商民主生成的渐进过程。

(3)协商的交互性与有限性

对话的过程不是简单的线性过程,而是动态的交互状态。正反意见或者不同主张可以通过对话得到充分修正、补充和完善,相互取长补短,彼此感应互动,在张弛有度的对话过程中保持总体平衡态势,教学相长,互促互进。同时,不同于抛物线或双曲线,圆形是有边界约束的。高校学生管理的对话也必须在一定框架内展开,比如教师、学生都要遵守对话伦理,强调合理性的程序和规则,符合有效性要求等。

2. 高校学生对话管理与协商民主的关系透析

基于以上的分析,笔者发现,高校学生对话管理与协商民主之间具有共同的内涵指向,这在理解二者关系这一问题上,可以使我们获得全新的认识体系和思维模式。

协商民主重新强调基于平等开展的公共对话,强调公民对公共利益的责任,强调通过集体理性和共识形成决策的过程。而高校学生对话管理,表现为主体的开放与平等、议题的差异和共识、结果的责任和合法。在这个意义上,协商民主所内蕴的民主精神,构成了对话管理的新基点,而高校学生管理领域也就此成为协商民主运用的新坐标,是最有效的民主教育场所。

协商民主应把学生平等政治参与置于核心,学生既是管理的对象,同时也是管理的主体,教师和学生在相互交往的实践基础上,通过公共领域的争辩、讨论和交流等形式,使协商民主真正成为学生自主权的实现,成为学生的人生要义。就此,笔者的结论是:协商民主是高校学生对话管理的核心特质,而高校学生对话管理也是协商民主在教育领域的现实表征。

第三节 基于对话理论的高校学生管理目标与方式

一、基于对话理论的高校学生管理目标

一般地说,目标是目的或宗旨的具体化,是行动的蓝图和灯塔。走向对话的高校学生管理,是在管理的过程中培养学生形成一种对话理性,引导学生过一种对话人生,这个目标的实现,首要和关键的任务在于培养学生完整的对话式认知能力,使其能开展一些对话式实践,进而内化于心,根本性指向学会对话式生存。

（一）对话式认知是基础

对话应当是自主、理性的对话，也是对话主体的基本行为能力要求。对话式认知包括相关知识的建构、对话意识的培养，这是实现对话管理的基本要求。

1. 知识的建构

对话式认知首先包含知识的建构。对话本身具有知识建构的内在特性，致力于在对话中创造和形成一种知识建构的情境和场域。一方面，对话具有较大的随机性和开放性，对话双方都必须具有广博的文化素养、机智灵活的反应能力、兼容并包和海纳百川的胸襟和气度，一个人掌握的知识形式越多，对符号世界的介入越深，个体就越是能够成为潜在的强有力的对话者；另一方面，对话本身具有一种自我生长的内在机制，更是一种具有价值观意义的态度，在开放互动、相互尊重的氛围中，对话可以激发出许多独特、很有创新、不可替代的思想、观点和材料，指向更深邃、更新颖、更富有启发性的知识建构。对话管理建构的知识既包括科学知识，也包括人文知识，甚至是课堂中学习不到的"内隐知识"。

2. 培养对话意识

对话式认知更深层次的要求是具备对话意识。正如滕守尧所言："如果没有一种'对话意识'，即使使用了纯熟而优美的语言，即使在谈话中有问有答，即使这种问答花样百出，那也只是机械的问答。没有对话意识的问答……绝非真正的对话。"因此，"真正决定一种交谈是否是对话的，是一种民主的意识，是一种致力于相互理解、相互合作、共生和共存，致力于和睦相处与共同创造的精神的意识，这是一种'对话意识'"。对话意识包括秉持具有方法论意义的"对话式思维"和具有价值观意义的"对话式姿态"。所谓"对话式思维"，指的是在与拥有不同背景、环境、条件的人们探讨同一命题时的方法，这样的思维有利于确定事实，接近真相，深入本质；所谓"对话式姿态"，指的是以开放互动、相互尊重的态度，去与不同情境的人们一起探究、交流、推进相关命题研究的深度、广度和高度。

（二）对话式实践是关键

对话意识不是生而有之的，也不会自然实现，这需要学生在各种实践活动中体验、积累和实践，将学到的知识、潜在的意识转化为个人内在经验的一部分。对话式实践包括提升对话能力与践行对话理性，这是实现对话管理的关键环节。

1. 提升对话能力

那些不能很好地领会对方的话，或不能很好地表达自己的感受和需要的孩子，受到误解的可能性更大，这通常会导致他们产生破坏性行为，因此，对话能力的提升至关重要。"对话活动是一种真正的有规则的活动，对话的规则是聆听和述说、紧扣主题、有始有终、承担责任。"对话能力就是"能够领会别人的思想，理解他们的立场和动机，在对照别人的基础上，明确自己的观点，认识和揭露对方的弱点，在逻辑关系中引申出自己的观点，并将之用于反驳。"

2. 践行对话理性

践行对话理性就是将对话贯穿于管理的每个事项、每个阶段并加以实践，如学生可以对学校发展建设、校园文化等工作中涉及学生切身利益的决策进行评议，培养对学校管理目标的认同感，调动主人翁的积极性；学生可以对课程设置、教师的教学质量等问题提出建议，促进学校的课程改革，提高办学质量；学生可以主动找辅导员教师或者学长学姐、同伴朋友聊天，解决问题，反思成长。在决策前，学生通过对话掌握信息、了解情况，及时发现问题，准确提出方案；在决策中，学生通过对话进行信息的收集、传递、整理、加工和交换；在实施中，学生对决策方案给予充分理解与支持，整个管理工作进程处于有效控制之中。有效的对话能够增进学校和学生、教师和学生、学生和学生之间的了解和情感，形成休戚与共的团体意识，还可以激发学生参与意识，调动学生工作热情，提高工作效率。

（三）对话式生存是根本

马丁·布伯曾指出："教育的目的不是告诉后人存在什么或必会存在什么，而是晓喻他们如何让精神充盈人生。"对话作为一种基本的生存方式或生活方式是值得倡导的，在对话中，学生不仅可以学会如何学习、如何认知，更重要的是还能学会如何处事、如何生存。当对话式实践成为一种习惯，对话理性就将内隐于个体本身，最终指向对话式生存。对话式生存包括面向社会的和谐与民主发展、面向全人类的对话共存。

对话是一种精神、一种修养。民主社会的建设和发展需要一批高素质的公民，需要一种民主平等的精神，需要强烈的公民参与精神。对话是一种追求自由、渴望民主的思想情结，是一种开放兼容的精神诉求。帮助学生增强平等性、参与性意识，开展容纳性、共处性建设，取得多样化、多元性提高等行动，均可基于对话式认知，依托于对话式实践。如深切地倾听不同世界有着不同视角的其他声音的胸怀，辨识和赞誉差异的能力，关爱他人、换位思考、容纳对方的大度，养成参与意识、责任意识和合作互助精神，使极端化和相互疏远的观点得到调节并能融洽相处……所有这些在和谐、民主社会的建设中都至关重要。

  对话是一种高度、一种境界。对话与人类存在是什么关系？在某种程度上说，人类存在就是对话。正如海德格尔所说："对话，和由对话所导致的联系支撑着我们的存在。"对话建立了一种相互敞开、相互依存的关系，对话是生命的相互烛照，是存在的相互趋近，是自我与他人共同"在场"的相互审视和相互认证。通过对话，我们倾听不同声音的交响，调适自己的经验视界，调整自我"在场"的姿态，重建自我对外部世界的感觉，这是人类理性生存的标志。

二、基于对话理论的高校学生管理方式

  对话管理的意义自不待言，但对话管理的质量如何保证？"凡战者，以正合，以奇胜"，在高校学生管理实践的组织运行中，只有刚柔并济、多管齐下，"管理有法无定法"，才能适应环境的变化，增强灵活性与适应性。

（一）建立符合对话精神的协商模式

  走向对话的高校学生管理，要对话协商建立符合对话精神的协商模式，即协同管理主体由"集权"或"放任"向"分权""民主""协商"的转变。将所有决策、利益、权力等运行放入对话协商机制中，才能找到多主体间的各种联结点和平衡点。

1. 从金字塔到扁平化

  对话是一个交流信息的过程，离开信息的传递与交换，对话便不可能产生。因此对话管理需要形成信息、资源交换的扁平化环境，保持信息流畅，缩短决策周期，不同主体才能基于对话协调各种关系，扮演观察者、参与者或行动者等多种角色，以区别于命令等级关系和等价交换关系。

2. 从集权到分权

  我们的组织正处在一个合并、再造的时代，我们需要的管理者应是授权的、民主的、有远见的管理者，他们重视团结协作，支持坦诚互动，通过对话把不同主体（教师、学生）串联起来，让利益相关者参与进来，以此激发增效的联

系，增强组织的凝聚力，从而发挥出"1+1＞2"的效果。在学校的重大事务且与学生切身利益相关的事情上，学生管理部门不能随便以下发通知执行了事，更不能以行政逻辑要挟，必须通过专门的委员会集体决策，尽可能邀请学生代表参加，充分倾听学生的合理需求，让学生理智地思考和看待学生工作中的问题和矛盾，实现学生工作的和谐共治。

3. 从权威、放任到平等民主

高校学生管理者应当改变传统的中心与边缘、管理与被管理、命令与服从等二元对立的思维方式，更多是作为"合谋者"参与到问题中，"每所学院和大学都有必要开展讨论，以便解决共同的教育问题和一些无法通过其他途径解决的普遍性问题。如果没有这些讨论，学校各部门对某些问题就会采取等待和观望态度，学生、教师和行政管理人员只能凭自己的想象各行其是。由于无法看到更远大的共同目标，他们就会丢掉团结合作的精神，而这种精神恰恰是大学教育的重要部分之一。"

坚持柔性对话管理并非放弃制度，高校承担着人才培养的重任，必须形成一套制度体系来保证人才培养的质量。把对话和制度对立起来，必然出现"鱼和熊掌不可兼得"的局面。如果简单套用对话的信任、平等、尊重等来充当管理手段，那么最终将会走向管理的反面。因此，高校学生管理者除了建立符合对话精神的协商模式，还必须积极探索符合法治精神的制度模式。

（二）建立符合法治精神的制度模式

制度是管理不可缺少的强有力手段，"小智者治事，大智者治人，睿智者治法""不以规矩，不能成方圆"，都充分说明了制度的重要性。在现实高校学生管理实践中，并非所有的事项都是能通过对话理性调节的，有时即使是符合对话资质的人，在理想的对话条件下，由于其他因素制约，也要依靠制度管理。科学、合理、合法的严密制度，公平、公正的管理秩序与高校学生管理密切相关，也是生机所在。

1. 完善制度的制定和修订

制度建设是一个制定制度、执行制度并在实践中检验和完善制度，理论上没有终点的动态过程，从这个意义上讲，制度没有"最好"，只有"更好"。学生管理工作的有效开展，必须要有健全的规章制度来维护，并随着社会的发展不断更新。自20世纪80年代以来，我国颁布的有关学生管理方面的文件有

《高等学校学生行为准则》(1989)、《普通高等学校学生管理规定》(1990)，2005年出台了新的《高等学校学生行为准则》和《普通高等学校学生管理规定》，2017年2月又颁布了新修订的《普通高等学校学生管理规定》。各高校也根据自身的实际情况，修订和完善了相应的学生管理方面的规章制度，包括奖助学金管理、宿舍管理、校园文化建设、党团建设等办法，使学生管理工作朝规范化、制度化、科学化方向发展。制度也可以是人本的，人本的制度才能被"信仰"，在此基础上建立起来的制度体系才具有长久性。在以公平、正义为基础的正当性考量中，制度制定若能够进一步保证学生的参与，体现人文关怀，则必定能够为学生自愿尊重与认同，入脑入心，进而有效实施、运行。

2. 坚持制度的监督执行

完善的规章制度关键还在于有执行、有监督，坚持管理制度的健全落实与监督执行并举，防止"制度真空"，成为"墙上的制度"。既需要强制性的规章制度，也需要说理性的宣传教育，才能达到"活而不乱"的境界。高校学生管理中建立的规章制度、行为纪律和管理措施，是社会与学校的集体意志对学生的要求，一般表现为对学生行为的外在控制力量。但高校学生有思想、有理智，外在的规章制度只有被学生在主观上自觉地加以认识与理解并确信其价值和合理性，才能有效地贯彻下去。

3. 注重制度的评估完善

邓小平同志曾指出："制度好可以使坏人无法任意横行，制度不好可以使好人无法充分做好事，甚至会走向反面。"因此，建立制度的评估完善机制尤为重要。制度不是一成不变的，要根据组织或团体的发展不断修订，与时俱进，破立并行，不断改进管理制度，建立健全科学合理、具体实在、切实可行的制度，缩短"滞后时间"，使其成为人心所向之法，形成符合法治理念的校园秩序和文化氛围。

第四节 基于对话理论的高校学生管理实践运作

一、高校学生对话管理的定位

笔者将高校学生对话管理的落脚点定位在三个方面，即平等性对话、参与式对话、反思型对话。但需要说明的是，三种类型并非各自独立的、相互互斥的存在，而是呈现出有所重叠且多元共存的现象，如与专业课教师、专职辅导员的平等性对话中，也存在"参与""反思"，与学校管理层、教辅行政人员的参与式对话中，也存在"平等""反思"等情况，三者是被内在地统一于整体学生管理中的。

（一）平等性对话管理

这主要表现为学生与教师等专业引导型人员的对话管理，这里涉及的教师群体包括两个类别，一是专业课教师，二是专职辅导员，他们共同构成专业引导型人员。

1. 什么是平等性对话

学生和教师是高校中最基本的角色，也是管理活动的最终承载者，大部分的管理活动都指向学生和教师，其效果在他们身上直接体现或间接表达出来。所谓平等性对话，是指在教育管理活动中，不是教师为学生，也不是学生为教师，而是教师与学生一起，形成"相互交往中的行动者群体"，平等切磋，情意互动，融洽和谐。如果师生间没有了平等，就没有了对话；没有了对话，也就没有了真正的教育。

2. 平等性对话的形式

平等性对话的形式主要有两种，分别为周记式对话与"课堂 + 工作坊"对话。

周记式对话，即学生通过每周写一封公开的周记以实现与高校管理人员的对话。运用工作周记这种方式与学生交流，是适合当今年轻学子特点的一种交往方式。透过周记，我们看到的其实是教师与学生之间的平等对话、互动，对话强过自言自语，交流胜过闭门造车，这种方法不刻意、不强加，学生既可以自主阅读、思考，又能感觉到辅导员时时刻刻在关注着他们。这种方法没有豪言壮语式的高谈阔论，也没有居高临下式的严肃训话，但带给学生的，是植根于日常生活的爱，是质朴平等的鼓舞和交流。

"课堂+工作坊"对话是一种既着眼于课堂内，又重视课堂外的对话。教师以对话的形式，通过师生问答把课堂教学内容与日常生活中的具体问题结合，贴近学生的思想、感情和生活实际。课堂内，教师潜心钻研、大胆创新，把宏观课题转化成学生喜闻乐见的生动课程；将枯燥的理论转化成生动幽默的故事，来激发学生的思考与行动。课堂外，教师全天候开着手机，学生可利用QQ、微信等聊天工具找教师答疑，教师可与学生进行思想、生活、学习等方面问题的交流和解答，包括人生观、价值观的疑惑，学习的方法、效率、效果，人际交往、人际沟通的技巧，健康心态的养成，竞争力的锻炼；友情、亲情、爱情的困惑，理想与现实的差距等。

（二）参与式对话管理

参与式对话管理主要表现为学生与学校管理服务型人员的对话管理，这里涉及的"学校"主要包括两个类别：一是学校管理层，以校领导为代表；二是教辅行政人员，以相关行政职能部门人员、后勤服务人员为代表，二者共同构成管理服务型人员。

1. 什么是参与式对话

让学生真正参与到管理中来，是学生管理的必然趋势。参与式对话，即学生充分而有效地参与到管理过程中，通过自主的、有目的地参与和对真实意愿的对话沟通、交流表达，影响学校管理决策的形成和具体管理行为的施行，而不是被动听从安排和接受。在对话中参与，在参与中培养对话理性，是参与式对话的根本意旨所在。

2. 参与式对话的主要形式

（1）座谈会

座谈会是学生与学校之间进行对话的有效形式之一，主要功能是就某些政策咨询学生意见，阐明立场和原则，并找出解决共同关心问题的方法，就某些问题和政策达成共识，赢得学生对学校工作的支持。达成共识是座谈会的核心目的。

座谈会让学生既能直接反映问题和意见，又能有效地消除其对学校及个别教师的不满，同时也提高了学生参与管理的积极性，这对提高学校工作质量、维护学校稳定是有益的。

（2）学生校长助理制度

为进一步拓宽学生与学校沟通交流的渠道，丰富学生参与学校建设和管理的载体，更好地创造条件服务学生成长、凝聚智慧推动学校发展，诸多学校设立了学生校长助理制度。

学生校长助理制度的设立初衷有二：一是落实校园民主管理制度，鼓励学生参与学校民主管理，推动学校事业发展；二是落实学校人才培养目标，完善青年领袖培养体系。

学生校长助理制度是高校学生参与管理的一种重要渠道和表现形式，对高校与学生都大有益处。对高校而言，学生校长助理建立了学生和学校层面畅通的沟通和对话渠道，架起了新的绿色通道，彰显了校园民主；对学生而言，学生校长助理促进了自身发展，有助于形成对话理性，促进良性循环。

（3）学生代表制

学生代表制是目前各大高校在实践学生参与管理过程中常见的一种形式，现在相对比较成熟的两种形式分别为华东师范大学的"学生参议制"和华东政法大学的"学生代表常任制"。

高校在实践学生代表制的过程中，都非常注重积极参与、合理表达、理性维权，其中，华东师范大学更注重学生与学校的议事模式，并不断创新形式，华东政法大学重视学生代表任期的长效性，以保证代表权利的行使。无论哪种模式，学生代表制的实践都已使学生参与管理这一行为深入人心，并取得了较好成效。

（三）反思型对话管理

反思型对话管理主要表现为学生与同伴、自我等个体影响型的对话管理，这里涉及的学生主要包括两个类别，一是同伴，二是自己，二者共同构成个体影响型人员。

同伴：以同学、导生、朋辈、师兄师姐、学弟学妹等为代表。一个人看得多远取决于站得多高，而一个人走得多远取决于与谁同行。高校学生在成长过程中，同伴的影响往往大于教师、书本，积极与同辈打交道能够使学生更容易找到认识自我和人际关系的新视角。

自己：即与自己内心的对话。听众是另一个自我，在对话中，我们能够通过倾听内心的声音，反思自己、超越自己，重建新的自我。这种"自我对话"说到底也就是我们的思考，思考的结果就是自我意识。

1. 什么是反思型对话

从对话角度看，反思型对话是对话的高级形态。人类和其他动物的根本区别在于人类有能力与自己进行反思型对话。

反思型对话包含两个方面：一方面是自我反省，即个体独立地对问题进行审慎的思考，通过倾听自己内心的话语，对不言而喻的预设进行假定的追寻、澄清、质疑与批判，发觉与挣脱固有的认知习惯和僵化的认知信念的限制，不断获得新经验；另一方面是透过集体意识觉醒，个体之间或个体与集体之间就关心的问题进行理性的对话，在对话信息的相互给予与反馈中，衍生的一种省察、检讨、批判与认知重建的过程。这两个方面相互关联，理性的对话建立在审慎的思考基础之上，同时，经过理性的对话又促使个体对该问题进行反思，改变最初的看法。

总而言之，所谓反思型对话，就是通过反思自己及他人观点的同时来拓宽视野，整合多种观点以促进新的认知形成，并运用于自身生活，其主要形式包括同辈互助学习、自我反思等。

2. 反思型对话的主要形式

（1）同型对话

具有相同或相似经历、知识背景的人，如同伴、导生、朋辈等，往往有着相同的感兴趣的话题、共同的语言，最易开启心扉，相互印证观念，共同分享经验，形成心心相印、和谐共存的对话氛围，也即玛格丽特·米德所谓的"同喻文化"。面对信息技术的快速发展和网络技术的广泛应用，以及高校教育教学的各项改革，现在高校学生的学习、生活、社交、娱乐等，早已超越了传统意义上的正式组织边界，形成了以个人兴趣需求为共振点的社区、社团、网络等多元化非正式组织，"同班不同室""同堂不同级"的现象非常普遍。因此，利用同龄人的感召和动员将同辈组织起来建立群体环境，不仅有助于培养率先垂范的学生精英以及主人翁身份的学生群体，也更能激发学生用新的方式和视角思考问题。也如佐藤学所说："在这个世界上，存在着无数值得学习的东西，与同伴一起相互学习具有无限丰富的内容，通过这种学习，我们能够改变自己的人生，也能够改变我们所生活的世界。"

同型对话主要有以下两种不同的形式。

①个体形式。如一对一导生结伴、请高年级学生为新生写一封信、聊一次天等。

②小组形式。一对一的对话，结构简单，自由灵活，但互动范围有限。因此，开展小组讨论活动，可使学生和学生之间的伙伴式回应的机会增多，时空扩大，师生互动和生生互动频繁而充分，保证提供信息的丰富性、成员的多样性和批判反思的深刻性。目前使用较多的形式是各种工作坊和训练营。

（2）文本对话

对话不仅限于面对面的交流，也不仅限于人与人之间的对话。本着对话的原则和精神，一个人也可以与自己的内心对话，可以通过印刷的文字与作者对话。

随着信息网络技术发展的日新月异，文本创造的载体也随之更新和多样。博客、微信、日志等反思札记，具有交流的便利性，自己做了些什么、做得怎么样、有什么成功的经验，又有什么失败的教训，都可以随时保存记录，呈现出方便、快捷、高效的特点。高校学生思想活跃、视野开阔、个性前卫，必然能够与博客、微博、微信等结下不解之缘。

二、确立良好的对话原则

对话不是一个人的独白，而是有来有往的互动，为了使对话进行下去，对话双方必须共同遵守一些基本原则。为此，笔者以哈贝马斯的"普遍语用学"和格赖斯的会话原则为基础，确立了三条对话原则。

（一）有效性原则

哈贝马斯的普遍语用学研究的就是对话的原则。按照哈贝马斯的逻辑，对话的目的就是要达到理解和一致，或者说实现交往的有效性，这需要对话者遵守一些规范，确定并重构关于可能理解的普遍条件，概言之，即对话的明晰性、来源的可靠性、逻辑的一致性和表达的适切性。这些普遍条件，就是我们要讨论的对话原则。

1. 可理解性

可理解性，即言说者是否选择合适的表达使双方相互理解。以学生管理中的师生对话为例，教师要考虑学生的知识结构、年龄差异、认识水平等因素，特别是采用学生喜闻乐见、乐于接受的表达，或是变平铺直叙为曲折表达，或是变直抒己见为"挑逗"回答，唤起共鸣。

2. 真实性要求

真实性要求，即言说者是否表达客观世界的事实真相。比如学校有关职能部门领导在对学生做出情况解释时，对问题、情节的描述添油加醋或省略重要事实，故意夸大对自己有利的信息，隐藏或逃避对自己不利的信息；学生故意奉承教师旨意，仅呈现教师偏好的信息；在小组讨论中各怀心腹事、话到嘴边留半句，这样就算对话者掌握了一些情况，也会由于不了解真实情况而做出错误决策。

3. 正当性要求

正当性要求，即言说者是否选择现有正确的规范和价值，以便说者和听者获得一致认同。这表现在语义学上，就是包括信息发出者的原意、信息接收者的意义理解和意义生成；表现在方法论意义上，就是对话的过程是反馈、讨论、批判、共享的过程。如果对话者只是选取自己的支持者或观点相似者为对话参与者，而将反对者排除在外，或者只是按照自己的认知结构去接受并传播符合自己需要的或与自己有切身利害关系的信息，掐头去尾，那么尽管在讨论的过程中有意见交流，但其形成的共同理解基本上仍然属于一种特殊立场下的偏执之见，是另一种形式的独白。

4. 真诚性要求

真诚性要求，即言说者是否表达了个人主观内在世界的真实想法和感觉。真诚性是"一种倾向承认自由与负起义务责任的个人态度，以及个人透过对话，相互认知、亲密和关爱，整合理性与情感以建立道德自我的抉择"。真诚性不仅是一种态度，也是一种行为表现，比如在师生之间、生生之间的对话过程中，真诚地表达自己的意向，愿意分享拥有的信息与资源，真心地期待问题的解决，把人性中最深层、最美好的东西激发出来，真正深入人心、拨动心弦，共同促进团体情感、对话品质及工作成效。

由此可见，有效性要求的提出与被认可，不是强制的，也不是无理性的，而是在相互协调、相互统一机制上启动的理性谈话规范。

（二）合作原则

合作原则由美国语言学家格赖斯提出，该原则的一个基本假设是：人们说话必须是合作的，这里的"合作"并非指会话双方的意见一致，而是指"谈话是需要的并出现得恰逢其时"，且对话内容符合参与各方公认的目的和方向。合作原则包含四个准则。

①量的准则，即说的话是对话所需，使对方得到应有的信息。

②质的准则，不说虚假的、证据不足的话。

③关系准则，所讲的内容具有相关性。

④方式准则，说话要清楚、简洁、有条理，避免模糊、隐晦、有歧义。

实际对话可具有两种不同的功能：信息交流型和人际交流型，它们实现不同的对话目的。前者是提供和获取信息，应该相互真诚合作；后者当然也有信息交流的存在，但获取信息并非主要目的。按照人际交流的目的，违背原则也是需要的，这也就是为什么幽默、笑话不仅不被视为缺乏对话能力，还会被人们视为有高超的交际能力的表现。

（三）礼貌原则

礼貌原则是从修辞学和语体学的角度提出来的，该原则认为礼貌、客气是人类行为的重要规范，礼貌语言是世界诸语言中不可缺少的部分。人们在会话中之所以违反合作原则是出于礼貌，一定程度上弥补了合作原则的不足。礼貌原则包含以下准则。

①策略准则和慷慨准则，即求人帮忙时，尽量让别人少吃亏，尽量表达自己受益大；帮别人时，尽量多让别人受益，尽量把自己的代价说小。

②赞誉准则和谦虚准则，即尽量多赞扬、少批评他人，多批评、少表扬自己。

③一致准则，即求同存异，扩大相同观点，缩小不同意见，或者先表示象征性意见，再讲不同意见。

④同情准则，即减少自己与他人的不合，增加自己和他人之间的情谊。

三、选择恰当的对话策略

高校学生管理原本就是一个动态的历程，加之处在一个知识爆炸、价值多元的急剧变迁社会，各种突发状况更是屡见不鲜。面对各种事项、场景、对象的种种不确定性，高校学生管理需要运用不同的对话策略，这也成为每一位学生管理工作者的基本职责和智慧所在。

（一）指导性对话策略

当学生对某些问题存在疑惑，请求教师给予自己指导，或者教师发现学生沉浸在负面情绪中，需要及时开导时，教师可运用指导性对话策略，目的是使学生解开疑惑、放下负担、舒缓压力。这种对话要时刻关注学生的态度和情绪，抓住其疑惑或不解的关键点，分析背后的原因，对于能解决的问题，及时对话帮助；对于情况暂不清楚、模棱两可的问题，可先做好安抚工作，待准备充分后再予以解决。

值得注意的是，在指导性对话过程中，有些问题可以一次性解决，有些问题需要持续性跟踪解决，不能急于求成。

（二）启发性对话策略

高校学生管理常常出现这样的矛盾：教师因为信仰、爱国等话题过于尖锐而不敢谈，学生因为理想追求的世俗化导致在某些大是大非的问题上缺乏定力。当遇到这样的情境，教师可以运用启发性对话策略，亦即把事实拿出来与学生开诚布公地讨论，明大理、晓大义，让学生得到启发，形成合力，反而是一种捷径。

在启发性对话中，主题的选择和达成的目的，要提前明确和规划，以什么样的方式在什么样的场合启发，更要深思熟虑。有时候学生"启"而不"发"，究其根源是对话时机不适、方法错误，教师没有与学生建立起融洽、平等的对话关系，这一点，尤其应该注意。

（三）诠释性对话策略

当对话谈及的事项、规章有非常明确和严格的规定，如不遵守或执行错误，将造成不利后果或违法受处分时，亦即对话事项的不确定性较低，可磋商的程度很小或可相互调整的空间很小时，诠释性对话策略则更加适用。

对话的内容必须很明确，逻辑必须很清晰，表达必须很精准，不容有含糊、矛盾或前后不一致的因素。比如，当学生去学生处咨询有关勤工助学、国家贷款政策，去财务处咨询有关学生经费报销、补助等时，相关行政教辅教师应明确地向学生说明及答复有关政策内容、要求、截止时间等，不可有误，否则将带来不良后果。

（四）商讨性对话策略

当对话的事项、法令规章未做规定，或仅做原则性叙述，亦即对话事项的不确定性较高，可磋商的程度大或可调整的空间大时，教师则可使用商讨性对话策略，特别是该事项涉及学生权益问题，教师应当与学生或学生代表协商。

商讨性对话应给对话者共同自主性，即共同确定协商方式、内容和规则，如《学生管理办法》的修订，学生听证、申诉制度的完善，生活园区建设方案的确定，空调安装及使用细则的落实等事项。但因牵涉人员面较广，所需互相配合的事项亦多，为了达成良好成效，相关人员应在事前、事中、事后做好充分准备，亦即对话前、对话中、对话后都需适当运用商讨性对话策略，否则分工不善、商讨不成，不但不能解决问题，还可能出现意外，造成不良影响。

（五）创生性对话策略

当对话的构想、程序、执行等有较大自主性和弹性空间，谈话的结果可以多样、新颖和独特时，教师可使用创生性对话策略。

当然，天马行空的创想、随性散发式的构思不能丢了主题，变成毫无意义的聊天、谈笑，对话主持人需要把控大局，收放自如。

（六）反省性对话策略

当对话内容旨在检讨错误、批判过失，以随时调整状态、改正错误、振作精神，迎接新的挑战时，教师可采用反省性对话策略。学生如果缺乏问题的发现力，对话将难以持续；如果缺乏辩驳力，对话只能是简单的迎合；如果缺乏自我反思能力，对话将难以进入灵魂深处。因此，反省性对话过程是学生形成自己的思想、检验其价值、实现自我成长的最佳方式。

第三章 高校新生工作管理创新

第一节 新形势下高校新生工作的探索

对刚迈入大学校门的新生而言,面对全新的校园环境,他们会面临生活方式、学习方法等一系列的改变,也将面临人际关系、竞争压力等一系列问题。在此期间,辅导员对学生的健康成长关系重大。如何贯彻落实全国高校思想政治工作会议的精神,积极关注大学一年级新生的心理情绪变化,舒缓学生精神压力,做好高校新生的思想政治工作,帮助学生完成由高中生到大学生的角色转换,是广大高校辅导员面临的重要命题。

一、做好新生入学教育工作

(一)抓好军训,帮助学生树牢纪律规矩意识

军训是高校新生的必修课,是提高学生组织纪律意识的重要手段,能帮助学生养成良好的生活习惯,提高团队协作能力。如今的高校新生出生在物质生活相对丰富的年代,集体意识、吃苦意识等相对缺乏。军训让每个新生接受各种规章制度和纪律的约束,接受组织的指令,这种方式能让新生深刻理解集体生活的意义。因此,辅导员应牢牢抓住军训这一契机,强调纪律性,以此培养新生勤俭节约的良好生活作风、顽强拼搏的意志品质以及团结互助的集体主义精神。

(二)以学风建设为主线,进行学习方法教育

学风建设始终是高校学生工作的主题,良好学风的形成在很大程度上依赖于科学的学习方法。高中与大学的教育方式是截然不同的,辅导员应从课程设置、学习方法、学习内容等方面帮助新生了解大学学习特点,帮助新生完成学

习方式的改变。在课程设置层面，大学的课程更加多元化，包括专业理论课、专业实践课、公共平台课等，同时讲求理论与实践相结合。在学习方法层面，自学逐渐成为主要的学习方法。由于面授学时有限，学生需要在课余时间花费大量的时间、精力完善自己的知识结构。

（三）做好职业生涯规划，帮助学生合理制定发展目标

职业生涯规划是大学生成长发展的基础，也是高校辅导员工作的重要内容。刚入学的新生对身边的一切都充满好奇和期待，然而对未来的规划和认识还处于一种较模糊的迷茫状态。高中时期，学生的选择比较少，绝大多数人的目标是考取大学，因此，他们将所有时间和精力放在学习、备考上。考上大学以后，很多学生面对各种各样的选择，目标反而变得模糊，甚至有些不知所措，久而久之会产生恐慌、失落、悲观等不良情绪，影响他们的健康发展。及时帮助他们了解自己，分析自己，认清当前的考研和就业形势，避免盲目乐观与悲观失望这两种情况，对大学一年级学生的未来发展意义非凡。

（四）加强心理健康教育，帮助学生健康成长

大学新生进入全新的学习生活环境，难免会产生一些心理上的不适应。因此，教师在新生入学教育中要宣传心理健康知识，普及心理卫生常识，配合学校心理健康教育中心做好新生心理普查工作，建立新生心理健康档案。这样做有助于及早发现、及时干预和有效控制新生的心理不适，提高心理健康教育工作的科学性和针对性。学校要对存在心理问题的学生进行登记备案，主动适时地对他们进行心理辅导和咨询。

二、做好日常管理、服务工作

（一）年级制度建设

年级制度是年级可持续发展的重要保障，是年级建设中的一项重要内容。新时期的学生管理工作应树立依法治校、制度管理的意识。

1. 辅导员要努力培养一支品学兼优、积极肯干的学生骨干队伍

辅导员要加强对年级、班级干部的常态化和科学化培训，切实发挥学生骨干在高校新生思想政治教育工作中的中坚作用；要建立"辅导员—班级—宿舍"三级信息预警与传达体系，成立年级委员会，对各班具体工作进行指导与监督。

2. 建立班级工作量化考评体系

辅导员要以创建标兵班集体为目标，将学生日常上课出勤、班团活动等纳入考评体系，一方面，可通过量化考评来督促学生自觉遵守校纪校规，养成良好的学习、生活习惯；另一方面，通过量化考评可以促进班级之间的良性竞争，形成各班争当先进的良好氛围。

3. 创办班团快报

为了给外界一个展示学生班级工作的窗口，辅导员可以创办反映学生班级活动开展情况的报纸——班团快报。报纸的内容可以不局限于新生班级，而是面向全院所有班级。报纸板块形式要多样，内容要涵盖每阶段学生班级开展的各项活动。

（二）做好学生党员发展和教育工作

积极做好学生党员发展工作要做到以下几点：加强思想教育，端正学生的入党动机，做到从思想上真正入党；严格把好挑选关、培训关和考核关，规范党员的发展程序，确保发展质量；常态化地组织学生中的入党积极分子进行学习，尤其要注重对党章的学习，不断筑牢思想根基；积极推荐思想积极进取的入党积极分子参加党校学习培训，不断深化学生对党的理论和宗旨的学习，坚定学生走中国特色社会主义道路的理想信念；加强对入党积极分子的跟踪培养，要求他们定期以书面或口头形式向组织汇报自己近期的学习、生活和思想状况。

（三）持之以恒地做好日常性工作

1. 积极和学生进行深入交流

辅导员和学生之间进行思想和精神的沟通是非常有必要的，要避免对象单一，不能仅仅倾向于学生干部或者有困难的学生，忽视那些表现低调的学生。辅导员通过谈心，既能够掌握学生最近的思想和学习状况，同时也可以向学生传达一种积极的期望，让他们能够更加清晰地感受到来自辅导员的关爱，从而增强师生间的信任。

2. 引导学生培养寝室文化

最能体现学生素质和生活习惯的地方就是学生寝室。辅导员应定期到学生寝室走访，一周2~3次，而且保证每个周末与国家法定假日结束后的当晚，能够去学生宿舍走访。深入学生寝室，可以使辅导员更直接地接触学生的日常生活与学习，了解他们在学习和生活上的近况，从而及时地消除各种安全隐患。

三、开展丰富多彩、健康向上的文化活动

对刚刚进入大学校园的高校新生而言，他们对未知的大学生活充满好奇和期待。因此，为直面他们的期待，有效帮助他们快速调适并找准自己发展的快车道，高校辅导员需要精心设计和开展一些内容积极健康、形式多样的文化活动，如新生才艺展示、"我的大学"演讲比赛、新生篮球赛等，从而减少学生产生心理问题的概率。这些轻松积极的活动非常容易将学生组织在一起，调动他们的兴趣，从而达到互相熟悉和促进交流的目的。与此同时，辅导员应更进一步帮助学生了解和克服心理障碍，开阔视野，让学生在参与活动中尽情释放和展示自己，从而达到教育的目的。另外，活动的开展可帮助辅导员挖掘和发现学生的特长，从而为今后他们施展才华、实现自我价值提供更多的机会与平台。

高校思想政治教育的工作对象在改变，工作内容更是随着工作对象的变化而变化。这些都要求从事学生工作的辅导员立足岗位，坚持立德树人，不断加强学习，不断提升自我，在日常工作中不断思考和探索，只有这样才能适应新形势下大学生思想政治教育工作发展创新的要求。

四、采用导生制对高校新生进行管理

导生制又名贝尔—兰卡斯特制，于18世纪末19世纪初起源于英国。英国初等教育普及的迫切要求与师资力量的紧缺使得导生制应运而生。最初它的核心是由学生教学生，即由教师选择一些年级较高且成绩优秀的学生充任"导生"，先向导生传授教材内容，再让导生转教其他学生。

随着时代的发展，导生制也被赋予了新的意义。当前，我国已经有许多高校采取这种管理模式。现在的导生制是选拔品学兼优、德才兼备、综合能力较强的高年级优秀学生担任导生，协助学校对新生进行思想政治教育和学习、生活指导的一种全新管理模式。

（一）在高校新生管理中采用导生制的必要性

1. 导生制符合当前高校发展的实际要求

20世纪80年代以来，我国高等教育发展的步伐越来越快，一系列的改革措施使得高校的面貌日新月异。随着高校规模的不断扩大，高校的管理工作也

越来越复杂化，旧的管理模式已不能完全适应新的变化，迫切需要进行改革与创新，作为其中重要组成部分的学生管理工作更不能故步自封。导生制的运用可以说是顺应当前高校发展需求的一种新的尝试。

2. 导生制符合大学新生的特点

当代大学生有自己的特点：独生子女的特性尤为突出；信息网络技术的高速发展使他们彻底摆脱了信息交流中的弱势地位，藐视权威，渴求自主；良好而又系统的知识背景使他们具有更成熟的思想。随着"00后""95后"的入学，新生的这些特点更应该引起充分的重视。显而易见，面对这样的群体，简单的机械管理已经落伍，而导生制恰逢其时。导生与新生年龄相仿，易于沟通；导生没有教师身份的威严，与学生的地位是平等的，容易被接受。

3. 导生制是辅导员工作的良好补充

辅导员制是大多数大学中广泛采取的学生管理的基本方式，在很多情况下，一名辅导员往往要指导几十甚至上百名学生，然而各个学生都有着自身的特点和个性，这样一来，指导效果自然大打折扣。如果说辅导员的工作是面，那导生的工作就可称为点了。每个班级都可以配备一名或多名导生。这些经过慎重挑选的导生，有充分的精力进行一对一的有针对性的个别辅导，与辅导员的工作进行点与面的结合，成为辅导员工作的良好补充。

（二）导生制在高校新生管理中的作用

在高校新生管理工作中，导生不仅能在学习和生活上给予学生相应的指导，让他们顺利完成中学到大学的过渡，充实地度过大学生活，同样也对学生的自我发展起着至关重要的作用。导生制在高校新生管理中的作用有以下几点。

1. 增强新生的学习适应性

种种调查研究显示，很多大学生入学后都存在学习适应性差的问题，在造成此问题的诸多因素中，管理因素不容忽视。高校的学习管理与中学阶段严重脱节，许多大学生由于习惯于中学时那种被动学习方式，对大学的自主学习方式极不适应，对专业学习更摸不到头绪。这些问题在传统的高校管理中都是由辅导员或教师来解决的，但是辅导员往往要负责上百名学生的指导，在新生入学阶段他们的工作尤其繁重，在短时间内无法做到有明确的针对性；而教师也面临繁重的教学与科研工作，无法顾及每一位学生，这样新生们很难得到及时的引导。而导生制的运用弥补了这一空缺。

2. 提高新生的学习动机

大多大学新生在进入大学后都存在思想松懈的问题，一时间找不到努力的方向和目标，自然会导致学习动机减弱。在提高新生的学习动机方面，导生制也起着重要的作用。对大学新生而言，导生更是自己的学长、学姐。导生一般都是经过严格选拔的优秀学生，他们的思想观念、学习方法、对待生活的态度和自身的良好素质潜移默化地影响着新生，起到了良好的榜样示范作用。这有利于新生找到自己的学习目标，激发强烈的学习动机。

3. 帮助新生解决心理问题

大学生进入大学后都要面临一个崭新的环境，学习方式、人际关系、专业兴趣等方面的因素都可能导致其心理失调。学生的负面情绪如果得不到很好的宣泄和疏导，很容易形成心理障碍，影响正常的学习、生活。这些方面的问题，导生自身都经历过，也有着深刻的体会。因此，导生能够切身体会到新生的心理状态，更能设身处地帮助新生进行心理疏导。

4. 有利于促进学生的自我发展

导生和学生持续交往的过程是双方深入理解的过程。导生身份的特殊性使得他们能够比教师更能理解同学的需要、愿望和价值追求。在这种理解的基础上，双方容易产生一致的观点、期待、判断和行为。

第二节 马斯洛需要层次理论对高校新生工作的启示

一、马斯洛需要层次理论简介

马斯洛是人本主义心理学的重要代表人物。他的需要层次理论指出，人类的本性表现为一系列复杂多样的需求。人类总是受到生理、心理需求的本能驱动。根据需求对象的不同性质，马斯洛需要层次可以划分为以下层次。

（一）生理的需求

生理的需求，即个体赖以生存与繁衍的最基本需求，诸如饮食、睡眠、求偶等，是驱使行为产生的最大动力来源。

（二）安全的需求

安全的需求，即个体对秩序、安全感的追求，包括对人身、财产不受侵害以及稳定的生活条件的需求等。

（三）归属与爱的需求

归属与爱的需求，即个体的社交性需要。当前两种需要得以满足后，个体对感情的渴求就开始变得重要，包括被群体接纳、得到关心爱护、获得友谊等。

（四）尊重的需求

尊重的需求，即个体对自我尊重和受人尊重两方面的需求。前者是指个体相信自己、尊重自己而产生的心理满足感，后者则是指个体渴望得到来自他人的认可和尊敬。

（五）自我实现的需求

自我实现的需求，即个体对充分发挥潜能以及实现自我价值的需求，是最高层次的需要，具有极高的社会价值。

马斯洛认为人的上述需求由初级的生理性向高级的社会性层层递进，共同构成了一个金字塔状的层级结构，只有低层次的需求得到满足后，高层次的需求才能自然衍生；低层次的需求如果较好地得以满足，高层次的需求将提升为第一位的需要。同时，这个层级结构又是一个富于变化的动态系统，在不同的社会群体、不同的年龄阶段都呈现不同的具体表现。

二、大学新生的特殊需要分析

大学一年级是一个特殊的时期，是独立人生的全新开端，是学习和生活模式发生急剧改变的转折期。根据马斯洛的需要层次理论，处在这一阶段的学生有独特的身心发展特点，表现为一系列特殊的身心需要。

（一）生理需要

建立良好的生活体系对新生有重要意义，因为这是最基础的需要层次，如果该层次不能得以满足，则无法顺利衍生出其他更高层次的需要。但这也是以往新生工作中最容易被忽视的一个环节。当前，部分新生独立生活能力较差，入学后生活质量迅速下降，生活秩序混乱，基本的休息、饮食需求都难以满足。

同时，一些贫困生在入学后，基本的生活费用难以保障，身心交困，其生活状况更令人担忧。

（二）安全需要

新生都希望拥有一个安定有序的校园环境，使人身和财产的安全得以保障，安全感得以形成。但有许多校园安全案例显示，每一年新生入学阶段是安全事件频发的阶段。一些不法分子利用新生对新环境的陌生以及缺少警惕性的特点，实施犯罪并屡屡得手。一些新生的贵重财物遭窃，或是钱财遭到诈骗，给新生的心理带来了极大的不安全感。

（三）归属与爱的需要

面对全新的环境，新生渴望能被新的群体所接纳，融入温暖和谐的集体，从而获取归属感和友谊。但并不是所有新生都能顺利建立起归属感，有些同学游离在集体之外，需要得到一定的帮助。快速和充分地满足新生对归属与爱的需求，有利于他们稳定情绪，身心愉悦地投入学习与生活之中。

（四）尊重的需要

大学一年级新生对自我认可以及外界尊重的需求十分强烈。一方面，学会合理的自我评估，树立自信心，对新生而言有重要意义。另一方面，让学生感受到自己的需求和意见被尊重，自己是学校工作的重要参与者，才能激发他们主动地参与到教育过程中。

（五）自我实现的需要

新生都是怀着对未来的美好憧憬进入大学的，他们渴望成才，渴望自己的潜能和价值能得以发挥。但同时他们的人生目标不够明确，实际能力也有待提升。大学能否提供给他们合理的引导，并提供锻炼自我的平台，对他们的人生发展尤为重要。

三、马斯洛需要层次理论对高校新生工作的启示

高校应充分借鉴马斯洛的需要层次理论，在开展新生工作时，从需要层次出发，尊重学生的需求规律；以学生为本，树立服务意识；从实际出发，满足学生成长成才的需要。

（一）重视学生身心健康，满足基础生理需求

为帮助新生更好地完成生活适应，辅导员可以采取生活辅导的方式，例如制作新生生活手册等方式，向新生介绍有用的生活经验；组织新生了解校园环境，消除新生对陌生环境的恐惧感；开设健康讲座，告知新生一些基本的生活常识，帮助新生更快地适应校园生活。

辅导员应对存在生活适应困难的学生进行帮扶。有些新生由于自理能力偏差，入学后生活习惯紊乱，要帮助其恢复合理的生活秩序，培养科学的作息时间、良好的饮食习惯等；有些新生适应不良，出现睡眠障碍，导致精神不振，要利用辅导员谈心疏导、心理帮扶等方式为他们提供帮助。

需要特别关注的对象是贫困生群体。辅导员要注意观察和摸底，对存在经济困难的新生给予帮助，通过办理助学贷款、发放助学金、提供勤工俭学岗位等方式，缓解他们的生活困难。

（二）做好安全保障工作，增强新生的安全感

安全教育是入学阶段必要的教育环节。辅导员应开设新生安全教育讲座、新生预防犯罪讲座等专题课程，制作并发放新生安全手册，向新生宣传安全防范须知，增强新生的安全意识，提高自我防范能力。另外，辅导员应加强校园安全管理，通过设置校园移动110、张贴校园报警电话、增加宿舍走访频率等途径，创立安定有序的校园环境，增强新生的安全感。

（三）营造人文关怀氛围，帮助新生建立归属感

1. 应着眼于校园大环境

校园环境是非常重要的隐形教育环节。高校在新生入学阶段尤其要加强人文关怀，营造温暖和谐、富有感染力的校园氛围，将对新生的关心与爱护渗透学校工作的各个环节，在潜移默化中实现对新生的爱的教育。

2. 应促进新生集体感的形成

高校应通过新老生交流会、团体心理辅导等活动帮助新生融入集体；通过学生组织纳新、社团招募等方式，引导新生多参与集体活动，建立归属感；通过开展社区文化节等形式，营造和谐包容的宿舍文化，让新生感受到来自社区大家庭的温暖。

3. 充分发挥心理辅导的作用

除心理咨询室常规咨询外，高校应为新生开设新生心理热线、新生网上咨询通道等，在保密的前提下，做学生真诚的倾听者，给出合适的建议，帮助新生排解心中难处，减轻内心冲突；同时，开展面向全体新生的心理适应讲座，多管齐下，为新生创造被无条件接纳的良好环境。

（四）尊重学生主体地位，构建新型师生关系

学生是教育的主体，要使学生尊重的需要得以满足，首先就应当确立学生的主体地位。在入学阶段，教师可通过问卷调查、个别访谈等方式了解新生的意愿，并根据他们的需要，安排一些特色化服务内容，让新生感受到自己的需求被尊重，从而树立起主人翁的积极心态。

同时，高校应构建以平等和关怀为内核的新型师生关系。教师要以欣赏的眼光来看待每一位新生，同时用发展的眼光来关注他们的成长，并给予新生包容和关爱，让他们感受到来自师长的温暖。教师的工作重点不应是一味灌输知识给新生，而应注重新生潜能的引导和开发，给他们自主成长的空间。

（五）激发成长成才愿望，引导学生自我实现

这是需要理论中的最高层级，与人的毕生发展相联结，需通过多元化的渠道才能实现。高校应在新生入学教育中，开展大学生涯规划、职业生涯规划为主题的讲座，帮助新生理性定位自我，合理规划人生；邀请优秀校友进行宣讲，发挥榜样带动作用；进行励志教育，唤起学生对未来的憧憬；促进学生产生自我发展的高层次欲望，从而努力挖掘自身潜力和实现自身价值。

同时，高校应注重发挥专业的凝聚和指引作用。对专业的热爱是新生在大学学习的一大动力源泉。高校应通过专业介绍会、专家报告会、学业导航讲座等形式，邀请资深专家学者、行业精英向新生介绍专业设置、专业就业前景、专业前沿、专业学习方法等，引导新生更深入地认识自己的专业，从而坚定专业思想，激发学习兴趣。

总体而言，马斯洛的需要层次理论给高校的新生工作带来了新的视点。高校应当立足整体，综合考虑，为新生的成长成才创造条件。因为，"环境条件所蕴含的另一个意义是看它能否满足所有社会成员的不同要求，提供自我实现和人性完成的可能性到怎样的程度。"只有以学生为本，从学生的身心特点出发，总结新经验，掌握新规律，才能培养出身心健康、志向远大、积极自我实现的大学生。

第四章 新生代大学生的教育管理策略

第一节 更新大学生教育管理理念

随着当今国际形势的深刻变化和改革开放的不断深入，高等院校学生教育管理工作既面临着有利条件，也面临着严峻挑战。面对新情况和新问题，高等院校管理者需要重新思考高等院校自身所处的社会环境变迁，正确认识全球化、网络化、数字化、信息化给学生管理工作带来的冲击，积极探索新环境、新情况下学生管理工作的新思路、新理念，为大学生的学习、生活提供最大可能的指导和帮助，使他们能够健康成长、成才。

教育管理理念是高等院校育人工作的核心因素，是统领学校育人工作的灵魂，对其他因素具有显著的整体制约性和指导性。在对大学生心理健康影响因素的研究中发现，大学生心理健康因素受到学校教育的影响。从当前大学生心理健康状况以及对其影响因素的综合分析来看，要促进大学生心理健康水平提升，高等院校的大学生教育管理理念必须进行革新；从整个高等教育领域发展来看，我国高等院校正在从扩张办学规模向提升人才培养质量的道路迈进，正在经历由只专注学生知识技能的培养向更加重视学生心理潜能的开发转变，要完成这样的变化，必须从总体教育管理理念的革新开始。

一、新时期高等院校学生管理工作面临的新情况

（一）全球化意识和社会主义市场经济对高等院校教育管理工作的影响

全球化意识就是指在世界范围内起作用的正在形成过程中的世界整体意识和全球文明。全球化意识的弥漫和渗透趋势在不断加强。全球化借助网络技术

成为一种现实的运动,并在广度、深度、强度和速度等方面都达到了前所未有的程度。实际上,每一个人,不但是某一个国家的公民,而且也是地球村的一个村民,即世界公民。地球上任何地方发生的事件和危机,都可以迅速传遍每一个角落。

随着社会主义市场经济的深入发展和不断完善,我国社会经济成分、组织形式、就业方式、利益关系和分配方式日益多样化,大学生思想活动独立性、选择性、差异性日益增强,这些因素使学生管理体制面临着新考验。

(二)信息与网络时代对高等院校教育管理工作的冲击

卫星通信、数字化、多媒体和计算机网络等技术的发展,对高等院校产生了巨大的影响,校园的网络化、信息化、智能化、个性化特色,真正突破了传统的教室和校园围墙的界限,使知识的创新、传播、转化和应用的速度变得空前便捷。网络已经促成一所所没有围墙的大学的诞生。信息化、数字化、个性化的社会环境为学生提供了天地广阔的生活空间,他们获取知识和信息的渠道比以前的人多得多,获取信息、传递信息的手段比以前更先进、更快捷。外部世界的多样化,再加上学生缺乏辨别是非、认清善恶的能力,最终导致学生对传统文化的认同度降低。这对高等院校的学生管理思想、管理体制和管理方法造成了巨大的冲击。

二、新时期高等院校学生管理工作的新思路

(一)树立"以学生发展为本"的教育价值观

教育价值观既体现为学校教育的价值取向和追求,也体现为人们评判学校教育价值有无、高低和大小的重要指标。高等院校的教育价值观表达了高等院校教育活动的最高价值追求,它决定着高等院校育人工作的核心价值行为。当前高等院校育人工作存在的许多问题的核心就是教育价值观问题,其中也包括大学生心理健康问题。面对大学生心理发展和素质提升的现实需求,高等院校必须树立"以学生发展为本"的教育价值观,以促进大学生教育管理工作。在这里,"以学生发展为本"的教育价值观应包含三种含义。

1. 学生的"人的价值"是高等教育价值的中心

理论上人的价值具有个人和社会两个不同属性,在现实中如果人的价值是

由他所创造的社会价值所决定的，那么他全面自由发展的水平决定着他创造活动的水平，进而决定着他所创造的社会价值。从这一视角出发，大学生的自我价值同其创造的社会价值应该是统一的，这也就是大学生个体作为目的和作为手段的统一。因此，无论从哪个方面来说，高等院校教育活动的价值都必须以学生的个体发展为中心，也就是以学生的"人的价值"为中心，这是高等院校培育大学生的前提和基础，脱离了这个中心，高等教育活动的社会价值及经济价值、文化价值等也不可能实现。

2. 高等院校教育价值的提升来自学生价值的提升

人通过接受教育获得生活技能和智慧，精神世界得到进一步丰富和发展，从而使生活更加有意义。教育对人发展的决定性作用表明教育活动就是为人的发展和创造活动开展和设计的，教育中的所有因素的价值都是在提升人的价值过程中得以显现的。可以说满足大学生身心发展的需要是高等院校教育价值的主要体现。在现实中，文化传承、服务社会、科技创新固然体现着高等教育的价值，但是对教育价值的整体考量、学生价值的提升才是彰显教育价值的根本，因为人的价值是创造其他价值的基础，所以，如果没有学生的全面发展，没有学生素质的提升，教师发表再多的论文、产出再多的科技成果，都体现不出教育的根本价值，是本末倒置的价值考量，是违背教育伦理原则的价值取向。

3. 促进个体和谐发展是高等院校提升学生"人的价值"的根本前提

高等教育的基本功能就是提升人的价值，即提升大学生个体的人格价值和社会价值。在高等教育提升人的价值的过程中，只有个人潜能和素质得到充分发展才有可能实现其价值的更大提升，从这个意义上说，促进大学生个人的全面发展，是提高其个人价值的根本前提。从教育学意义上理解，大学生的全面发展是指其基本素质的全面发展。正如德国心理学家爱德华·斯普朗格所说："一个真正受了教育的人，不但体会到学识，并能了解经济利益的意义，欣赏美的事物，而且肯为社会服务，进而对生存的意义也能彻底体会。"这正是新时期对大学生全面和谐发展的基本要求，也是大学生心理素质发展和提升的内在需求。可见，大学生只有具有了完整人格才能发挥更大的影响力，只有个体的社会价值得到充分展现，大学生才能更加自信、乐观，才能具有发展动力和更强的意志力。

（二）树立正确的高等教育伦理实践效益观

高等教育存在的价值合理性就在于能够依据人的成长发展需要和社会发展客观规律，开展有目的的、自觉的和能动的教育活动，实现其承载的促进人的全面自由发展和为社会发展培育高素质创新人才的功能。高等院校教育只有在两者之间找到一个相互协调的平衡点，才能很好地完成这两项基本功能，这是高等院校教育伦理实践效益的基本标准和要求，也是保障高等院校有效开展大学生管理培育工作的前提条件。

1. 高等教育伦理实践应体现出个体层面的价值功能

高等教育伦理作为一种道德行为规范，起着调节教育活动中教育主体之间关系的作用，它规定着教育主体应该做什么和怎么做，引导教育主体行为以"善"为价值取向，推进受教育主体的全面发展。高等教育伦理作为一种特定领域教育活动的内在善恶规范，对于受教育者应当如何发展、成长为什么样的人，在实施教育行为之前，已经预设好了预期结果和路径，并据此结果和路径组织教育实践，使受教育者在教育实践的影响下形成具有鲜明自我特征的个性品质，并按照预期路径实现个人的自由全面发展，最终成为人性得到全面诠释的真正的人。高等教育伦理不仅是把握教育实践活动内在本质的特殊方式，还反映着主体行为的价值意识，引导着主体对现实高等教育实践活动的价值选择，对主体的人格完善和发展具有促进作用。

2. 高等教育伦理实践应体现出社会层面的价值功能

高等教育伦理作为社会伦理系统的一个组成部分，在对象和内容上包含社会的各个层面，主要通过受教育的人对社会产生间接导向作用。高等教育的基本功能是培养高素质创新人才，通过培养人才为社会生产、经济发展、政治活动、文化传承等服务，实现高等教育的经济价值、政治价值和文化价值等社会价值，因此，高等教育伦理的社会价值也要最终通过其培养的人去实现，并体现为一种社会功能。高等教育伦理作为调节教育主体教育活动的道德规范和价值精神，其实现自身社会功能的基本路径就是通过优化教育发展和提高受教育者的整体素质和能力，进而促进社会现代文明的发展。从一定意义上讲，高等教育伦理这一社会功能具有一种特殊的人力资本价值，不但对社会的政治、经济和文化发展发挥着积极作用，而且对个体的自我效能、希望等品质的发展也起着特殊的作用。

高等教育伦理的个体功能和社会功能是不可分割的两个方面，高等教育伦理实践的理想效益就是通过高等院校教育活动使其具有的个体功能和社会功能达到统一，促进两种功能的和谐发展。

（三）凝练全方位育人的学校育人观

高等院校教育过程中包含着很多影响大学生心理问题的因素，如师生互动过程中的人际支持、成就动机的激发、教师个人魅力和教育管理主体素质的影响以及学校制度文化和环境文化熏陶等，这些因素都对学生心理活动过程产生潜在影响。因此，树立全方位育人管理思想对大学生培育管理具有积极作用。目前，多数高等院校的管理者都认识到了全方位育人的重要作用，但是在如何实现全方位育人、如何通过系统的全方位育人方案提升大学生心理健康和整体素质水平方面还没有成形的思路或做法。因此，高等院校有必要进一步凝练和明确全方位育人的育人观，使学校管理架构中的每一个方面都充分发挥自身优势，形成合力，进而促进大学生整体素质的有效提升。

1."全方位"要体现在一个立体的、系统的整体上

高等院校教育过程中包含的影响大学生心理健康的外在因素是多方面的，既有教育者的主体作用，也包含着环境因素。教育主体内涵非常丰富，从广义上讲，教育主体不仅包括教师、后勤人员、管理人员，也包括大学生自身和家长等，但是直接发挥作用的主体主要体现在辅导员、教师、学生群体和家长等几方面。环境因素是影响大学生心理发展的重要外部因素，主要包括非物质环境和物质环境。在这里，环境的创造离不开教育主体的作用，不同的教育主体发挥着不同的积极作用，大学生的外在影响因素充满了复杂性、联动性和特殊性，构成了与大学生个体内在因素相互作用的一个外在的立体的整体系统，在这个动态的整体系统中，每个影响因素在不同时期、不同事件中的作用又不同，它们之间互相促进或者互相抑制。因此，全方位育人就要充分发挥各要素的整体性、联动性和积极性，发挥影响因素的立体作用，不能将各要素割裂开来单独审视、期望其独立发挥作用。

2."全方位"还体现在教育主体影响作用的多面性、复杂性上

在高等院校育人过程中，影响大学生心理问题的因素来自方方面面，呈立体形态。就每一个因素来讲，其作用又体现在多个方面，这些作用有可能是互相促进的，也有可能是互相抑制的，并且每一个作用的影响力大小也不尽相同。

例如，教师既可以通过良好的师生关系为学生日常生活提供积极的人际支持，进而对学生人格发展产生积极影响，也可以充分发挥自己的才华，在教学活动中充分展示自己的人格魅力感染和影响学生，还可以精心设计教学过程和教学内容，通过教学过程的实施和教学内容的展现影响学生，等等。通过调查发现，在每个教育主体的作用中，人际支持作用对心理问题影响作用最重要，主要包括家长的人际支持、教师的人际支持、同学的人际支持等。因此，全方位育人不仅体现在育人主体的丰富性、系统性上，还体现在每一个育人主体作用的多面性、复杂性上，全方位育人要切实考虑到每一个教育主体的育人优势，充分发挥优势作用。

3．"全方位"还体现着校园文化作用的立体化

从高等院校育人过程的宏观角度来看，校园文化作用是全方位育人工作的一个方面，它与各个教育主体互相联动；但是就校园文化自身来看，它又是一个由各种因素构成的立体网络结构，既包含意识形态的内容，也包含物质的一面，如校园制度文化、学术氛围、社团文化、校园环境等。这些结构相互作用、相互影响，构成了一个整体，在育人过程中发挥着重要作用。在意识形态方面，有的通过各项制度体现，有的通过行为活动体现，还有的通过校园历史的积淀体现；在有形的物质方面，有的通过校园环境体现，有的通过教学设施体现，等等。无论是物质的还是意识形态的校园文化，都通过其特有的方式对大学生的心理活动、思想意识发挥着作用，其作用的大小也会因学生群体自身特点的不同而不同、因作用方式和强度大小的不同而不同。因此，高等院校校园文化建设既要考虑不同影响因素的作用方式、作用效果，又要考虑不同大学生群体的自身因素。

（四）创新高等院校生涯教育观

生涯规划能力是大学生应该具备的基本能力，是大学生开展生涯规划的基础，也是大学生实现其全面发展的前提条件。高等院校生涯管理就是为帮助大学生做好生涯规划，培养大学生生涯规划能力而针对个体开展的一系列影响活动，通过一系列的制度、措施引导和帮助大学生规划生涯，提升其生涯规划能力，使之能够有效规划大学生涯，自觉开发潜能，为以后的生涯发展奠定能力基础。

我国高等院校开展大学生生涯教育起步较晚，多数高等院校的生涯教育偏重于职业指导和职业规划，没有形成中国本土化的高等院校生涯管理理念。我国当前高等院校生涯管理仍存在许多问题，高等院校生涯管理工作难以适应大

学生生涯发展需要。因此，高等院校在大学生心理健康培育和提升过程中应创新高等院校传统生涯教育观念，树立生涯管理意识，强化学校生涯管理工作。

1. 高等院校生涯管理的主要任务是培养大学生的生涯规划能力

高等院校生涯管理是指高等院校为实现高等教育的人才培养目标，满足大学生个体全面发展的实际需求，对大学生在校阶段的生涯发展实施的管理和辅导工作，其主要任务是培养大学生的生涯规划能力，具体来讲有以下几方面：一是培养大学生生涯探索能力和自我经营能力，使学生正确认识自我、了解自我、接纳自我，具有强烈的生涯发展需求，能够清醒地面对未来的职业发展，了解相关职业领域的发展需求和现状，努力充实专业知识，提升职业技能，积极探索自己潜能发挥的有效途径，等等；二是培养大学生生涯决策能力，使学生在生涯发展的一系列决策过程中，知道如何设定生涯目标和及时调整目标，如何确定自己职业发展方向和未来职业范围，在面对抉择时能实事求是地看待问题并做出正确决策；三是培养大学生生涯行动及监控能力，使学生在计划执行过程中能够通过有效的时间管理、建立良好的人际关系，积极适应周围环境变化、创造性地解决问题来保证计划实施，及时调整不合理计划以及就自己发展的不足积极提升自己，以适应生涯发展对个体的新要求。

2. 以"生涯管理"基本理念指导学生开展职业生涯规划

从生涯发展角度来看，大学生正处于对未来职业进行探索阶段，只凭个人的经验和能力很难对未来职业生涯进行准确定位，开展合理规划。高等院校开展生涯规划指导，可以帮助学生进一步正确认识自己的兴趣、职业意向、职业潜能和职业素养等，使其尽早明确职业发展目标和方向，从而及时调整专业知识结构，弥补实践技能的不足，进一步增强职业综合素质和就业竞争力。因此，生涯管理要从观念上消除把职业指导等同于就业安置或提高就业率的误区，充实就业指导工作内涵，转变就业指导工作思路，把就业指导的重心转向学生生涯规划指导，不断激发学生职业规划的意识，引导和帮助学生选择正确的职业生涯发展路径，以实现学生期望的自我社会价值。

3. 高等院校生涯管理是对学生的教育实践实施的全方位指导

完全意义上的高等院校生涯管理是以生涯辅导为基础的全方位指导，主要包括与学生的个人发展愿望相结合、与学校的整体教学过程相结合、与国家和市场发展对人才的需求相结合三个方面。大学生涯管理是指培养生涯规划能力的教育活动和辅导活动，通过制度建设、计划制定教育教学活动、师资队伍建设来实现学校影响。例如，学校可以要求专业任课教师将学生生涯发展认知、生涯态度等有关内容融入教学内容中，可以要求指导教师将生涯管理有关要素融入社会实践和第二课堂活动过程中，潜移默化地培养学生的生涯规划意识和能力。

4. 重视高等院校生涯管理的理论研究

近年来，国内高等院校为了适应社会对高等教育人才培养的需要，推动高等院校毕业生就业制度改革，纷纷开始了对校园生涯管理的探索。但各高等院校的职业指导工作无论是在实践层面还是理论层面，多数是对国外一些经验的复制和套用，还没有真正从个体全面发展的角度开展大学生涯管理，还需要系统开展职业规划辅导和生涯发展管理研究，需要开展高等院校生涯管理模式、职业心理测试、就业评价体系等理论层面的探索，建立本土化的生涯发展理论体系。只有开展扎实有效的理论研究才能为高等院校生涯管理实践提供依据并指明方向。

（五）树立科学的生命意识教育观

生命意识是人对自己和他人的生命存在价值的一种认知与感悟。具有良好生命意识的人会热爱生命、珍惜生命，善待自己和他人的生命，对生命及生命关系有一个良好认知，能正确认识、理解、把握自己的生命价值，形成个体完善的人格品质。高等院校生命意识教育的目的就在于使大学生树立良好的生命道德品质，能够正确认识和把握生命与人类社会同自然环境的关系，促进各种关系和谐融洽，使自己在追求生命价值最大化的基础上生活得更有意义，更有利于个体全面和谐发展。因此，高等院校生命意识教育的核心内容应该是积极培育大学生的生命道德。

人的社会属性决定了其在正常生活中时时刻刻都要与自己、他人、社会环境发生各种各样的关系，在这些互动关系中，每一个人都承担着对自己、对他人和对社会的各种责任。在这些责任当中，个体对自己、对他人及对人类生命的责任是最基本、最重要的，也是生命道德的基本要求。对生命的责任意识是生命道德的基本内容，生命道德是调整人与自己生命、他人生命、人类生命以及终极理想之间关系的道德。生命道德源于人对生命的关注，是人们对待生命的德行品质，是调节人们有关生命行为的特殊规范的总和。生命道德的意义在于追求生命神圣、生命质量和生命社会价值的和谐统一，是指导个人处理与自己生命、与他人生命、与人类生命以及与精神生命之间关系的行为规范。生命道德是人的生命关系的应然，心理健康是人的关系世界的实然反映，回归到人的生活世界，两者在本质上具有统一性，都是为了追求人与自我、人与自然、人与社会以及人与精神信仰的和谐关系。这种"关系性"上的统一性，使生命道德成为了影响大学生心理健康的重要因素。积极的生命价值观能够引导大学生面对生活中的困难，摆脱消极心理状态；积极的生命道德行为有助于大学生获得积极情绪体验、社会支持和成就感；良好的生命道德品质有利于解决大学生成长中的发展问题；生命意义感能增强大学生的自我价值感和主观幸福感。因此，积极培育大学生的生命道德能够促进大学生心理健康的培育和提升。

第二节 创新大学生教育管理方法

面对当代大学生心理健康现状及其存在的心理问题，高等院校应从实际出发，探索有利于当代大学生心理健康发展的教育管理新方法。创新大学生教育方法要坚持意识形态引导与行为管理相结合、整体性推进与关注差异性相结合、理论研究与实践创新相结合。

一、突出生命价值取向的建构

生命价值取向是一个人确立其与自我生命、他人生命以及自然界生命关系的基础，这些关系直接影响着人的性格特征的形成、人际关系的构建以及价值观的确立等，是个体意识形态对心理活动和行为表现具有根本影响的重要因素。因此，高等院校在大学生教育管理中更应突出对大学生生命价值取向的构建，以此促进其心理健康发展。

（一）培养正确的生命意识

部分大学生之所以对来自自身的影响因素敏感性不高，主要是因为他们获得了家庭和社会的过多关注和关爱，个体缺乏对生命关系和生命价值的真正思考，缺少来自内部的自觉意识。生命意识是人对生命存在和生命价值的认知与感悟，是人在对生命存在的认识和理解的基础上，通过实践活动追求生命关系和谐、生命社会价值延续的自觉意识。大学生具备正确的生命意识，更有利于清晰定位人生目标，明确生涯发展目标，进而在实现生命社会价值的过程中，实现自身全面发展。因此，高等院校要强化大学生的生命意识教育，帮助他们形成正确的生命意识，具体应从四个方面把握。

1. 引导大学生树立珍惜一切生命的意识

生命是宝贵的，是个体存在的基础和条件，个体生命的存在也是人类创造和实现一切的先决条件，因此，生命意识教育的基础在于关爱、珍惜生命的教育。同时，人的本质不是单个人所固有的抽象物。在其现实性上，它是一切社会关系的总和。珍爱生命不仅是个体生存的需要与权利，更是一种责任与共同生活的基本法则，珍爱生命不仅要珍惜自我的生命，更要关爱他人的生命。无视他人生命的人也不可能对自己生命的存在和价值有正确的理解，更不可能有崇高的人格品质。珍爱生命的教育，应当是自我与他人、权利与责任相统一的教育。"出入相友，守望相助，疾病相扶持，则百姓亲睦。"这既是我们中国人追求的道德理想，也是建设社会主义和谐社会的目标之一。人与人之间只有互相关爱、互相尊重，才能真正尊重和珍惜生命，尊重他人选择生存方式的自由。教育学生珍爱生命，就是要教会学生认识生命的珍贵，珍惜自我和他人生命的存在，就是要培养学生的生命责任感和对生命的感恩之情，学会关爱、学会宽容、学会共同生活，懂得用爱心去回报关爱。

2. 培养大学生对生命的责任意识

人的社会性本质决定了人在正常生活中必须与自己、他人、社会发生各种关系，任何人都必须向自己、他人和社会承担起自己在社会中的责任。其中，对自己、他人及他类生命的责任是最基本、最重要的，这也是道德的基本要求。对生命的责任意识是生命道德的基本内容，也是一个人社会责任意识的基础和根本。

3. 引导大学生积极探索生命的意义与价值

人的生命是有价值的，价值是人存在的基础和依据，对人生意义的追求、对生命社会价值的追求是生命价值的最高体现。生命教育应该引导大学生从外在化、功利化、世俗化的目的中解放出来，积极探索生命的意义，努力提升生命价值。生命的意义不仅指个体生命的意义，也指人对人类在宇宙中位置的思考，以及对人类"类生命"本质的思索，两者是相统一的。因此，探索生命意义、提升生命价值的教育应包括以下三方面：一是创造生命价值的教育。人的生命就是意义生命，人是一种价值实体。意义不是客观存在的，它是经过人主观努力创造的。二是体验生命价值教育。大学生注重自我实现，因此高校应积极引导学生认识到自我实现是一个过程，其中那些微小的进步未必会带来权力、金钱、地位等外在价值决定性的改变，但都会给个体带来生命的高峰体验，从而使个体对生命价值的认知发生良好转变，对生命的价值和意义有所领悟。三是引导学生把生命个体价值与社会价值统一起来，体现生命价值的最高形式。人是一切社会关系的总和，高校应将大学生的视野引向整个社会、整个人类和宇宙，使之懂得将生命个体与社会、与他人、与自然结合起来，才是生命价值的最高体现。

4.引导学生建立科学合理的生涯发展目标

生命的意义体现在为自己明确的人生目标不懈奋斗的过程中，平时那些生活态度积极、获得较大价值感和成就感的大学生，是有明确的目标并不断向目标迈进的人。生命意识教育的内容之一，就是引导学生确立一个正确的人生目标，并鼓励他们为之努力奋斗，在有价值感的活动中体验生命的意义，实现生命的价值。大学生的人生目标既与社会需求相统一，也与个人兴趣、爱好和追求相一致；既有长远、持久的目标，也有短期的实施计划；既包括人生规划，也包括人格完善，是一个身心和谐、持续发展、志存高远的目标。

（二）创新生命道德教育

高等院校生命道德教育在传统道德教育思维方式的长期影响下，教育内容过于理想化、抽象化，教育目标脱离个人客观实际需要和利益，教育过程呆板僵化，互动不够，没有形成完整体系，实效性较差。因此，创新大学生生命道德培养路径应注意把握三个方面内容。

1.加强对"个体"的关注

生命道德教育是重视个体本身的道德教育，需要构建整体性德育体系并调动学生的主体意识和个体意识。传统的道德教育注重弘扬社会或集体的利益，"忘我""无私"的思想受到推崇，其中"忘我"的道德教育更多考虑的是为"他人"的，对个体道德的自主性、生命价值的尊严、自我利益的正当性等没有给予更多关注和应有重视。在现实世界，人既是一个实体，更是一种关系存在，每一个人都存在于与他人的关系之中；他人的存在是每一个人存在的条件，个人的发展只有在与他人的关系中才能实现。每个人为了自己，必然要做一些有利于利益相关者的事情，这些人当然是在自己所属群体中生活的人，包括自己的家人、同学、同事等。此时个人的"私"实际上已经不是单纯的"自私"，作为个体的"我"也不再是狭义的"小我"，而是广义的包含其他人利益的"大我"，这种"大我"与单纯"小我"之间直接相关，而不是割裂的、空洞的、排异的。因此，高等院校开展生命道德培育不能只注重为他人、为人类奉献的教育，更应该关注"个体"，个体的生命价值、利益在生命道德教育中应同样受到重视。

2. 开展生命叙事活动

所谓生命叙事活动就是指表达自己生命故事的活动。生命故事是指个体在生命存在与成长过程中逐渐形成的对生命的感受、经验、体验和追求，既包括个体自己的生命经历、生活经验、生命追求，也包括个体对他人生命存在的感受、经验、体验和追求的感悟。生命叙事过程会直接触及个体或个体对他人生命的生活经历、情绪感受、情感表达、生命经验等的认知，并再现这些生命经验，触发生命体验，感悟生命意义，有助于大学生对自己生命情绪、情感认知的调节，有助于大学生生命责任感的形成，也有助于大学生正确处理与自己生命的关系。生命故事本身凝结着个人对自己或对他人人生重要经历的理解和经验，生命叙事过程就是将其再次间接呈现出来，叙述者在为他人讲述的过程中不仅会使自己获得对生命道德关系的新感悟，也会使自己获得一种内在的对自己和他人生命价值与意义的责任感。大学生讲述自己生命故事的过程也是自己对事物、对他人、对自己再认识的过程，可以引领自己生命成长的方向。

3. 加强生态道德教育

自然环境是各类生命赖以生存的基础，珍惜生态、保护环境是人类发展和进步的需要。高等院校应从三个方面加强大学生生态道德教育。一是要树立崇尚自然、热爱生态的道德情操。随着人们物质生活水平不断提升，追求原生态的自然美已逐步成为人们的审美追求和社会时尚，回归自然、返璞归真是当前人们价值追求的新特点，因此，高等院校应该以此为契机把大学生的审美情趣引导到尊重自然、珍惜生态、保护环境等方面来，并使之形成一种校园氛围、校园时尚，内化为大学精神的核心内容，带动每个大学生都养成一种符合生态文明要求的高尚情操。二是要唤起大学生关爱生命、善待生命的道德良知。高等院校应该从自然生态伦理视角出发，引导大学生正确认识自然界一切生命存在的客观必然性，在维持人类一定生存质量的同时，敬畏生命，自觉保护身边生命体的基本生存权，维护自然生物链条的完整与和谐。三是要培育大学生崇尚勤俭节约的传统美德。在我国现实的国情条件下，盲目追求高消费会给有限的自然资源造成极大的浪费，每一位大学生都应以节俭和适度消费为荣，树立这一美德对社会经济发展和生态环境保护都有着重要的现实意义。

二、凸显大爱精神对校园文化的引领

高等院校大爱精神是高等院校广大师生在生活中表现出来的对自己、对他人、对国家和民族前途与命运的自觉关注、高度负责和无私奉献的精神，是高等院校文化的核心与本质内涵，是指导高等院校各种办学活动的核心精神，是大学生成长的动力和发展的精神源泉，是大学生感受人间大爱、提升领悟社会支持的巨大财富，是大学生培养积极人格品质的最好资源。

（一）在课堂教学中培养大爱精神

课堂是高等院校践行大爱精神的主要阵地之一，在课堂教学中，教师不仅要重视科学文化知识的传授，更要把爱国家、爱民族、爱他人、爱自己、无私奉献、勇于担当的精神和意识融入课堂教学全过程，把大爱精神的精髓与教师的人格魅力和科学知识的吸引力有机结合，潜移默化地影响学生，让每一个学生都真正领会大爱的精髓，领会大爱的真谛。

（二）在学术活动中培养大爱精神

学术活动是更高层次的实践活动。在大学校园中，科学研究工作有着自己特殊的规律，求真、务实、创新是开展科学研究活动的基本要求。在科学研究中形成的追求真理、宽广包容的精神就属于尊重真理、热爱科学的大爱精神，这种大爱精神会深深感染那些参与科研学术活动的人，潜移默化地培育着每一个参与者的大爱意识。因此，在学术活动中培育大爱精神，就是要遵循科学研究发展的规律，崇尚严谨、求真、务实、创新的学术精神，就是要关爱从事科学研究活动的群体，为从事科学研究活动的人创造宽广、包容的学术环境。在科学研究工作中展现出来的追求真理、宽广包容的精神既是爱真理、爱科学、爱师生的高等院校大爱精神在学术研究中的体现，也是高等院校学术创新活动得以顺利开展的必备要素，对培养大学生创新能力和创新精神有重要作用。

（三）将大爱精神融入制度文化建设

高等院校应把大爱的理念融入校园制度建设之中，积极推动"人性化"的管理模式，通过引导师生广泛参与民主管理来推进学校管理科学化。将大爱精神融入校园制度文化建设中，就是把大爱精神与校园各项规章制度有机结合起来，使制度中饱含着学校对教师和学生的关爱与尊重，通过制度的人性化功能调节人与人之间的利益，规范每个人的行为，通过制度强化学生自我教育、自我管理的意识，促使师生主动将个人成就、切身利益与学校的发展紧密联系在一起，形成师生与学校互信互爱的氛围。

（四）将大爱精神融入高等院校教师行为文化建设

当前，高等院校行为文化建设的重点应该放在规范教师的行为上，切实开展师德师风建设。2014年10月，教育部《关于建立健全高校师德建设长效机制的意见》提出，高等院校要积极引导广大教师做党和人民满意的、放心的合格教师，做有社会主义理想信念、高尚道德情操、学识渊博和仁爱之心的好教师，要进一步加强和改进教师的思想道德建设，培养和造就一支思想品德高尚、业务技术精湛、充满生机活力的高素质教师队伍，这对高等院校师资队伍建设提出了新的更高要求。因此，高等院校在贯彻该意见时，应着力塑造教师严谨、努力、乐于奉献的行为品质，让大爱精神体现在每一位高等院校教师的举手投足之间，使每一位教师都能成为为人师表的榜样，成为学生敬佩的力量，默默地感染和熏陶着自己的学生，给他们的思想和行为带来积极影响。

（五）将大爱精神融入高等院校环境文化建设

高品位的环境文化不但能够加深广大师生对人生美好事物的感悟与对环境中"美"和"爱"的理解与认同，而且还有助于促进大爱精神在校园的传承与发展。因此，高等院校在进行校园硬件建设中，要将大爱的元素和自身办学特色体现其中，用校园环境特有的感染力激发师生的爱校热情，陶冶师生爱自然、爱学校、爱他人、爱科学的良好情操。例如，有的高等院校在图书馆内饰设计上，刻凿有隐喻科技发展、促进人类进步的浅浮雕；有的高等院校将大门设计成仿古风格，不仅表现出了浓郁的民族特色，还完美地继承了民族的、学校的良好历史文化传统。这些都是校园建设中融入大爱精神元素的生动体现。

三、注重理论研究对教育管理创新的推动

针对大学生心理问题现状存在的问题，高等院校应重点开展积极心理教育研究和生涯管理理论研究工作，促进高等院校心理教育和生涯管理工作水平进一步提升。

（一）开展积极心理教育研究

近年来，我国部分学者将积极心理学理论扩展、整合至高等院校思想政治教育、心理健康教育等实践性较强的领域，开拓了高等院校积极心理教育的理论研究和实践探索。有学者探讨了积极心理学在大学生思想政治教育中的整合、借鉴与应用；也有学者分析了积极心理学与高等院校心理健康教育相结合的必要性，提出了两者相结合的具体设想与方法。

然而，当前高等院校积极心理教育中针对大学生心理问题的理论研究和实践探索方面都比较薄弱，还有许多有待进一步完善和解决的问题以及需要探索和弥补的空缺。一是高等教育领域尚未形成一套成熟的、可以指导高等院校积极心理教育的理论体系，高等院校关于积极心理教育还没有建立一套行之有效的操作模式，研究方法和研究技术亟待整合与发展，研究的内容和领域有待拓展和深化；二是建立在中国文化背景下的本土化研究还有待加强。因此，我国高等院校积极心理教育研究还任重道远，建立完整有效的理论框架、拓宽研究领域、创立和发展新的研究技术、与传统心理教育协调发展以及积极心理教育在高等教育领域的本土化研究等都将是高等院校积极心理教育研究面临的紧迫任务。

（二）加快大学生生涯理论和生涯辅导技术本土化创新

目前，我国开展大学生生涯辅导主要依据国外生涯发展理论和生涯辅导技术，国外的生涯辅导理论和辅导技术为我国高等院校开展生涯辅导工作提供了有益的启示与借鉴。然而，如何将国外的理论和技术更好地应用于中国高等院校的生涯管理，并在其基础之上研究开发中国本土化的生涯发展理论和技术，是高等院校生涯发展理论和技术应用研究的重要内容。

国外理论应用要实现中外价值取向的有机结合。由于受到历史、传统文化等因素的影响，中外价值取向的差异深深地影响着人们的思维方式和心理行为。从价值取向来看，一些国家把个人的价值和意义放在首要位置，即个人主义倾向占主导，而中国传统文化将集体的价值和意义放在首要位置，提倡个人服从集体，集体主义始终是价值观念的核心。在高等院校生涯管理工作中一味强调集体和整体，忽视个体的成长发展需要，忽视个体个性的适度发展，就会压制学生的主动性和创新意识，高等院校生涯管理的实际效果将大打折扣，也背离了当前高等教育改革方向；但是完全引进国外的理论体系，就会造成水土不服，引发学生价值观混乱，使这些理论难以在实际中得到应用和发挥，背离人才培养目标和方向。因此，在国外生涯发展理论和技术的应用中实现中外价值取向的有机结合，是当前生涯发展理论和技术本土化研究的主要方向。

开发本土化大学生职业生涯测评系统。科学、客观的自我评估是实施有效职业生涯规划的前提和基础，本土化的专业职业测评更适合中国人的文化和心理特点，有利于大学生更加科学、客观地认识自己。开发本土化、专业化的职业测评系统主要有两项工作：一是要培训和配备专业的人员，以保证测评过程的规范性和结果分析的科学性；二是开发科学的、完善的测评工具，保证测评结果的真实性和可信度。本土化职业生涯测评工具的开发是本土化大学生职业生涯测评系统建设的重点和难点，需要结合我国大学生自身心理特点和我国社会职业环境特征，同时注重实践性、专业性和经济性相结合。

第三节　拓展大学生教育管理途径

面对大学生心理健康发展的要求，高等院校应该进一步拓展大学生教育管理途径，从培养大学生积极心理品质、培养大学生生涯规划能力以及构建来自家庭和同龄人的人际支持机制等方面，为大学生心理健康发展创设良好条件。

一、开展积极心理教育

当前我国多数高等院校心理教育的重点放在了普及心理健康知识、解决学生心理问题和预防学生心理危机发生方面，心理辅导和咨询工作也把消除部分学生的心理障碍和预防心理问题发生提升到主要地位，忽视了心理教育开发人的潜能和培养个体积极心理品质的重要任务，关注的对象仅是少数有心理问题的学生。因此，高等院校应该大力开展积极心理教育，促进大学生积极心理品质的培养和潜能的开发。

（一）构建积极心理教育课程体系

高等院校心理教育课程应以积极心理学为指导，在课程目标、课程内容、教学方法、教学效果评价等方面进行改革。

第一，课程目标应突出个体发展性。心理教育课程目标应由重点解决部分学生面临的问题走向关注全体学生积极人格的发展。根据积极心理学理论，心理教育的对象是全体学生，课程目标设定应包含心理问题预防、不良心理行为矫正和积极人格品质培育，重点是突出心理教育的发展性功能，要强调如何进一步优化学生心理品质和进一步开发心理潜能，培养学生的积极心理品质、积极情绪体验、积极自我概念、创造性思维品质等，具体包括培养和提升学生的创造性、洞察力、积极情绪、情绪控制能力等各种智力潜能和非智力潜能。

第二，课程内容应与个体发展需求相结合。当前高等院校心理教育课程内容多以大学生常见的心理问题与疾病预防为出发点，以心理问题的症状、成因以及相应的预防和调适技巧为主，具体讲授心理学基本知识、个体心理活动规律、心理问题产生的原因及应对措施等，课程学科化、知识化倾向严重，与学生的实际需求和关注点差距较大，特别是与学生心理健康发展需求相距甚远。而积极心理学视野下的心理教育应紧密与学生全面自由发展需求相结合，与学生的积极人格养成相结合，将心理学理论与生活实际相衔接，培育和开发大学生个体和群体的积极品质，最终达到促进大学生个体和群体心理优势形成和提升的目的。我国学者孟万金等人在综合考虑时间因素（过去的、现在的、未来的）、行为类型（生活的、学习的、工作的、社交的）、关系指向（对人的、对事的、对己的）基础上，将14项内容优先列为学校积极心理教育的核心内容，包括增强主观幸福感、提高生活满意度、开发心理潜能、发挥智能优势、改善学习能力、提升自我效能、增加沉浸体验、培养创新能力、优化情绪智力、和谐人际关系、学会积极应对、充满乐观希望、树立自尊自信、完善积极人格。

第三，教学方法应多样化。积极心理学非常重视体验在教育中的作用，认为积极人格形成的最佳途径就是让受教育者在教育和生活中体验积极的情绪情感、认知感悟等心理活动。因此，高等院校心理教育课程中要增加各种体验环节，引领学生体验过去的、现在的积极情绪情感和认知感悟等，领悟未来的美好设计和憧憬，通过体验与领悟过程培养和提升学生内在的积极力量，激发学生的积极性和创造性，进而促进学生积极人格特质的形成和发展。高等院校心理教育课程应注重理论与实际相联系，强调集知识、体验和训练为一体的教学方法，在教学中要注重将知识讲授、行为训练、心理体验等过程有机结合，根据教学内容灵活采用知识讲授、团体训练、案例分析、生命叙事、心理情景剧、团体辅导等教学形式，丰富学生内心体验，让学生在体验中学习、感悟，使其掌握心理调适与激发潜能的技能。除课堂教学外，高等院校还应该将心理教育拓展到日常生活中，生活中对积极事件的体验与感悟，更能增强学生的积极情感认知和沉浸体验效果，更有利于学生积极心理品质的形成与发展。

第四，教学效果评价应多元化。人的心理品质是一个内隐的、抽象的、个性的概念，无法用具体标准来衡量。同样，心理教育课程的教学效果也具有内隐性、抽象性、个别性等特征，很难用一个具体的、统一的评估体系进行效果评价。因此，积极心理教育课程效果评价应坚持注重发展性和过程性，采用多元、动态的评估方式。评估内容包括基本知识理解掌握情况、学生积极心理品质形成和发展情况以及实际解决问题的能力提升情况。教学效果评价要突出强调课程效果对受教育者整体性发展的促进情况，重视评价的动态性、情境性，最终实现通过评价全面、客观地反映学生积极心理品质提升情况与心理潜能开发或激发情况等的目标。

（二）开展发展性心理辅导

考虑到大学生心理健康发展需求和影响因素，高等院校的心理辅导也应该改变目前以障碍性心理辅导和适应性心理辅导为主的模式，重点开展发展性心理辅导。发展性心理辅导是指根据个体心理发展的一般规律和特点，结合个体的个性心理特征，帮助和支持个体尽可能圆满地完成各自的心理成长历程，使个体能更好地认识自我、接纳自我、调节自我，完善积极人格品质，开发自身潜能。发展性心理辅导的主要任务是对个体的自我意识、情绪调适、意志品质、人际交往与沟通及群体协作技能进行辅导，以培养其良好的个性心理品质，其提升社会适应能力。

在大学生个体的成长发展过程中，积极人格特质的形成与发展，主要是通过内外部因素对其所具有的各种现实能力和潜在能力的激发和强化来实现的。当大学生本身具有的某种现实能力或潜在能力在学习和生活过程中不断被激发和强化，逐渐成为一种日常行为习惯时，由这些能力和潜能构成的积极人格特质也就形成或者得到了发展。因此，高等院校心理辅导应在积极人格理论的引导下，结合每个被辅导学生的实际情况，激发和强化学生的某些现实能力和潜在能力，或者帮助和支持学生自我激发和强化某些现实能力和潜在能力，达到促进其某些积极心理品质形成和发展的目的。在心理辅导中引导学生进行积极的情绪和情感体验是帮助和支持学生自我激发和强化的主要途径。

二、加强高等院校生涯管理工作

大学生心理健康与大学生生涯规划能力有着密切关系，二者互相影响、互相促进。然而当下，高等院校生涯管理工作还需进一步加强，大学生的生涯规划能力还有待进一步提升。面对大学生心理健康发展的需要，高等院校生涯管理工作不仅要确立正确的工作指导思想和原则，还要创新和拓展生涯管理的途径。

（一）确立正确的工作指导思想

综观当代社会人力资源需求趋向，高等院校生涯管理的实质就是对学生能力的培养和训练，主要任务与核心目标是培养和提升大学生的生涯规划能力。强化高等院校生涯管理工作，要积极吸取中国传统文化精髓，充分体现马克思主义关于人的全面发展的观点，树立全程化、全方位开展生涯管理的思想。因此，构建高等院校生涯管理体系要坚持四个原则。

第一，坚持学习借鉴国外先进理念与吸取我国传统文化中的朴素思想相结合的原则。国外生涯发展理论引入我国已多年，学者们在本土化研究方面确实取得了一些成绩，但是面对当前经济结构调整的特殊时期和大学生就业的复杂形势，已经取得的成果在解决大学生生涯发展问题中的效果不尽如人意，如何建立中国的生涯管理教育体系再次引起人们的深思。因此，只有将学习借鉴国外先进理念与吸取我国传统文化中的朴素思想相结合，才能构建本土化的高等院校生涯管理理论，开展适合中国大学生的生涯管理工作，这主要体现在五个方面：一是德为才之先，在生涯规划与管理上，大学生的成"人"首先是道德品质成人、精神信仰成人；二是在大学生个人生涯规划中体现出人与环境和谐统一的思想；三是引导学生在生涯规划过程中坚持把个体价值的实现与社会价值的实现相结合；四是引导学生辩证地看待失利，使其认识到人生不能总试图站在最高峰，要知退让、懂权变；五是将生涯管理与人生观和价值观教育结合起来，发挥传统教育的作用。

第二，坚持社会需要与个人发展相统一的原则。高等教育具有社会服务功能与个体发展功能，应把满足社会的需要与满足个体发展的需要有机结合起来。社会服务功能主要包括服务和服从于国家社会主义建设中经济发展的需要、民主政治建设的需要和文化发展的需要等，个体发展功能主要包括个人成长的需要、个人职业发展的需要等。高等教育具有的这些功能是客观存在的，但人们对其价值的判断则因为客观条件和主观认识的不同而存在差异。例如，一些高等院校曾经一度将生涯管理简单理解为"辅导学生如何找一份理想工作""教育学生如何为社会服务"等，导致学校生涯管理工作功利主义思想泛滥，忽视了受教育者个性化发展。我们要从过去的错误中吸取教训，在生涯管理中引导学生将个体发展与国家和社会发展需求相结合，既要观照个体个性化发展，又要发挥社会主流价值观在生涯管理中的导向作用，要避免学生过度关注当下利益。在高等院校生涯管理活动中只有把社会需要与个人发展相统一，实现组织与个人双赢，才能保证生涯教育效果。

第三，坚持全程与阶段、全面与重点相结合的原则。高等院校生涯管理的内容十分广泛，其关注的是大学生在校期间和毕业以后个人所拥有的所有职位和角色。因此，高等院校生涯管理是贯穿大学生培养教育全过程的系统辅导体系，必须从其成长发展的客观规律出发，根据其不同阶段心理活动特征和生涯发展特点，制定相应的辅导目标，开展相应的辅导工作，循循善诱、循序渐进地引导和帮助大学生管理和规划自己的大学生涯。在高等院校生涯管理工作中，高等院校既要制定针对每个群体的全程辅导目标，又要设计他们在校期间每个阶段的目标；既要广泛开展涉及生涯发展各方面的生涯辅导，又要针对不同阶段的需要开展重点辅导。高等院校只有坚持全程与阶段、全面与重点相结合的原则开展工作，才能够真正实现生涯管理目标。

第四，坚持整体辅导与个别指导相结合的原则。大学生生涯发展既有群体共性问题也存在个体个性差异，因此，高等院校生涯管理既要有针对共性问题的辅导，又要有针对群体或个体差异的分类别或个别的指导在具体实施过程中，对大学生群体普遍存在的生涯发展问题适宜进行整体辅导，如采取课堂讲授、专题讲座、主题班会等形式；对大学生个体具体生涯发展问题，除进行集体辅导外，还应该注重个体辅导工作，尊重个体差异。个别辅导应该做到具体分析个体的个性特点，有针对性地进行研究和辅导，指导学生发展显能，开发潜能，引导学生发现自己的最佳发展领域，使每一个学生都能在这些领域得到最优发展。

（二）拓展高等院校生涯管理实施的途径

生涯管理实施途径和工作方式过于单一，是当前我国高等院校生涯教育成效甚微的主要原因之一。因此，高等院校需要通过建立生涯发展课程体系、校园文化建设、专门指导和咨询服务、开发校友资源等多种途径开展生涯教育，发挥综合作用，以达到最佳效果。

1. 生涯发展规划指导课程

开设大学生生涯发展规划指导课程的目的是指导大学生学习生涯规划知识与技能，引导大学生明确自身未来生涯发展方向，帮助大学生设计与规划人生发展道路。当前我国大学生生涯发展规划指导课程的主要任务有五个方面。

第一，正确认识自我的教育。高等院校生涯发展规划指导课程主要介绍自我探索的理论与方法，引导学生深入了解自己的能力及能力倾向、兴趣、个性特点等情况，客观分析、认知自身人生价值取向、职业价值观、生涯发展方向等。学生自我认知与学校、教师、同学等的外在评价相结合的方式，可以帮助大学生客观、全面地认识自己。学生开展生涯探索的基础来自其对自我状况和个人价值观的深入了解，因此，自我认知教育是生涯发展规划指导课程的基础内容。

第二，生涯规划意识培养和生涯规划知识教育。大学生是生涯规划的主体，生涯规划意识是他们进行生涯规划的前提，只有充分调动其内在规划需要才有可能产生自我规划的动机。因此，高等院校生涯管理的首要任务是培养大学生的生涯规划意识。生涯规划知识教育主要是让学生了解生涯规划的基本理论、知识以及各种职业的基本特征和发展趋势，使学生掌握生涯规划的内涵、特性、遵循原则和影响因素，掌握开展生涯规划的基本步骤与方法，为探索科学的生涯发展途径奠定理论基础。

第三，生涯抉择能力的培养。大学生生涯抉择能力在整个大学生生涯规划中起到承上启下的作用，是高等院校生涯发展规划指导课程关注的重要内容。生涯发展规划指导课程要指导大学生了解生活中各种可能面临的选择，面对决策情境能收集、运用已有资料，权衡各种选择之间的利弊进行生涯抉择，包括职业类别、生涯路线、目标、行动措施等抉择。

第四，职业环境的认知教育及职业素质与适应力的培养。生涯发展规划指导课程要引导和帮助大学生尽可能全面、深入地了解当前的社会环境与职业环境，使其熟悉所学专业涉及职业的发展环境，尤其是未来该职业的胜任能力要求、组织发展战略以及经济、政治、文化环境等，在知己知彼的基础上增强规划的针对性和有效性。生涯发展规划指导课程还要进行职业劳动素质、职业道德、身心素质等职业素质的培养，引导大学生既志存高远又夯实基础，具备良好的职业适应能力。

第五，培养大学生开发自身潜能的能力。开发潜能意识的教育与培训是高等院校生涯发展规划指导课程的重要内容。有心理学家指出，多数人一生只有4%的能力得以发挥出来，剩余96%的能力还未被开发。因此，在生涯发展规划指导课程讲授中，教师要给予每个学生充分展示的机会，通过施展才能，使其认识到自身具有的巨大潜能。这种潜能存在于各种活动中，潜能的开发对人的成功具有很大作用，一定程度上决定着生涯目标的实现。同时，教师还要培养大学生在生涯发展过程中发现并发掘个人潜能的能力，使大学生能够自觉开发自身潜能。

2. 校园文化活动

高等院校校园文化活动的内容十分广泛，它通过内容丰富、形式多样的活动对大学生价值观念、道德情操、思想内涵和行为模式的形成与发展产生着重要的影响。因此，开展丰富多彩的校园文化活动，是高等院校实施生涯辅导和影响的重要途径。就生涯管理来看，开展校园文化活动的形式主要有班会活动、社团活动、社会实践活动等。

第一，班会活动。班会活动是大学校园文化活动的基本方式，也是大学生自我教育的重要阵地，它不仅具有教育功能，还具有娱乐等功能。班会活动是大学生创新活动的乐园，主要包括模拟表演、分组竞赛、相互咨询、专题报告、节日纪念、现场体验、经验交流、专题辩论、实话实说、总结归纳等形式，它能够吸引广大学生积极参与，调动学生的积极性和创新性。此外，体验式情境培训已经成为班级生涯指导的一种创新形式，受到大学生的欢迎。体验式情境培训是近年来一些高等院校主题班会开展生涯指导的创新形式，是大学生通过设计职业生涯活动模型和模拟职业活动获得新的知识、工作技能、工作态度的方法。教育心理学相关研究表明，体验式情境培训给学生带来的知识掌握程度远远超过传统意义上的教学活动。体验式情境培训包括情景活动、角色扮演等方面，让学生能通过亲身体验在较短时间内获得最多的经验。

第二，社团活动。学生社团是自发的有特定活动内容的学生组织，它们自我管理、自我服务，受学校团组织的统一监管。高等院校社团活动是参与人数最多、活动范围最广、内容最丰富的学生校园活动，有效地活跃了大学生活，深受广大学生的青睐，已成为大学生展示自己才华的重要载体和校园文化的主要阵地。高等院校应将生涯辅导的有关因素有机融入学生社团活动，通过营造生涯发展氛围，发挥社团活动在大学生生涯教育中的载体作用。社团活动对大学生的全面发展有多方面的意义，综合来看主要有三点：其一，学生可在社团学到人际关系技巧与领导技巧,并有机会展露自己的才能,这些都有助于其日后的职业生涯发展;其二,参与各种活动与人际交往有助于学生了解自己、确立志向、实现自我发展;其三,参与各种有趣的活动可使学生得到情绪的释放与满足。通过社团活动这种无压力的形式来进行生涯教育,无疑会让学生感觉更为从容自如。研究表明,参与社团时投入越多、贡献越大者,其学习和成长收获越丰厚。因此,高等院校应鼓励大学生积极参加学生社团,以提升自身发展能力。

第三,社会实践活动。社会实践活动有利于培养和提高大学生实践能力和职业技能。大学生在社会实践活动中既磨炼了意志、锻炼了能力、了解了社会,又能对所学专业应用前景以及与理想职业匹配情况有一个感性认识,促进其积极构建与理想职业需求相符的能力结构、知识结构。在实践活动过程中,大学生既可以体验和感悟职业岗位需求变化对职业能力的影响,根据变化适时调整职业生涯发展计划和职业生涯目标,又能够了解当下人才市场对基本职业能力和基本职业素质的要求,明确努力方向,提高行业关注度和敏感度。因此,高校要充分利用各种资源搭建实践锻炼平台,为大学生创造更多接触社会、了解社会、锻炼能力的机会,如开展大学生志愿者活动、"三下乡"活动、社区咨询服务活动等有明确目标的社会服务性实践活动。

3. 开展生涯规划咨询

高等院校生涯咨询是高等院校为了满足大学生生涯发展需要组织开展的一种由专业人员参与的咨询指导服务,目的是帮助学生提高自我认知能力和自助能力,指导学生求职,帮助学生做出生涯决策,最终促进学生的职业成功与生涯发展。高等院校生涯咨询包括以下几种方式。

第一,建立咨询室,开通咨询热线。建立生涯规划咨询室,开通生涯咨询热线,为学生提供生涯规划辅导服务是高等院校生涯管理的工作形式之一。高等院校的生涯规划咨询应包含生涯发展咨询和心理咨询,由经验丰富的专业咨询人员从事这项工作。生涯发展咨询则以发展心理学、成功心理学、人力资源管理学为理论基础,开展生涯发展与规划的咨询服务。生涯发展咨询的形式主要有面对面个别咨询、团体咨询和电话咨询。

第二,建立生涯资料袋。通过为学生建立生涯资料袋,为其生涯规划和发展提供帮助与指导,是高等院校生涯管理工作的基本任务之一。其主要是利用人格测验、能力测验、职业兴趣测验等专业测量工具定期为大学生开展测量服务,帮助大学生进一步了解自己的职业兴趣、能力倾向、个性特征、社会态度等个性特点，并整理这些信息资料，建立个人生涯资料袋，为将来学生了解自己和指导教师研究指导学生做参考。高等院校一般在大一和大三分两次定期开展专业心理测试，第一次心理测验是为了了解学生基本状况，第二次心理测验是为学生职业选择提供参考。学生在校期间，其生涯资料袋应不断丰富，高等院校应将学生参与职业辅导、参加职业活动以及能够反映个体职业心理发展特征的资料保留下来，以便为将来帮助学生进行职业选择提供依据。

4. 开发校友资源

校友是学校的一笔宝贵财富，他们不仅传承着学校的历史文化，更有着丰富的社会阅历、生涯发展经验和优秀的社会资源。邀请事业、学业有成的校友与学生交流，向学生传授经验，能够发挥其榜样和示范作用，激发学生的探索欲望和创新意识，有利于引导学生积极主动借鉴校友的成功经验，科学合理地规划职业定位，纠偏避误，扬长避短，更好地适应社会发展需求。

三、构建积极人际支持机制

从调查数据看，在对大学生心理健康具有重要影响作用的十个因素中，人际支持因素排在第一位，来自家庭的、同学的和知心朋友的信任、帮助、理解、关心等对大学生心理健康的影响最为明显。因此，在大学生教育管理过程中积极构建来自家庭和同龄人的人际支持机制就显得非常重要。

（一）建立促进家庭支持的沟通机制

对大学生心理健康影响因素的调查分析显示，"从家庭成员处得到理解、支持和帮助"一项影响力得分最高，这说明来自家庭的影响和支持对大学生心理健康发展有着重要影响。许多学者的研究也表明，来自父母的理解与支持对大学生人际信任、乐观品质、韧性品质、主观幸福感等都有显著影响。

家庭是大学生自出生以来成长生活的地方，大学生与家庭成员有着深厚的感情和不可替代的信任感，大学生无论是经济上还是心理上都与家庭保持着密切联系，在大学生心理健康发展中家庭应该发挥其必不可少的作用，因此，高等院校积极促进学生家庭成员对大学生的理解和支持，也是大学生心理健康教育不可或缺的重要举措。高等院校促进家庭支持的方式有以下几点。

第一，通过适当方式让家庭成员了解学校和学生。在信息技术发达的今天，距离已经不再是沟通的障碍，学校可以通过学院网站专栏、QQ群、微信等方式，与学生家庭建立联系通道，定期把学生所在学院或专业的教学、科研、学生工作等进展情况、学生积极参与上述工作取得业绩情况以及学科发展情况和专业的社会需求情况传递给学生家庭，让家庭成员了解学生的学习生活状况、学生未来职业发展情况以及学生将会面临的各种挑战等，增强家庭成员对大学校园生活和未来发展的全面了解，提升家庭成员对学生的理解、关怀与支持。

第二，定期开展不同形式的家长论坛。大学生来自五湖四海，学生家长的受教育程度、生活经历、认识问题的角度、子女教养方式等都存在着很大差别，他们对高等教育认识和了解程度差异很大，对大学生的成长与发展的关注程度和层次差异也很大。面对这样一种现状，学校如果与家庭之间只有单向的信息交流，收效不会显著，还必须通过多种途径和多种形式与学生家庭成员进行交流互动，一方面调动家庭成员关注学校教育、关注学生成长的主动性；另一方面深入了解学生与家庭成员的沟通联系状况，引导家庭成员给予大学生更多的理解、支持和帮助，具体途径和方式包括举行网上视频论坛、召开年度部分家长见面会、利用寒暑假进行家庭走访等。

第三，开展针对家长的专项教育咨询服务。由于不同学生家庭成员的整体素质水平不同、经历不同、家庭情况不同，学生与家庭成员的沟通情况也不尽相同，得到家庭成员的理解、支持和帮助的程度也不相同。学生遇到问题可以到学校的专门咨询机构来寻求帮助，但是，单项解决问题的效果会大打折扣。因此，学校要开展家长专项咨询服务，由专门的工作人员和辅导员或学生任课教师来参与服务，为那些与学生交流问题的家长提供帮助，帮助其与学生重建较好地沟通，达到互相理解，使学生能够感受到来自家庭的温暖。

（二）引导学生群体开展互助活动

大学生群体年龄相仿、生理与心理发展特征相近，在学校朝夕相处，相互之间沟通和帮助便利，也更容易相互接受和理解，因此，引导学生开展互助活动，有利于大学生获得人际支持，增强自信心，促进自我接纳。同学之间的互助主要包括学习与生活方面的互助和心理互助。高等院校引导学生群体开展互助活动的方式有以下几点。

第一，指导学生组织开展面向广大学生的志愿服务。目前，高等院校学生群体中的学生组织（这里指正式组织）主要有党组织、团组织、学生会、班委会以及各种社团，这些学生组织在配合学校管理、丰富校园文化生活以及开展社会志愿服务方面发挥着积极作用。但是这些志愿服务的内容主要是对社会弱势群体的帮困活动,对本校内同学之间开展的志愿服务活动普遍关注较少。因此,学校应该积极引导校内的学生组织在同学之间开展志愿服务活动,同学之间的志愿服务活动有别于针对社会开展的志愿服务活动,体现为一种群体内的互助,主要包括四个方面:一是在生活适应方面的帮助,主要体现为对各种生活不适应同学的帮助;二是在学习方面的帮助,主要体现为对那些专业学习确实有困难学生的帮助;三是家庭生活方面的帮助,主要体现为对家庭有后顾之忧或者是经济困难学生的帮助;四是职业发展方面的帮助,主要体现为对那些自我规划能力不足、择业与就业困难学生的帮助。

第二,组织开展学生心理互助活动。学校组织大学生开展心理互助活动主要可以通过"隐蔽式"心理互助和朋辈心理互助的方式开展。

"隐蔽式"的心理互助活动主要是通过学生之间匿名沟通的方式,告诉别人自己在心理上存在的某些障碍,以获得大家帮助。"隐蔽式"的心理互助活动可通过如下步骤来实现:第一步,学生以匿名的方式写下自己心理上的困惑和烦恼,由年级或者是班级几位同学进行收集和整理,这种方式可以消除学生对隐私泄露的担忧和顾虑;第二步,将收集整理的咨询信件以随机分发方式再发给每一位参与者,这样每位参与者都可以收到一封他人的咨询信,根据咨询信上的困惑,通过自己的理解写下自己的建议;第三步,将同学们写好建议之后的信根据每位同学对应的代号反馈给每一位同学;第四步,对反馈回来的各种建议进行归纳总结,提炼出比较典型的案例,然后组织小组讨论这些案例,以提高每位参与者对这些问题的认识。

朋辈心理互助是指同龄人之间进行的心理辅导。具体做法是学校面向学生群体招募朋辈辅导员,学生自愿报名参加,对招募来的符合基本要求的志愿者进行系统专业培训,经考核合格后,这些志愿者根据自己所掌握的专业知识为需要帮助的学生提供一些专业性的建议或指导,使受助者开拓思维、缓解压力,摆脱心理困境。

第五章 我国高校学生管理工作创新趋势

第一节 "微时代"下高校学生管理工作创新措施

面对新的时代背景,高校可从转变学生管理工作理念、优化学生管理工作队伍、健全学生管理工作平台、丰富学生管理工作方式四个方面来积极探索高校学生管理工作创新措施,不断增强学生管理工作的创造力、号召力和影响力。

一、实施"微管理",转变和创新学生管理工作创新理念

(一)实施学生管理工作思维的转型

"微时代"下,随着微媒体在校园内的普及,学生管理工作者可以借助微媒体平台作为新的学生管理工作阵地和载体,使学生管理工作不断现代化和科学化,从而提高工作效率,这就需要学生管理工作者进行思维的转型。

1. 学生管理工作者应该从思想上重视微媒体平台所具备的潜在管理功能

"微时代"下,随着微博、微信等微媒体在大学生中的普及,管理者如果能运用这些平台作为和学生互动及管理的新方式和新途径,就能更好地融入学生的学习、生活,就有可能发挥潜在的管理功能。这就需要学生管理工作者转变思维方式,不对微媒体抱有偏见,反而要正确认识微媒体、认真研究微媒体、大胆使用微媒体。

2. 管理思维可尝试由现实管理向虚拟管理转型

与学生进行面对面的交流是管理者普遍采用的方式,他们认为这种方式能较好地实现对学生的管理。但是在"微时代",这种方式可能并不为学生所普遍接受,甚至容易使部分学生产生厌烦的情绪。因此,管理者应该将这种思维

向虚拟管理转型,重视并尝试通过学生喜闻乐见的虚拟微媒体平台实施宣传、交流、管理、服务等功能。

3. 积极转变管理理念

管理者应把握"微时代"带来的机遇,树立"以学生为本"的理念,打造民主和谐的校园环境、构建科学完善的学生管理制度、重视学生的主体性地位,使管理更加科学化、民主化和正规化,从而实现学生的全面发展。

学校也应适应潮流,转变学生管理工作思维,适应新环境、新要求,将微媒体平台纳入学校整体学生管理工作战略之中,加大资金和技术的投入,谋求可持续发展的创新之路,为推进高校学生管理工作健康、有序地发展奠定坚实的基础。

(二)重视微媒体使用的价值引导

大学阶段是学生形成正确世界观、人生观和价值观的重要阶段,而与各种层出不穷信息的接触,容易对大学生的思想观念和道德认知造成不良影响,甚至带来理想信念不坚定、价值观混乱等问题,如果不及时加以引导,就可能造成难以弥补的遗憾。"微时代"既有利于学生更新思想观念,又容易使他们受到不良信息的误导,影响他们正确观念的形成。但是,如果能引导学生正确使用微媒体,使他们具有良好的微媒体使用素养,他们就能有选择地利用微媒体平台中的资源,从而抵制不良信息,促进学生自身的全面发展。高等院校引导学生群体正确使用微媒体的方式有以下几点。

首先,高校可尝试开设微博、微信等微媒体使用技术的培训班或选修课,向学生传授微媒体的基本知识和主要用途,使他们了解微媒体的传播途径和方式,提高对微媒体信息的独立思考、理解和批判性选择的能力,远离不良微媒体环境,并强化学生微媒体使用的道德意识和法制观念;其次,高校应指导和鼓励学生尝试参加微媒体实践活动,提高微媒体使用技能,如制作微视频、微电影及举办微公益校园活动项目等。

二、打造"微队伍",推进和优化学生管理工作队伍

(一)建立"四位一体"的学生管理工作队伍

"微时代"下,高校可尝试利用微媒体平台的便捷、快速、易互交的特性

建立辅导员、教师、学生干部和家长"四位一体"的学生管理工作队伍。辅导员、教师、学生干部、家长不仅要在学生管理工作中发挥好各自的作用，相互之间还要加强配合、加强交流、优势互补、协调一致，从而实现"1+1+1+1＞4"的效果，最大化发挥"四位一体"学生管理工作队伍的功用。

1. 辅导员方面

辅导员是学生思想政治工作和日常管理的骨干力量，是学生健康成长的指导者和引路人。他们的主要职责是负责学生思想政治教育工作，学生党团、班级工作，学生学业、就业、交友、心理指导咨询工作，学生宿舍管理、奖助困补、安全维稳等工作，在大学校园中与学生接触得最多、关系最为密切，学生对他们的依赖程度比较高。辅导员所带学生比例一般不低于1：200，工作量大，任务较重。"微时代"下，辅导员可以利用微媒体平台提高工作效率，扩大学生受众面，如利用班级微信、微博、QQ等微媒体准确地传达信息，巧妙地描述事件，积极地交流互动，有序地管理引导，以达到更好地服务学生的目的。

2. 教师方面

高校可从已有校园资源入手，一是加强对学生管理工作相关部门如学校学工处、保卫处、招生就业处、后勤处、团委、各（院）系学工办、学院/班级等教师的培训，提升他们使用微媒体的能力，鼓励他们利用微媒体平台开展工作。在具体工作中，他们既要维护好部门或个人的微媒体平台，又要关注和参与到学生媒体平台中去，这样才能达到较好的管理效果。例如，通过微博、微信或QQ与学生交流，既能增进师生感情，又能及时了解学生动态；或是利用自己的微媒体平台在学生中传递正能量，引导学生树立正确的三观。二是鼓励。专业教师也可以通过微博、微信、微课程等学生所喜闻乐见的方式来组织课堂，并积极地与学生在学习上交流互动，甚至可将课堂延伸到课堂之外、课余时间，以增强学生学习的积极性，巩固教学效果。

3. 学生干部方面

除学生会、团总支、社团联合会、青年志愿者等学生组织的学生干部之外，高校还可以组建一支作风好、纪律强、技术强的学生干部队伍深入学生中间，积极转发传播学校官方信息，及时关注学生中的舆情动态，传递正能量，发挥学生朋辈相互影响的积极作用。例如，高校可以组建学生干部微团队，专门从事微电影、微故事、微公益、微访谈等微素材的制作，并发布到微媒体平台上，以达到教育管理的目的。

4. 学生家长方面

随着"微时代"的到来，越来越多的家长也开始使用微博、微信、QQ等媒体，这就为教师、学生、家长三方互动、共同关注学生的成长提供了更好的平台。例如，教师可将学生在校园学习、生活、心理等情况通过微媒体平台向家长反馈，特别是部分重点关注的学生对象，这样家长就不受限于时间、空间，能及时了解学生最新动态。

为了更好地发挥"四位一体"的学生管理工作队伍的作用，学校也可通过开展微媒体培训、社会考察、知名媒体机构交流经验等学习活动加强他们对微时代的认识，鼓励他们提升使用微媒体的技术、能力。

（二）激发学生"意见领袖"的积极引导作用

学生中的"意见领袖"发挥的作用具有两面性。一方面，如果他们在微媒体平台上发布的信息是正能量的、与浏览学生的互动是友好的、对校内事件和热门观点的探讨是积极的，就能引导舆论朝着积极的方向发展，且有利于事情的妥善解决；另一方面，如果他们发布的信息负能量爆棚或是对学校稍有不满就煽风点火引起校园风波，这种消极的舆论导向就给事情的解决造成更大的障碍。因此，高校可尝试培养一批"意见领袖"，并加强对他们的培养和引导，充分发挥他们的积极引导作用。通过他们在学生中解释、宣传、展开工作，使他们成为学生管理工作的重要力量，以便更好地为学生服务。

总之，学生"意见领袖"在学生管理工作中的积极作用不容小觑，高校可从人才发展的角度出发，充分尊重学生主体地位，多渠道构建培育机制，并形成一个系统科学的培养体系，从而实现以学生管理学生、以学生服务学生、以学生影响学生的自我发展模式。

三、搭建"微媒体"，建立和健全学生管理工作平台

（一）建设微媒体基础设施

"微时代"下，为了使微博、微信等微媒体平台顺利进驻高校并发挥其作用，学校必须建设满足微博、微信等微媒体平台使用的基础设施、硬件环境和软件设备，并且长期管理维护，以保障微媒体平台在校园内的广泛运用。例如，校园 Wi-Fi 覆盖面要广，能到达包括教室、实训室、图书馆、运动场、食堂、

学生宿舍等区域，总而言之，就是要创造以硬件条件为基础、以相应软件程序为补充、以长期维护为支撑的校园环境，这样才能保障学生管理工作能够运用微媒体平台长期有效地开展。

（二）搭建多元微媒体平台

首先，高校应注册学校的官方微博、微信公众号等平台，构建家庭、学校、企业、社会互相关联的平台，并经常更新动态，保持与外界之间的信息交换；其次，高校应建立各院系、部门的微博、微信等微媒体平台，通过双向互动，倾听学生的意见和建议，不断改进学生管理工作的服务质量；再次，高校应鼓励教师开通个人微博、微信等微媒体平台，并与学生进行互动，为学生学习、生活提供帮助；最后，高校应鼓励学生组织、社团、班级构建自由、民主、文明、守纪的交流平台，进行群体之间的互动和思辨，激发学生及学生工作的活力。此外，高校在搭建学校、部门、教师、学生组织多元微媒体平台后，不能只建不管，还应加强监督、管理、维护，统一协调，相互补充，避免重复，以达到有效利用。

（三）构建精品微媒体平台

"微时代"下，为了更好地发挥微媒体平台在学生管理工作中的作用，高校学生管理工作者还可构建专门的、针对性较强的学生管理工作精品微博、微信公众号平台，如注册"校园百事通"微信公众号，并有针对性地以学生管理工作内容来开发微信公众号的模块；在"校园百事通"微信公众号中创建学生教育、学生管理、学生服务等模块菜单；在学生教育模块中设计"党团教育""理想信念教育""法制教育""心理健康""安全教育""主题教育"等栏目；在学生管理模块中设计"校纪校规""奖惩通报""学生动态""档案管理""事务管理"等栏目；在学生服务模块中设计"文件通知""学习园地""就业创业""主题活动""校园生活""课表成绩查询""奖助困补贷""虚拟社区""联系我们"等栏目。每个栏目下还可以添加子栏目，如事务管理下开设"宿舍管理""勤工助学""请假申请"等栏目。所有栏目中的内容运用文字、图片、视频、音频等素材，且贴近学生、贴近生活，用具有地方特色、学校特色、学生容易接受的语言，引起学生的认同和共鸣，吸引学生注意力，满足学生需求，增加学生关注、点击、阅读、参与、转发、评论的兴趣，使得平台能够受到学生的广泛关注，从而不断提升学生管理工作的服务质量。

（四）强化使用微媒体平台的监督管理机制

"微时代"下，微媒体技术在校园中广泛运用。在这种环境下，信息的发布和使用比以往更加自由，且信息的传播在某种程度上处于一种"时间、空间、资讯无障碍"的状态，具有不确定性和难以控制性。另外，平台由于数量太多，且呈现自发、松散、无序的状态，缺乏统一组织，加上平台之间没有相互协调机制，难以实现有效利用。因此，"微时代"下，系统化的制度建设和科学的监督管理机制的落实显得尤为重要。高校学生管理工作者可尝试采取如下措施：首先，研究制定科学、有效、统一的微媒体运行规章制度，加强对微媒体的有效监管；其次，对校园内多层次的微媒体平台进行监督和引导，并实时检查，从源头上净化过滤不良有害信息，确保学生拥有健康环境，但又要注意留有适当空间，避免挫伤学生参与的积极性；最后，实施线上、线下两手抓的监管机制，结合传统的管理方式，扩大监管的范围。"微时代"下，高校只有与时俱进地研究出科学的微媒体使用管理方法，并建立合理的微媒体使用管理机制，才能营造安全、有序的校园环境，维护校园稳定。

四、开展"微活动"，丰富与创新学生管理工作方式

（一）构建"微活动"校园文化，形成润物无声的管理特色

大学生十分注重校园文化生活，因此营造良好的"微活动"校园文化氛围可以调动学生参与活动的积极性。高校学生管理工作者可以尝试将微博、微信等微媒体平台运用于构建校园"微活动"中，并通过"微活动"向大学生传播教育知识信息、弘扬社会主旋律和树立正确的价值观念，以凸显"春风化雨、润物无声"的管理特色，为更好地开展"微时代"下高校学生管理工作奠定基础。高校学生管理工作者构建"微活动"校园文化的方法如下：首先，可尝试挖掘和培养一批思维活跃、现代意识强、善于策划组织且多才多艺的教师或学生干部队伍，使他们深入学生中间，并能够顺应时代需求，不断创建新的活动形式；其次，加入"微时代""微时尚"元素推广校园文化活动，广泛地吸引大学生积极地参与进来；最后，创新校园文化活动形式，在传统的校园文化活动形式的基础上，举办一些符合"微时代"发展、以"微时代"为主题的校园文化活动，比如微电影比赛、微博摄影评比、微商创业活动等。开展"微时代"校园文化活动，既丰富了学生的课余生活，又锻炼了学生的人际交往能力，有利于学生积累社会实践经验。

（二）推广"微公益"校园项目，凸显"育人无形"管理效果

"微公益"指的是通过微不足道的小事来进行公益事业的传播，汇微小成巨大，微公益强调积少成多。在"微时代"，人人都是"微公益"的践行者。在学生中开展"微公益"校园活动项目，既能够帮助一些特殊学生，解决他们的困难，更能弘扬互帮互助精神，增进学生之间的感情，传播正能量，实现"育人无形"的效果。高校举办校园"微公益"活动项目意义深远。校园中的"微公益"不仅仅是一种简单意义上的校园文化活动，更重要的是通过"微公益"活动，培养学生感恩的生活态度，提升学生的社会责任感，升华学生的思想道德品质，以达到"我为人人，人人为我"的人生境界。因此，高校学生管理工作者要了解有关"微公益"的基本知识，并结合工作中的实际情况，经常举办一些适合学生参与的"微公益"校园活动项目，并在学生中积极地宣传，如在学生中发起一月捐献一元的"微公益"校园活动，帮助校园中家境困难、患有严重疾病的同学；向学生倡议捐出自己用旧了的书籍等学习用品或衣服等生活用品，寄给偏远山区的学生等。

第二节 大数据时代高校学生管理工作创新探究

一、大数据时代高校学生管理工作的背景

（一）大数据的内涵和特征

麦肯锡全球研究所报告《大数据：创新、竞争和生产力的下一个前沿》对大数据的含义做了界定，认为大数据是指大小超出了传统数据库软件工作的抓取、存储、管理和分析能力的数据群。我国学者涂子沛认为，大数据是指那些大小已经超出了传统意义上的尺度，一般的软件工作难以捕捉、存储、管理和分析的数据。由此可见，大数据主要是指数据规模巨大的数据库，其主要内涵包括两个方面：一是数据规模之大，达到无法用传统的软件工具来进行提取、存储、管理、分析和应用的程度；二是数据处理技术之新，对如此大规模的数据进行提取、存储、管理、分析和应用需要全新的技术体系来支撑。

大数据以其鲜明的特征展示其巨大的力量，使信息产生和传送的速度、方式、范围都发生了前所未有的变化，对高校学生管理工作也带来了深刻的影响。

（二）一切皆可数据化

大学生成为网民的概率更高，几乎所有大学生都会使用互联网上网，在网上学习、交友和购物，网络已经成为大学生的一种生活方式。互联网改变着大学生的学习、工作和生活方式，它所带来的即时性、简洁性、便捷性适应了现代大学生的心理需求和社会需求。随着智能手机和 Wi-Fi 网络的进一步普及，大学生使用互联网将更加方便。网络为学生展开了一幅丰富生动的画卷，其中蕴含着无限的可能性，大学生既可以在其中尽情学习海量知识，可以毫无顾忌地发表看法、发泄情绪，可以享受网络购物的便捷和实惠，还可以方便迅速地与五湖四海的亲朋好友沟通交流。应该说，在与学生面对面的交流中展示的自我相比，大学生在网络上的表现更丰富和真实。在数据时代，由于数据收集能力和处理技术的局限性，要通过互联网全面了解学生是非常困难的；但在大数据时代，学生的衣食住行、喜怒哀乐、吃喝玩乐等情况都以数据形式存在。在大数据时代，通过互联网和移动终端，高校可以实时快速完整地收集大学生的各类信息，包括定位、通话、消费、评论等各种数据，通过数据分析和挖掘，可以全面地了解大学生的个性、兴趣、习惯、情感和思想，为开展学生工作打下良好的信息基础。

二、大数据时代高校学生管理工作的理念

面对新时代，高校学生管理工作者应及时树立大数据思维，改变传统的学生理念和工作理念，为开展大数据时代的高校学生管理工作奠定基础。

（一）理性化决策

高校学生管理工作的主要对象是大学生，作为最具活力、最具潜力的自主个体，大学生的思想、行为和个性是最丰富的。由于思想的无形性和复杂性特征，要了解一个人的思想是比较困难的，以往高校学生管理工作者只能依赖于个人学生工作经历的经验来作出判断，这种传统的主观决策方式和基于经验的学生管理模式会出现偏颇；但在大数据时代，高校学生管理工作者可以有效地做出更科学的判断、更加理性化的决策。大数据为我们提供了有关大学生的方方面面的信息，是我们做出理性决策的数据依据。"大数据时代已经来临，在商业、经济及其他领域中，决策将日益基于数据和分析而做出，而非基于经验和直觉。"在大数据时代，我们可以通过互联网收集大学生群体的思想、行为特征，通过

云计算和分析技术形成对大学生群体思想行为的规律性认识，通过对海量数据的分析实现科学决策，而不是仅凭主观经验和感受行动。

（二）精准化预测

预测是大数据的核心，它把数学运算法运用到海量的数据上，从而来预测事情发生的可能性，实现预估的目的。海量数据使我们对事物发展状况的预测成为可能，也使我们对人类行为的预测成为可能。在大数据时代，大学生的行为都被记录保存下来，这些行为数据是相互依存和关联的，而通过大学生行为数据的深度分析和整合，高校学生管理工作者可以找到这些行为之间的联系，发现大学生行为的趋势和可能性，从而对大学生的行为进行预警和预测。通过检测大学生的行为数据，发挥预警机制的作用，高校学生管理工作者就能迅速做出反应，提前对学生进行指导和干预。

（三）个性化服务

大数据时代使个性化教育成为可能。通过对学生学习过程的数据跟踪、分析，高校学生管理工作者可以发现学生的学习模式，为其制订个性化教育方案。大数据时代对个性化的关注，将使学生管理工作发生重大改变。以往学生管理工作只能从整体上制订工作方案，忽略学生的差异性和个性化需求。然而，大学生是极具个性的群体，他们注重个性，希望被作为独特的个体来看待。大数据让我们能重新审视学生管理工作，不仅从整体上把握学生管理工作的规律，更注重从个体上来开展具体的工作，促进每个大学生的个性化发展。大数据通过全面、及时、动态地记录每个学生的学习、生活和社交情况，形成对每个学生的准确认识，让管理者能准确把握学生的个性和成长需求，从而有针对性地开展思想政治教育、职业生涯规划、心理辅导、综合素质教育，实现对学生的个性化服务。

（四）科学化评价

在以往的高校学生管理工作实践中，高校学生管理工作者无论是对学生的思想评价还是对学生的家庭经济情况评价，都很难采用量化的方法，只能从辅导员、班主任、同学等各种渠道尽可能多地了解情况，从而形成主观性极强的评价，这样难免会存在一定偏差。但通过对大数据的使用，以评价学生的家庭经济状况为例，我们可以通过学生校园卡的消费记录、购物网站的消费记录、手机交费清单、个人账户的往来记录等清晰地把握学生某一段时间的具体收支情况，从而对其个人经济情况做出准确判断，以此作为判断其家庭经济状况的一个重要依据，避免主观分析带来的失误。在对学生的思想状况作出评价时，高校学生管理工作者通过对海量数据的分析，也可以更加准确地把握其思想和行为动态，将反映其思想特征的信息进行数据化处理，从而使量化分析成为可能。在评价学校、二级学院的学生工作时，高校学生管理工作者可以采用定性与定量相结合的方法，将单项评价与综合评价、过程评价与结果评价结合起来。这种定性和定量相结合的方法，将极大地提高学生工作评价的科学性。

三、大数据时代高校学生管理工作的路径

（一）建设一个集成型的学生管理工作数据平台

大数据时代，高校学生管理工作的基础是数据，只有掌握了大数据才能真正了解大学生的思想行为特点，有效地开展各项教育、管理和服务工作。因此，高校应从以下几个方面建设集成型的学生管理工作数据平台。首先，高校要进行顶层设计，建设一个集成型的数据平台。各高校在轰轰烈烈地开展智慧校园建设时，往往是各自为政，只考虑本部门的工作需求，在学校内部都很难实现数据共享和整合。因此，学校层面应该设立一个协调部门或数据中心，集成学工部、教务处、后勤处、图书馆等与学生相关的各部门的信息平台，整合所有与学生相关的信息，建设一个系统的在线数据收集平台，形成一个全校范围的学生管理工作数据库，以保证及时全面地收集所有学生的所有数据。同时，各高校还要从整体的角度做好数据分类、分层的收集规划工作，确保数据来源和方式的多样化，确保数据类型的多元化，确保覆盖所有与学生工作相关的因素，确保数据采集的广度、深度和细分度，建立一个数据收集的立体化系统。其次，高校要主动共享社会数据库。大学生的主要活动阵地涉及互联网和移动手机等多个平台，单靠学校内部的数据库无法全面掌握学生的所有情况，而且社会各界的数据收集力量和技术可能更加强大，所以高校更需要突破校园围墙，主动与相关网络媒体、社会组织、政府部门、其他高校建立协同机制，共享数据资源，动态地把握学生数据，充分借助社会力量，充实高校的学生管理工作信息库。

（二）建设一支复合型的学生管理工作队伍

大数据时代的到来，对高校学生管理工作队伍提出了更高的要求，除了以往的素质能力之外，大数据时代也对学生管理工作者的大数据意识和处理信息的能力提出了新的要求。

首先，学生管理工作队伍要具备大数据意识。学生管理工作者要充分认识到大数据对改进高校学生管理工作的重要价值和意义，从思想层面重视大数据的采集、整理和分析工作，还要有意识地培养自身对数据信息的敏感性，培养大数据所要求的整体性、混杂性和相关性思维。

其次，学生管理工作队伍要具备运用大数据的能力。高校要加强对学生管理工作队伍的培训，学生管理工作者也要积极地融入大数据时代，主动学习大数据所需要的收集、分析和处理技术，提高信息的筛选和甄别能力，提高自己运用大数据的能力。学生管理工作者在具备了大数据的相关能力之后，还要主动将分析的结果运用到学生管理工作的实践之中，提高大数据技术的指导性作用。

最后，学生管理工作队伍的建设要有梯队规划。大数据时代既要求学生管理工作者有过硬的学生管理能力，又要求具备大数据的知识和能力，这在短时间内很难做到。为尽快适应大数据时代的要求，高校可以在对现有学生管理工作队伍进行培训的同时，重点建设一支有计算机、互联网专业背景的大数据专业团队，专门负责大学生数据平台的建设、数据采集、分析和整理及相关培训工作。通过梯队建设和不断的培训，建设一支兼具学生管理能力和大数据处理能力的复合型学生管理工作队伍。

（三）建设一批保障型的学生管理工作制度

在享受大数据带来的海量信息和高效便捷服务的同时，我们也要清醒地认识到，大数据的急剧膨胀和数据滥用可能带来的威胁以及由此引发的伦理问题和法律问题。"信息垄断挑战公平，信息披露挑战尊严，结果预判挑战自由。"在大数据面前，我们都是透明人，每一个人的行为都会在网络上留下痕迹，通过数据存储、追踪和分析，我们能非常容易地了解一个人的所有信息，包括极其隐秘的个人信息。大数据的普遍使用有可能暴露学生的隐私，使学生的个人信息安全受到挑战。学生的海量个人信息如果不能妥善保存，就有可能被他人利用，使学生受到伤害。因此，无论是大学生数据信息的收集、使用范围还是使用权限，都应该有相关的制度加以保障。高校学生工作要在确保学生个人信息安全的前提下，有效开展数据挖掘；高校应建立和完善数据采集、管理、使用和决策的标准化流程，通过制度化来规划大数据的管理和使用；高校还可以成立相关部门或组织，监督和指导大数据的采集和管理人员，使其具备较强的安全意识和责任意识，做好信息保密工作。

大数据时代是高校学生工作不可回避的新浪潮和新环境，给学生工作带来了新的机遇。学生工作者应主动强化大数据意识，提高大数据的技术能力，利用大数据探索高校学生工作规律，提升高校学生工作的实效性，提高高校的人才培养质量。

第三节 互联网技术在高校学生管理工作中的应用探究

互联网技术的发展改变了人们的学习、工作、生活方式，尤其对身处新时代的大学生来说，他们的思维意识活跃、学习能力强，是互联网使用者的重要组成部分。在互联网技术飞速发展的背景下，高校也在与时俱进，运用互联网技术加强管理工作。

一、互联网技术下高校学生管理工作的现状

在互联网如此普及的背景下，高校也在积极搭建互联网管理平台，为高校的学生管理工作、教育教学管理等提供更高效、便捷的平台，拓宽互联网技术在高校管理中的应用空间。

利用互联网技术加强高校管理，可以及时对各项教育资源更新换代，以提升高校教育教学管理的质量。同时，互联网技术在高校中的成熟应用，更便于管理者针对学生的不同情况采取相应的措施，同时也方便学生对所需资料随时随地浏览、下载，实现资源的高效利用。互联网技术在高校管理中的应用，使高校形成了更加开放的教育管理模式，促进了学校管理者、教师、学生三者之间的交流与沟通。

二、互联网技术在高校学生管理工作中的应用及优化

（一）促进高校管理参与主体的多元化

在信息时代，学生的思想变得更加活跃，高校与学生之间的关系正在发生改变。学生的主体地位逐渐提升，教师在教学中的绝对权威有所减弱。在这一发展背景下，高校的管理工作，尤其是涉及学生的管理工作，要更多地关注学

生的诉求，重视学生参与的主体地位，实现高校管理参与主体的多元化，这也是高校践行以学生为本理念的必然选择。

（二）整合高校各部门网络资源

互联网技术将网络中复杂的信息反馈回路变得简便，实现了机器和人的结合，信息传递变得异常通畅，互联网技术的重要性可见一斑。高校在运用互联网技术开展管理工作时，要加强各部门之间的信息管理，做好统一、协调，消除中间环节，提高信息传播的畅通性，以此提高管理工作的效率。

（三）加强高校网络信息的监管

互联网技术在高校学生管理工作中的应用，一方面便利了学生和学校之间的信息沟通，另一方面也存在很多的网络安全隐患。健康合理地应用互联网技术，净化高校网络环境，是高校义不容辞的责任。首先，高校要规范机房建设与应用，净化学生个人以及校园机房、办公区域的集体电脑，安装绿色软件；其次，加强师生在娱乐休闲、网页浏览、社交购物等方面的网络环境建设，及时对校园网络中的不良信息进行清理；最后，通过有关网络信息环境守则进行规范，建立网络信息监测系统，一旦发现不良信息，第一时间找到信息源头，并即刻控制信息的传播。互联网技术在高校学生管理工作中的应用是一把双刃剑，学校要用好这把剑，将网络的优势发挥到最大，构建健康的高校网络环境，提高管理水平。

（四）加强移动互联网在高校学生管理工作中的应用

移动互联网技术的成熟，使掌上办公成为可能。掌上办公就是利用运营商的无线网络信号，将传统的办公自动化从电脑扩展到移动终端上，实现随时随地的掌上办公。掌上办公可以方便领导在外出途中审批文件，方便员工不在学校时查阅信息、接收通知公告等。掌上办公系统的应用，可以有效地提升工作效率，节约办公的成本。当下掌上办公主要是由移动互联网、手机、OA办公系统三部分组成，但是由于受手机性能和移动网络的制约，OA办公系统尚不能实现完全的移动化。OA系统的掌上办公主要通过三种方式实现：第一，利用手机的WAP实现，通过互联网技术将WEB网页显示在手机的WAP中；第二，开发OA办公系统的手机客户端，让使用者可以下载安装客户端，实现移动办公；第三，可以在服务器终端适配开发，通过第三方中间软件实现OA系统的线上办公。这三种方法各有利弊，在实际应用中可根据具体情况进行选择使用。

第四节 基于法治视角的高校学生管理工作改革探索

依法治国作为中国共产党领导人民治理国家的基本方略，受到全党、全国人民的认同。在法治化社会不断深入推进的过程中，依法治校成为高校教育管理的重要指导思想。高校学生管理工作作为高校工作的重要一环，如何实现法治化管理以促进高校依法治校成为需要我们不断探索的问题。

一、高校学生管理工作法治化的必然性

（一）时代发展需要有国家政策引导

依法治国，建设社会主义法治国家，是人民当家作主的根本保证。党的十六大提出，要把依法治国作为"党领导人民治理国家的基本方略"；法治已成为全社会受到尊重和认可的价值观。基于法治视角的高校学生管理工作改革是时代对我们提出的更高要求，应该得到高度重视。

（二）高校依法治校的必然要求

我国已步入法治化建设阶段，在社会主义现代化建设宏伟目标中，依法治校是必然之举；在大学生权利意识不断增强的情况下，高校学生管理工作也必然要注重法治化。加之在社会不断发展过程中，高校和学生之间因为管理所产生的法律纠纷也在不断增加，高校学生管理工作的法治化有利于依法治校的推进。

（三）提高高校学生管理工作实效的现实诉求

当前，高校学生管理工作缺乏法治基础，管理过程中无法可依现象突出。高校如果能够在实际工作中做到法治化管理，不仅能够进一步促进高校学生管理工作质量，还能突出高校办学特色、促使高校办学理念更为明确，最终形成较为合理的高校学生管理工作制度和程序，为国家培养具有法治精神的创新人才，最终促进整个高校建设质量的提升。

二、高校学生管理工作法治化建设的具体措施

（一）对学生管理工作准则进行细化

在基于法治视角进行高校学生管理工作改革的过程中，高校首先需要按照自身办学特色来对管理工作准则进行细化。在现如今高校学生管理工作体系当中，法规和细则的实施本身就是对我国基本法的拓展，在不违反上位法的基础上结合学校实际情况对学生管理工作准则进行细化，就能进一步加强学校内部管理结构的规范性，让学校学生管理工作更加民主化。具体而言，高校可以结合现有的《中华人民共和国宪法》《中华人民共和国教育法》《中华人民共和国高等教育法》及《中华人民共和国学位管理条例》，对学生受教育权利与义务相关内容进行细化，通过法律的标志来进行高校学生管理工作；同时，以此来对学生行为进行规范，真正保障学生合法权益。

（二）加强法治化学生管理工作队伍建设

要想真正实现基于法治视角下的高校学生管理工作改革，相应的学生管理工作队伍在其中起着非常重要的作用，这也是高校人才培养过程中的核心环节，因为只有确保高校学生管理工作队伍质量，才能进一步促进法治化学生管理工作效果。为此，高校在实际改革过程中可以从以下两点着手：首先，增强法治意识。思想是行动的先导，高校学生管理工作队伍作为高校学生管理工作的实施主体，必须要增强法治意识。其次，加强自身法治教育。高校学生管理工作队伍是大学生思想政治教育的骨干力量，高校学生管理工作的法治化建设需要鼓励他们积极参与到法治知识学习中去，通过法治教育来提高自身法律素养。

（三）促进学校法治治理合力形成

要想真正实现基于法治视角下的高校学生管理工作改革，高校还需要构建多种多样的实施渠道，完善学校法治合力治理。依法治校这一任务不单单只是学校管理人员的责任，学校内部所有人员都应该参与其中。具体而言，教师不仅要在学校当中肩负起教书育人的责任，还需要在完成知识传授的基础上加强对学生的思想道德及法治教育，积极借用课堂来作为教育的主要方式，这样就能进一步提高学生对自身权利与义务的认识，增强学生法治观念。此外，学生是学生管理工作的主体，需要明确自己受教育的机会及权利。最后，学校还可以在校园内做好宣传工作，通过宣传教育的方式来将法治思想和观念渗透到每一位学生的心中。

综上所述，基于法治视角下的高校学生管理工作改革是新时期对高校学生管理工作提出的更高要求，应该得到高校的足够重视。高校学生管理工作的法治化建设不仅有利于促进依法治校，同时有助于创新高校学生管理工作方式，提高大学生思想政治教育工作实效。高校应切实从学生管理准则细化、法治化工作队伍建设、法治治理合力形成这三方面出发，逐步实现高校学生管理工作法治化。

第五节　基于柔性管理理念的高校学生管理工作探析

一、柔性管理的内涵

柔性管理理论来源于 20 世纪 50 年代兴起的现代管理科学，是其行为科学流派倡导的以人为中心的理念的发展，属于欧美现代经济管理科学的概念之一。柔性管理以柔的原则和软的控制为特点，它遵循的是人的心理和行为规律。实施柔性管理绝不能一蹴而就，而仅仅凭借制定几条纪律、制度和规定也是不可能实现的。比起刚性管理，柔性管理更讲求人文性，所以也被叫作人性化管理。

柔性管理是和刚性管理相对而言的，实施它的前提是遵循人的心理与行为规律，它的核心是非强制，工作途径不是通过强力外在约束，而是设法说服管理对象，把组织意志变成被管理对象的自觉行为。柔性管理始终以人的心理和行为规律为基础，旨在唤醒人的潜力、创造性和主动性，让人的尊严和价值得以彰显，满足被管理者的社会需求、心理需求和价值需求，最终要实现的目标是人的自觉行动。柔性管理的实质是围绕以人为本、以人和人的需要来进行的管理。

社会的进步与人类文明的发展催生了柔性管理模式。这一模式让现有管理模式的积极成果得以继承，排除了其重大缺陷，是中西管理理念的融合，能够激发人类全部的管理潜质。柔性管理是和传统管理模式——刚性管理相对而言的，它发挥了人的柔性资源。这一管理模式对管理实践中的所有文化要素、伦理道德以及其他柔性特征都进行了研究，它深化了人们对现代管理活动（包括实践与认知）的认识，发现了现代管理活动的本质。柔性管理的特点是彰显管理中的人文性，实施的是伦理管理模式，与以工具理性为特征的企业文化和伦理相比，柔性管理更胜一筹。企业文化是刚性管理的范畴，也是功利论的一部分，其前提是提高生产效率和效益；柔性管理则强调价值理性，约束工具理性，凸显企业文化的特质，它顺应了人类全面发展的要求，而发展成为一种独立的管理模式。这一管理模式的导向是伦理精神，原则是柔的运用，强调对人要尊重、理解和关心，注重社会秩序的维护，以创造自由、和谐空间为目标。柔性管理来自管理伦理和企业文化，通过持续发展壮大，已经展示出巨大的作用和魅力。

二、柔性管理的主要特征

（一）以人为本的管理理念

柔性管理的对象是实实在在的人，并非抽象的人，人的情感、需求、欲望、思想和情绪等是必须一直被关注的方面；同时，柔性管理的对象并非孤立的，而是身处复杂的社会关系中的人，这些人必须不断地处理各种关系，包括师生之间、学生之间、学校与学生之间以及社会与学校之间的关系；况且，柔性管理者本身同样具有现实性和具体性，也必须始终处理各种人际与社会关系。也就是说柔性管理的对象和操作者都是具体的人，都围绕着人。在现实世界中，人从自我主体迈入交互主体、从我与他发展到我与你，柔性管理就这样在人的生活中发挥作用，并实现了管理的意义。

（二）管理方法灵活多样

柔性管理是根据企业管理的需要应运而生的，它在适应管理实践的需要和管理对象的变化中成长壮大。在当代社会，互联网异军突起，成为"另类的沟通渠道"，对经济、政治和社会等方面产生巨大而深远的影响，同时也方便了大学生在网络空间里自由交流、了解社会与自然、构建自我与他者的新型关系。这一虚拟世界没有强有力的约束机制和有效的评价体系，蜂拥而来的信息必然影响和左右着大学生的道德观、价值观和行为模式。每一个大学生都是独立的个体，其思维方式、心理构成、价值观和情感世界都各不相同。这种情况客观上要求柔性管理能够针对他们的精神、思想、心理和行为等方面的差别，运用多样化的管理方法。

（三）稳定性和动态性统一的管理过程

柔性管理过程表现出稳定性和动态性相统一的特点。其一，社会经济的发展总是在影响和改变管理对象的思想、心理和行为，因此管理方法也要随着客观情况不断进行调整，来适应管理对象的内心变化，满足他们的内在需求，让管理方法和策略不落后于时代，柔性管理的动态性特征由此而来。其二，管理工作的实施要求保持相对稳定的管理团队、管理机构和管理模式，这就是柔性管理的稳定性特点。

（四）管理成果的塑造特征

柔性管理围绕着人来进行，关注人的心理、情感、价值观，作用于人的行为和外在表现等。运用柔性管理模式管理大学生，目的是创建优良的教育管理生态，打造健康阳光的校园人文环境，营造美好的校园学习和生活环境，激发他们的学习积极性，让组织意志成为他们的自觉行为，实现大学生自我与他人的协作交流方式、自我与他人架构以及自我与组织架构等方面的良性转变。这样就会在管理效果上体现出明显的塑造特征。

三、关于高校学生管理工作柔性化的系统思考

（一）柔性化管理的理念

1. 科学发展

学生工作柔性化的管理理念的出发点是学生，能够把学生培养成才才是最为重要的。只有将科学发展观和深化改革思想融入学生工作柔性化的管理理念中，才能发挥柔性化管理的价值，真正人性化管理学生，塑造具有创新思维和创造能力的人才。

2. 以学生为本

当今的教育要以学生为主体，让学生主动发展，而不是被动发展。因此，高校要尊重学生的主体地位，积极展现学生的创造性、主观能动性，让学生能够积极主动地、有创造性地学习，具有独立思考的能力。只有以学生为本，视他们为教育、教学、管理的主体，尊重他们的主体性，学生工作的柔性化才能得以实施。

3. 民主平等

民主平等要求高校学生管理工作者在日常管理中重视平等的原则，并且积极鼓励学生主动参与基本的管理决策，培养学生的民主平等意识。民主平等的观念是学生发展的内在需要，是落实学生主体地位的保证。在教育管理过程中，

高校要坚持以理服人、发扬民主、尊重平等的理念。另外,管理者的自身素质也必须得到提升。只有树立民主观念,充分调动学生参与,才能更加积极地发挥学生的主体性;只有每一个管理人员积极为学生创造平等民主的氛围,调动学生的积极性,发挥学生的主体性,才能切实地做好学生管理工作,同时能使学生畅所欲言,发挥学生群体智慧,培养学生合作精神,培养具有创新思维和创造能力的人才。

4.温情关怀

在学生管理工作中,高校学生管理工作者应努力创设"以情感人,以语化人"的氛围,积极对学生进行心理辅导,让学生正确认识现实的社会;给予他们足够的帮助,让学生感知人文关怀、感受学校的温暖;鼓励学生积极主动提高自身竞争力,增强自信心,形成正确的人生观和价值观。

(二)坚持学生管理工作柔性化的基本原则

1.心理重于物理、内在重于外在的原则

大学生的行为管理根据具体手段的不同,大致可以分为两个方面。首先是大学生行为的外在管理。大学生行为的外在管理包括许多方面,其中最主要的是校纪校规管理。为了更好地管理学生,许多学校制定了具有针对性的校纪规章来约束学生的行为。但很多情况下,这种强制性手段仅仅是对大学生行为的一种约束,并不能产生实质性的效果。为了更好地实现学生管理工作,高校必须采用另一种管理手段,那就是学生的内在管理。内在管理注重学生的自我接纳,通过一定的手段,让学校的管理要求变成学生的自觉行为。常用的内心管理手段有很多,其中最主要的一种是激励。适当的激励可以让学生养成自觉行为,有更好的自我管理意识。相较于外在管理,内在管理更持久,效果更明显,可以达到更好的学生管理效果,这将有利于学校学生管理工作的开展。

2.个体重于群体、直接重于间接的原则

现阶段,学校制定的校纪校规、评奖评优政策,一般都是站在大众化的角度,它们所反映的是大部分人的价值观,但没有考虑到个体的差异性。人是会思考的动物,每个人都因为接触的事物与人的不同,而形成不同的性格、价值观与人生观,所以需要区别对待,不应该简单地同等对待。现阶段的大学生由于来自不同的地区,接受不同的文化,自然存在个体差异,而且他们更加敏感,所以更需要区别对待。

上文所述的直接重于间接实际上是针对柔性管理来讲的，它属于一种管理方式，在一定程度上，个体重于群体是与它共同存在并相互作用的。我们所讲的间接管理，实质就是管理层运用媒体来宣传教育工作。但是，从某种意义上来讲，间接方式不具有针对性也不够深入，如果用来管理大学生，就很难对他们区别对待。这种管理方式的显著特点就是为管理人员和被管理者提供了面对面交流的平台，也关注双方思想和情感的碰撞，因而能深入学生群体，精准把握，进而实现预见、发现并及时化解矛盾，防止矛盾激化。

3. 务实重于务虚、肯定重于否定的原则

很多人有这样的想法：政治工作的实质都是虚的，是务虚方面的工作，因此对大学生而言，开展有关思想政治方面的工作都是不真实的。针对这种现象的解决办法如下：第一，要务虚，即做好相应的调研工作，然后根据所做的调研制订出相应的方案；第二，则是务实，即积极通过实践去解决所发现的问题。务虚是我们必须要重视的，实际上大学生通常更注重务实，通过成功务实来验证务虚是正确的。

就事实而言，否定显然没有肯定重要。由于人都会有行为潜伏状态，实际上心与言、言与行通常具有不一致性。大学生所处的年龄阶段，使他们在心理以及生理这两方面言行不一的特征非常显著。但是他们只是想完成自己的学业、获得好的人缘以及获得他人的认可或者是嘉奖，即希望得到社会的肯定。所以，教师进行学生评价时，一方面要注意肯定学生的成绩，在明确是非观的同时增加他们的信心；另一方面要指出学生的不足之处，但是要采用合适的方式，让学生去思考并接受教导。所以，辅导员或是班主任要及时鼓励那些进步学生，以此来增强学生的自信心，提高其积极性。

4. 执教重于执纪、身教重于言教的原则

如今的大学普遍推行了学生自我教育、自我管理以及自我服务的教育方针，实际上这是充分利用了柔性管理的体现。执教方式有很多种，如言传身教、榜样树立、舆论宣传、私下谈心等。通过执教，管理者可以更深层次地完成对大学生内心情感的培养、意志品质的锻炼和行为的改变，最终实现其知、情、意、行的有机结合。这就要求管理者具备责任感，要有四心——耐心、爱心、细心、关心，以自觉性的启发为基础，并非靠纪律来约束。

对大学生的教育而言，在实践工作中被广泛运用的是言教，实际上取得最

好效果的是管理者的身教。在教育实践过程中，身教不受时间、地点的限制，随时随地都可以宣传，用行为来教导人，这样的教育是行之有效的；在柔性管理过程中，以身作则的作用是无可替代的，身教重于言教。"亲其师，信其道，循其步"，从某种意义上来讲，这才是教育的最高境界。

（三）明确学生管理工作柔性化的实践内容

柔性管理涉及的内容可谓是多方面的，主要有以下几点：心理、行为、环境、形象等各方面的管理，学生管理工作应从这里切入。

1. 实践中的心理管理

柔性管理有效性主要是靠心灵互动实现的，教师和大学生之间如果要建立感情，那么相互理解以及相互尊重是前提，以人格魅力和真诚打动学生是重点。心灵互动有利于师生在情感上产生共鸣，因为身临其境，所以才能体会被理解、被感激、被鼓舞的心情，进而推动工作、学习的前进。在实际中，心理管理通常运用情感教育、激励尊重、心理沟通以及舆论宣传等方式，强调的是润物无声的教育方法，以对学生产生深远的影响，进而实现教师工作转化成学生自觉行为。

2. 实践中的行为管理

对柔性管理而言，行为管理指的是目标的可选择性。这一管理的重点是进行行为结果的衡量，看最大潜力是否与结果相匹配，是否达到学校的最低标准。对整个管理工作来讲，过程与目标并没有什么直接联系，过程有可能实现管理目标，但是也可能造成目标背离。教学过程中，如果管理过于细节化或严格化，可能产生负面影响，造成学生的逆反心理或是逆反行为。除此之外，管理应注意方向性和可行性。所谓的方向性实则是结果，也就是我们所讲的奋斗方向，也可以说是未来的目标。如果没有明确的目标或者是方向不正确，管理不仅不能实现目标，甚至会误入歧途。所谓的目标可行性，指的是恰如其分的目标，过高或是过低的目标都是不可取的，设定目标应该实事求是。另外，目标体系必须要完善，这是实现目标的前提。管理应该在总目标指挥下进行，将目标进行细化，系统地落到实处。所以，进行行为管理目标制定的时候，总目标应该以学生目标为组成要素，将师生两者的利益相结合。总而言之，只要学生完成了自身目标，那么学校的教育管理总目标也就真正实现了。

3. 实践中的环境管理

管理是通过对环境的维持，让群体在良好的环境中高效完成计划，从某种意义上来讲，主要是进行心理环境优化。教师的职责是要进行心理环境探讨，把握好学生的心理以及行为环境，使用科学的管理方式，实现学生心理氛围的优化建设，实现高效管理。心理环境是动态发展的，会因客观环境变化而改变，由此产生新心理环境，进而导致新行为的产生。因此，教师要关注学生心理状况并展开成因分析，通过控制状态改变学生行为方式。

4. 实践中的形象管理

在教育过程中，形象管理的含义是教育管理人员需要凭借自己的人格以及专业能力对学生形成典范和约束效果，从而达到教育的目的。教师在对现代大学生进行具体教育的时候，更多的是采用言教，而事实表明身教的效果更好。不管在什么时候、什么情况下，身教通过行为引导的方式进行启蒙教育的效果都是非常好的，然而这也只是实现了初级阶段的教育。要达到身教最理想的状态，教师必须要提高自身综合能力与影响力，努力培养自身较强的思想道德素质与高尚的职业道德素质，加强自身的专业知识水平，在大学生中树立一定的教师威信。与此同时，教师还要时刻警醒自己，不要做损害自身教师形象的事，如具体管理过程中的决策失当、不稳重、行为随意，自身道德品质方面的媚上鄙下，文化学识上的弄虚作假、空谈虚伪等。

第六节　基于服务理念的高校学生管理工作思路与对策

一、构建"三全"服务系统

"三全"服务，即全员服务、全过程服务和全方位服务，分别从人员结构上、时间和环节上、内容和方法上为高校学生管理工作提供有力支撑。构建"三全"服务系统，是基于服务理念的高校学生管理工作的有力保障。

（一）强化教职工服务学生职责，实现全员服务

所谓"全员"主要包括学生管理工作系统的人员、与学生事务相关部门的工作人员及学生本人。全员服务是指调动一切可以调动的力量，形成全员参与、

分工协作、责任清晰的服务群体，形成目标一致、要求一致、管理严密的育人工作管理体制。就人员结构而言，传统观念往往视学生管理工作系统的人员为学生管理工作者。但是，学生管理工作不是一种单一的工作，学生的成长也不可能靠某个机构及特定的人员就能完成。随着学生管理工作范围的日益扩大，学生管理工作的难度也在不断增加，这客观上要求学生管理工作必须具有全员性。只有把学生管理工作系统的人员、与学生事务相关部门的工作人员及学生本人组织起来，形成整体的服务阵容，才能形成合力，推动学生成长成才。高校学生管理工作要将分散的工作职能凝聚起来，将分散在不同部门、与学生管理工作密切相关的事务重新进行整合。此外，整合校内外资源，重视利用和发挥校内外的专家、学者和校友的作用，为学生提供更加专业的指导和服务也非常重要。

（二）制订服务学生的整体方案，实现全过程服务

如果说全员服务是从人员结构上对学生管理工作的服务体系进行阐述，那么全过程服务则体现在时间和环节上。全过程服务，指学生管理工作者根据社会对大学生的素质要求和学生自身成长发展规律，分阶段、分层次、循序渐进地对学生进行教育、管理和服务。这要求高校要制订服务学生的整体方案，根据不同年级、不同专业以及不同性别学生的特点，由低到高、由浅入深，循序渐进地分类指导，要将学生管理工作当作不断发展的过程，动态地对待学生的成长与发展。一是要按照不同年级制订整体方案。高校学生管理工作者对大学一年级新生的工作重点是在引导学生适应大学生活、做好生涯规划、学习如何与人交往及文明行为习惯的养成等方面；对大学二年级、大学三年级的学生，工作重点在培养学生"三自"的能力，引导学生合理安排时间、做好职业规划等；对毕业班的学生则应该把重点放在职业咨询、就业指导和社会适应能力的培养方面。二是要在整体方案中突出特色和个性。服务学生的方案不是一成不变的，高校学生管理工作者要根据不同专业、不同性别学生的特点，有针对性地开展服务。

（三）构建蛛网式服务系统，实现全方位服务

全方位服务，是将服务理念渗透到学生管理工作的方方面面，并运用于教育、管理、科研及党团建设等各个环节，形成全方位、多角度和多层次的蛛网式服务格局。高校学生管理工作者构建蛛网式服务系统的方法如下。一要坚持学生管理工作内容的全面性，深入学生日常学习和生活的各个方面，从学生入

校前后的招生咨询服务和入学指导服务，到日常生活、思想引导、学习辅导、经济资助、身心发展服务，直到毕业前后的就业指导、后续发展等服务；二要坚持学生管理工作方法的全面性，要结合校园网络、校报、广播等媒体的宣传与支持，引导、帮助学生解决问题，并整合学校、家庭、社会等多种教育、管理和服务资源，调动一切可以调动的力量，服务学生的成长成才；三要根据不同学生的个性特点开展个性化服务。由于家庭出身、生活经历、性格爱好等方面的差异，不同学生呈现出明显的个性化需求，因此高校学生管理工作者在开展学生服务工作时，就必须从学生个体的特殊性和差异性出发，既要实行全面性服务，又要重视个性化服务。

二、打造高效便捷的服务平台

在学生管理工作中，能否满足学生的需求，是考验一个平台是否适应学生管理工作发展的重要指标。笔者在调查访问中了解到，学生最需要的是学业指导、心理咨询、就业创业指导、困难帮扶和法律咨询等几个方面的服务。所以，笔者认为，搭建大学生日常学习指导交流中心、心理健康教育与咨询中心、就业创业指导服务中心、困难帮扶中心、法律援助中心等平台，是高校学生管理工作的重要方向。

（一）创建大学生日常学习指导交流中心

学生到学校是来学习的，我们不仅要让学生成长成才、受到良好的教育，而且还要为他们提供优良的服务。为此，建立大学生日常学习指导交流中心，为学生提供学业指导服务是十分必要且非常迫切的。高校学生管理工作者创建大学生日常学习指导交流中心的方法如下。首先，要选拔和调动一切专业技能强、业务水平高的教师或辅导员到该中心轮班和定期或不定期走访，为学生答疑解惑，特别是要帮助学生解决好"为何学习""如何学习"等问题，搭建起师生间真诚沟通的桥梁，以人性化的教育方式引导帮助学生树立明确的人生目标，克服学习生活中的困难，促进学生身心全面健康发展。其次，将传统教育与现代手段相结合，激发学生学习兴趣。高校学生管理工作者应借助学习指导交流中心，总结并普及规律性的学习方法，引导学生充分利用现有的教学设施和资源，充分利用好图书馆，通过网络、电视、新闻和广播等多种途径获取知识，不断激发学生学习的主动性和积极性。最后，定期组织学习交流会和学术研讨会。高校学生管理工作者应邀请院系成绩优秀、表现优异的学生到中心参与互动，分享自己的学习方法和心得，并定期举办学术研讨会，培养学生的创新意识和创新能力，提高他们的学习兴趣和科学研究能力。

（二）完善大学生心理健康教育与咨询中心

随着我国政治、经济和文化的不断发展，学生学习、就业压力的不断加大，社会的巨大变迁给学生心理造成较大冲击，大学生的心理健康问题已然成为新时期高校学生管理工作的热点和难点。建立健全大学生心理健康教育与咨询中心，配置专业人员，组织开展心理健康教育，提高学生心理素质，显得尤为重要和紧迫。高校学生管理工作者完善大学生心理健康教育的方法如下。

1. 要全面了解学生心理特点，有针对性地提供服务

高校学生管理工作者应根据学生在不同学习阶段和年级的心理需求以及存在的主要问题，有的放矢地开展心理健康教育工作。一是发放新生入学手册，该手册应包括新生入学心理调适的方法等内容，有助于新生较快地适应新的环境。二是在新生中开展心理健康普查，并积极开展朋辈心理辅导。大学二、三年级学生的心理健康教育的重点是引导他们掌握心理调适的方法和技能，以及如何处理好学习成才、人际交往、就职就业等方面的问题；大学四年级学生的心理健康教育，要配合就业指导工作，指导学生准确定位并认清自己的就业方向，做好就业的心理准备。为了预防和避免个体心理突发事件，心理中心收集需要特别关注的学生动态，建立相关的信息档案库，结合学生的心理特点，研究制订针对性强的帮助方案，确保每一位学生都得到及时有效的心理援助和咨询服务。

2. 要以多样化的特色活动为契机，传播心理健康教育知识

高校学生管理工作者应通过举办特色心理健康教育活动，不断提高大学生的心理素质，强化广大师生关注心理健康的意识，营造互助关爱的和谐校园氛围。例如，定期举办专家心理讲座、知识板报展览、新生格言竞赛、心理影片展播，开展各种形式的心理教育、团体心理训练、咨询服务、心理治疗等，强化师生心理健康意识，营造互助关爱的校园环境；尤其要帮助有关学生树立积极的心态、解除心理困惑和压力、积极接受或主动自我调适、增强情感适应、培养交往和竞争的自信心等，从而以完善的人格、健康的心态走向社会。

3. 要加强心理健康教育队伍的建设，不断提高咨询师的专业水平

确保学生心理健康，是一个具有挑战性的工作。学校心理健康教育队伍是一支不容忽视的力量，要努力在生活、学习、职称、待遇等方面为有关工作者

创造条件，帮助他们不断增强心理辅导技能，让他们积极主动、心情舒畅地投入工作。加强心理健康教育队伍建设，是不断提高学生心理健康水平的前提条件。高校应不断加大对有关工作者心理学知识和心理辅导技能的培训力度，引导越来越多的学生管理工作人员主动学习心理学知识和技能，主动参加心理咨询师资格认证考试，为心理健康教育与辅导工作的开展提供有利条件，让他们在普及宣传心理知识、预防心理疾病、协助做好心理异常学生的治疗等方面发挥作用。

（三）升级大学生就业创业指导服务中心

随着高等教育大众化进程的加快，大学生就业难的问题日渐突出，现已引起社会各界的广泛关注，并成为制约高等教育事业发展和影响社会稳定的一大因素。因此，如何完善毕业生就业服务体系，怎样充分发挥大学生就业创业指导中心的作用，在当下显得十分重要和紧迫。解决大学生就业难的问题，当务之急是完善学校就业创业指导中心的服务功能，有关人员要采用"走出去、请进来"的方式，给予学生更多、更实、更好的指导与帮助，多做实事，少说空话，切忌在学生就业率上欺上瞒下，弄虚作假。否则，学校的服务只会让学生感到虚无缥缈，只能让他们心灰意冷。

1. 要根据不同年级选取不同内容

根据不同年级学生的具体情况，高校学生管理工作者应将职业与就业辅导内容进行合理的划分：大学一年级学生的辅导内容应结合新生入学教育，主要由各院进行相应的专业介绍，帮助学生了解本专业方向、今后可能的职业方向和相关职业必备的职业素质；大学二、三年级学生的辅导内容应侧重于对自身、职业、职业生涯和社会环境、职业环境的认识，帮助他们客观地认识自己、了解社会；大学四年级毕业生的辅导内容主要为对他们进行决策技巧和就业技巧的指导，如如何准备个人简历、应聘面试技巧、如何维护自身的合法权益、如何做出科学的选择等，以帮助他们提高求职能力、适应能力，更快地寻找并选择适合自己的职业。

2. 要根据不同年级选取不同方法

高校学生管理工作者对大学一年级新生要把入学教育和专业教育结合起来；对大学二、三年级学生应以校级任选课程为主渠道，结合就业形势系列讲座和个别就业咨询服务，拓宽他们接受职业与就业辅导的途径，充分调动学生主动接受就业指导的积极性；对大学四年级学生应主要安排模拟招聘、当年就业态势讲座和个体就业咨询,从大规模的集体就业辅导到个体单独的就业咨询,以有效地帮助他们了解最新的就业信息、掌握实际的求职技巧,并且在遇到困难时可以获得教师科学的帮助。

(四)健全大学生困难帮扶中心

随着办学体制多元化和收费制度的改革,对贫困学生的帮扶工作已经成为学生管理工作的重要内容。

1. 要以物质资助和精神激励为主线,促进学生全面成长成才

"扶贫先扶志",在学习用品、生活质量等方面,家庭困难学生处于弱势地位,心态容易出问题,需要学生管理工作者多关心、多了解,及时帮助他们解除困惑,引导他们克服自卑心理,树立正确的世界观、人生观和价值观,鼓励他们以自己的力量积极主动地战胜困难。

2. 要建立健全困难生认定机制,静态与动态管理相结合

学校应根据教育部、财政部以及省教育厅下发的指导意见,确定家庭经济困难学生认定工作的基本原则,制定和完善符合本校实际、科学合理、严格规范的家庭经济困难学生认定办法。首先,在学校资助工作领导小组指导下,各学院、各年级、各班级也相应成立认定机构,为有组织、有计划地开展家庭经济困难学生认定工作打下了良好的基础。其次,建立家庭经济困难学生谈话制度和家庭经济困难学生信息库。辅导员通过和学生及其周围同学谈话,初步摸清学生的家庭经济状况,并建立家庭经济困难学生数据库;随后通过电话调查为主、实地走访调查为辅的方式,定期了解学生的家庭经济变化情况,及时做出变更,通过静态与动态管理相结合,确保家庭经济困难学生的信息准确健全、及时更新,为后续资助工作的开展奠定良好的基础。

(五)建立健全大学生法律援助中心

随着社会法治的不断进步和学生维权意识的不断增强,如何为学生提供权益维护服务,成为当前高校学生服务工作的新议题。高校应建立健全大学生法律援助中心,以专业法律人士为骨干,以法律专业学生为基础,以法律协会为依托,积极为学生提供法律咨询和援助,帮助学生解决法律问题、调解法律纠纷,保障和维护学生的正当权益。中心可设置法律咨询热线及信箱,收集学生身边的法律问题,然后将各种问题分类处理,请教专家或律师答疑,并做好与学生的互动交流。

三、完善服务学生管理工作保障机制

完善服务学生管理工作保障机制是保证学生管理工作得以正常、有序进行的必要条件。其要素主要包括制度保障、物质保障、环境保障等，各要素之间相互影响、相互补充和相互促进，虽然各自功能和作用不尽相同，但目标却殊途同归，都是为服务学生管理工作提供保障的。

（一）制度保障

建立健全服务学生管理工作制度，旨在实现服务学生管理工作常态化和长期性，对于构建基于服务理念的高校学生管理工作保障系统有着举足轻重的作用，是规范和落实学生各项权利、义务和责任的重要条件。科学的服务学生管理工作制度，是维护学生合法权益的前提条件。如果无章可循，服务学生便是一句空话，教育学生履行义务就是无稽之谈。因此，建立健全科学的服务学生管理工作制度绝不是一件可有可无的事情，高校学生管理工作者必须在思想上高度重视，在工作上不断加强、完善和狠抓落实。这样，才能使服务学生工作的理念深入人心，落到实处，从而形成学生管理工作"有所为有所不为"的充满活力的局面以及有序、和谐和稳定的学生管理工作氛围。一般来说，基于服务理念的高校学生管理工作制度的建设，可以分为宏观和微观两个方面。

1. 宏观制度

宏观制度是指党中央和国务院颁发的有关高校学生管理工作的纲领性文件，以及教育主管部门制定和颁布的有关学生管理工作的行政规章、制度、条例等。如《关于进一步加强和改进大学生思想政治教育的意见》，其内容涵盖高校学生管理工作的指导思想、主要任务、教育原则、教育途径、教育方式等方面，提出了许多新观点、新任务、新目标、新措施和新要求，是做好新形势下高校学生思想政治教育工作的纲领性文件。再如《普通高等学校学生管理规定》《高等学校学生行为准则》及《普通高等学校学生安全教育及管理暂行规定》等，是高校制定本校学生管理工作行为规范、学生纪律、日常管理、奖学金评定等制度的主要依据，是新形势下指导高校服务学生工作的基础性文件。党和政府及其部门制定的制度，在维护学校正常的教学秩序、生活秩序和为学生事务管理提供有力保障等方面，都有着非常重要的作用。高校学生管理工作者应以宏观制度为准则，通过约束和修正学生的行为，建设学生活动场所，如组织活动、提供学术和非学术性咨询服务等,教导学生主动担当责任,自觉履行义务,养成健康向上的生活方式。

2. 微观制度

所谓微观制度,是指在我国现行教育体制和环境条件的制约下,学校和院(系)或班级为实现某种目标或解决某项问题,有针对性地编制的规章制度。微观环境的制度建设有利于推动校风、院(系)风、学风和班风建设,是高校宏观制度的细化与补充。一般而言,微观的学生管理工作制度系统,应联系招生就业、学生日常思想政治教育、学生行为管理和学生服务等方面的实际,建立健全校级学生管理工作制度、院(系)的学生管理工作制度、班级管理制度、辅导员管理制度和班主任管理制度等,为整个学生管理工作的系统运行提供条件和保障。

(二)物质保障

高校学生管理工作是一个复杂的系统,在各个环节都需要一定的物质支撑。学生管理工作的物质保障至少包括两个方面,即经费保障与软硬件设施保障。如果把学生工作当成一台机器,那么学生工作经费则是燃料,是保证学生工作良好运转的基础。

1. 经费保障

高校普遍存在"重科研教学、轻学生工作"的现象,用于学生服务方面的经费是不足的,这与高校学生管理工作的地位、作用很不相称,不仅妨碍了高校学生管理工作服务体系的建设,还制约了服务质量和服务效率的提高。按照加强服务、转变职能的要求,高校应加大费用投入力度,并在年度预算中划拨整个学生管理工作服务体系运作所必需的经费,用于学生管理工作部门开展日常思想政治教育、学生管理、学生服务的自身建设,思想政治教育工作专项课题研究,思想政治理论精品课程的建设,大学生素质教育基地建设,学生工作队伍的建设以及全员育人的评选和表彰等事务。学校应当多渠道筹措资金,如积极争取国拨专项经费和地方财政拨款;整合社会资源,争取更多的社会捐赠,如校友、企业和社会名流等在学校设立助学金、奖学金和科研基金;建立专门的筹资机构,利用社会资源在法律允许的范围内积极进行市场运作,寻求社会各界的财力支持,为高校学生的科研、奖贷困补等工作提供充实的资金保障。

此外,高校要加强经费管理和监督,做到科学划拨、合理开支、严防浪费。

具体来说应遵循以下原则：

一是专款专用。学生管理工作经费主要用于奖励优秀学生和资助困难学生，是按学生总人数的一定比例提取的，必须专款专用，不得巧立名目，挪为他用。

二是合理立项。学生管理工作经费主要包括助学金、勤工助学金、特殊困难补助、学费减免等；学生奖励项目主要有学校奖学金、单项奖学金等；其他学生经费项目还有少数民族补助、学生活动经费、班主任补贴等。要本着科学合理的原则，依据上级有关规定，结合本校的实际需求，有项则立，无项则免。

三是民主公开。民主公正、公开透明、接受学生监督，是管好、用好学生经费的重要措施。所有经费如何立项、怎样开支和履行手续等事项，都必须通过深入调查研究，充分听取意见，然后由有关部门提出预算计划方案，再由学校集体讨论决定，绝不能搞暗箱操作或少数人说了算。

四是加强监管。管理学生工作经费，应本着"分级管理、相互监督"的原则，做到科学管理、合理开支。无论是学校财务处等职能部门，还是学生工作部（处）、团委和各学院（系）等执行单位，都必须"守土有责"，廉洁奉公，自觉遵守财务纪律，不得滥用职权，随意开支。对违反财经规定的行为，不管是谁，也不论权力多大，都必须坚决抵制。该花的钱，一分不能少；不该花的钱，一分也不能用。只有这样，学校才能取信于学生，才能在公众中树立起良好的形象。

2. 软硬件设施保障

高校应高度重视学生工作辅助设备和硬件设施的建设，将学生活动场所和学生工作场所的基本设施建设列入学校建设总体规划，改善校园生活环境，实施校园绿化、美化、亮化工程；同时，还要加大学生管理工作设备、设施的投资力度，改善服务环境，建造设施完备的学生事务服务中心，配置快捷校园网络平台，为学生提供精细化、速度化服务。

（三）环境保障

高校应充分发挥社会环境、家庭环境的辅助作用，构建家庭、社会、学校三位一体的高校学生管理工作立体育人的环境。为此，应加强以下三个方面的工作。

1. 充分开发校友资源

校友资源是人、财、物相结合的综合性资源，既可为高校学生管理工作提供人才资源和智力支持，又可带来财力、物力的保障。校友是高校服务型学生管理工作的重要支持力量。因此，高校要注重校友资源的开发，加强与校友的信息沟通，在学生在校期间，就要加强与学生的感情维系；同时，要加强在校生与校友的互动，使校友与在校学生共同探讨校园精神文化的传承和延续。

2. 充分利用家庭教育的辅助作用

高校应加强建立高校和学生家庭联系的工作机制，成立家长委员会，就学生成长成才过程中出现的问题开展共同探讨，提出加强和改进学生管理工作的意见和建议；同时，加强与学生家长的沟通、协调工作，与学校教育引导形成合力。

3. 社会专业人士的支持

高校要结合专业、学科特色，积极争取社会专业人士参与到学校的教学及对学生的指导中，使学校的专业教育、素质教育与社会教育有机结合，为学生管理工作运行提供有效的社会环境支撑。

四、创建专业服务队伍

走专业化、职业化、优质化道路，既是培养社会主义现代化建设合格人才的必然要求，也是加强和改进高校学生管理工作队伍建设的必然趋势和根本保证，是由新时期高校学生管理工作的新问题、新矛盾和新情况所决定的。没有一支过硬的队伍，学生管理工作就难以适应新形势、新任务和新需求。目前，以下几个方面尤其值得高校重视。

（一）坚持高标准选人原则，严把学生管理工作者入口关

一名合格的学生管理工作者既要具有专业知识，又必须有扎实的理论功底，能够掌握心理危机干预技巧、职业测评技术等相关知识和技能。同时，高校学生管理工作队伍也是高校培养的具有一定管理能力、富有团队合作精神的高素质业务骨干和党政管理干部的后备力量。所以，高校必须严格按照政治强、业务精、作风正、素质高的要求，慎重选聘学生管理工作者。

1. 严格掌握学生管理工作者的任用标准，做好学生管理工作者的选拔任用工作

申请从事学生管理工作的人员应具备以下素质：有一定的政治理论素养，作风过硬，热爱学生工作，系中共党员；文字和语言表达能力强，有一定的组

织协调能力和社会活动能力，有学生管理工作的经历；必须具备大学本科（全日制）以上学历、学士以上学位。

2. 重视学生管理工作者来源的广泛性

高校既要吸收外校优秀应届毕业生，也要注意选用本校的优秀应届毕业生，保持学生管理工作队伍的动态平衡。学生管理工作要想有活力，就需要一支朝气蓬勃的学生管理工作队伍，而学校内部和学院之间的合理流动，可以促进学生管理工作者的相互交流、学习借鉴、技能提升和良性发展。学校要根据学生管理工作发展的需要和方向，支持、鼓励和推动学生管理工作者不断学习，为打造专业性和职业化的学生管理工作队伍打下坚实基础。

3. 学生管理工作者的选拔要与专业教师引进培养相结合

将学生管理工作者的选拔与专业教师引进培养相结合，能在学生管理工作队伍相对稳定的情况下保证学生管理工作的自身发展和正常流动，并使学生管理工作队伍不断充实新生力量。

（二）加强专业化管理，提高学生管理工作者自身素质

1. 加强职业化管理

一是树立良好的职业形象。高校学生管理工作者必须身体健康，朝气蓬勃，脚踏实地，求真务实，勇于进取。二是树立崇高的职业理想。高校学生管理工作者要有"把职业当事业，把事业当生命"的志向，还要有实现从"职业者"到"专业者"过渡的胆识以及由"专业者"到"专家学者"转变的勇气。三是加速职业技能的培养。高校学生管理工作者要在实践中不断提高调查研究的能力、思想宣传的能力、组织协调的能力和解决问题的能力。

2. 加强专业化培训

学生管理工作目前虽然还不是一门独立的学科，但其工作对象不尽相同，工作条件千差万别，工作内容错综复杂，工作时空变幻莫测，这就决定了学生管理工作者必须是"杂家""通才"，必须在实际工作中能够综合运用思想政治理论、管理学、教育学、心理学以及相关自然学科的知识。没有广博的知识和必要的工作技能，要么事倍功半，效果不佳；要么一事无成，事与愿违。所以，高校应通过有效的培训，让学生管理工作者形成蛛网式知识结构，掌握现代化的工作方法和手段。

（三）整合资源，打造专业服务队伍

高校学生管理工作队伍，是高校培养具有一定管理能力、富有团队合作精神的高素质业务骨干和党政管理干部的后备力量。一名合格的学生管理工作者既要有扎实的理论功底，又要有丰富的实践经验，能够掌握心理危机干预技巧与职业测评技能等。

1. 要建设一支专兼结合的学生工作队伍

根据学生管理工作现状，高校应对辅导员实行分层管理，即学生咨询服务工作者由学生工作处或团委直接管理；对负责学生党团工作、思政教育以及本系学生相关活动等工作的人员，实行双重管理，即院（系）与学工处共同管理。这样做的好处在于可以加强辅导员与学院其他老师之间的纵向交流、横向沟通，增进相互了解，扩大相互交流，从而为辅导员有的放矢地开展学生工作奠定基础。因此，高校可以从行政人员、任课老师、学生中选拔一批热爱学生工作，热心、有责任心的教职工或高年级学生担任兼职辅导员或班主任，形成齐抓共管的机制；同时，高校要进一步加强心理健康教育与辅导中心的专职师资力量建设，配备一定数量的具有硕士以上学历的专职咨询师；此外，高校要不断壮大兼职心理咨询队伍的力量，鼓励辅导员向心理咨询职业化、专业化、专家化发展，为他们的成长成才创造条件。

2. 加强职业指导师资队伍建设

唯物辩证法认为，事物是发展变化的。要适应新的形势和新任务的要求，就必须在实践中不断完善和提升。把好职业指导师资队伍入口关，只是"万里长征的第一步"，更重要的是加大培训力度，不断提高就业指导教师的整体素养。而这是一个长期而艰巨的任务，高校必须在思想上高度重视，在工作上常抓不懈，在措施上有条不紊，在方法上灵活多样。从笔者调研的情况看，举行讲座、开展讨论、参观、交流等，是许多高校提高就业指导教师素养行之有效的路径。

（四）加强培训，保证服务队伍与时俱进

学生素质及其需求上的多元化，决定了学生管理工作者必须是知识上的"杂家"、工作上的"万金油"。

1. 抓好岗前学习培训

高校对新上岗的学生管理工作者，要加强教育学、心理学、管理学、政治

学的学习，充分发挥专家与经验丰富的辅导员的积极作用，为新同志配备指导教师，开展传、帮、带活动，培养年青一代的辅导员尽快熟悉工作、进入角色。

2. 抓好在职学习培训

高校学生管理工作面临着各种新情况和新要求，要成为专业化、专家化、职业化的学生管理工作者，因此需要加强培训、交流和多岗位、多部门的锻炼。学校教育主管部门可以依托国家或地方的资源，组织境内外的考察、交流和专题培训，也可以依托辅导员培训基地，开展学历学位培训和专业技能培训，组织研讨会、论坛、挂职锻炼等方式，加强不同高校学生管理工作者之间的交流。此外，学校要根据岗位特点和工作需要，对在职人员分类制订培训计划，实行挂职锻炼或集中进修培训，提高学生管理工作队伍的思想政治素质和业务水平；辅导员要发扬挤和钻的精神，加强学习，搞好调查，争取科研项目，强化科研能力，这是学生管理工作队伍知识化、专家化的有效途径。

五、实现学生"三自"

大学生的自我教育、自我管理和自我服务（"三自"），主要是指大学生根据社会发展的客观要求和自身成长成才的需求，运用科学的管理方法，开展的一系列以完善自我为目的的认知和实践活动。实现学生的"三自"是学生管理工作的最高境界，是高校学生工作的教育、管理和服务的必然趋势和理想状态，也是学生管理工作不断完善、不断发展的阶段性目标。学生要实现"三自"，就应根据学校教育培养目标的要求，在教育者的指导下，运用现代科学的教育、管理、服务方法，对自己的思路和行为进行自我调节和自我控制。这既是学生自行决策、组织、实施的一种教育方式，也是学生对自己进行设计规划、管理约束、潜能开发及基本素质培育的过程。

（一）加强引导，让学生学会"自转"

从自然规律看，太阳系中所有的行星无论距离太阳远近，都按照各自不同的轨迹，围绕太阳公转和自转。大学生的"自转"是指学生根据国家培养、社会发展要求，自觉主动调整自己的发展方位，通过自我教育、自我管理、自我约束和自我服务，逐步实现"自转"的过程。

1. 要帮助学生掌握"自转"的方法

一是培养和增强学生的独立意识，凸显学生主体地位，调动学生"三自"的积极性和创造性。高校应避免保姆式教育，逐步消除学生对家庭、社会和学校的依赖心理，使学生更加自尊、自信、自立和自强。二是要增强学生自省、自制与慎独的能力，营造学生为自己的行为负责的环境和氛围。高校应通过科学的引导和严格的管理让学生真正认识到对自己负责的重要性，树立和培养他们管理自己、管住自己和管好自己的意识和责任感。这是学生将学校、社会、家庭和个人对自身培养目标的要求和学生工作者围绕这些目标对学生实施教育、管理和服务的行为，内化为自己对自身在教育、管理、服务和发展方面要求的过程。在这一过程中，学生要对自己的行为负责，对由自身行为引发的问题的责任，教育管理部门可以通过协议、承诺书等形式加以明确，以校纪校规的形式加以规定。从另一个角度看，学生自身行为引发的问题交给学生处理，学生管理工作者只是起到引导、指导、咨询和协调的作用，这样就可以缩小教育与管理的空间，提高教育、管理与服务效率。三是要通过各种渠道和方式，帮助大学生树立正确的世界观、人生观和价值观，形成高尚的道德情操和良好的心理素质。高校应深入学生当中，了解他们的所思所想所需，有针对性地帮助和引导他们处理好学习与实践、交友与择业、身体与心理等方面的具体问题，提高认识水平和精神境界，并引导学生反思人生，让学生回顾、思考、评价自己过去的言行，思考和自我总结，丰富和完善自我。四是要加大学生管理工作透明化进程和宣传力度。高校应让学生清楚地看到学生管理工作的内容以及自己的权利与义务，将学生管理工作清晰化、步骤化、流程化和透明化，坚守传统媒体如校报、广播、宣传栏等不放松，合理运用新型媒体如校园网、移动设备等，让学生更加了解自己，更加了解学生工作。

2. 创造学生"自转"的条件

高校要为学生"三自"提供参与实践的机会，打造参与自我管理和自我服务的平台。大学生自我管理是通过学校提供各项学生管理工作岗位、搭建的学生组织平台来实现的，如勤工助学岗位、社会实践团队、学术研究团队、创新创业团队，各学生干部组织、学生社团组织、学生自管委员会、学生创新实验室和工作室等。这有助于培养和提升学生的自我管理能力，主要体现在三个方面。一是有利于培养学生的生活自理能力，引导他们逐步摆脱依赖和依附学校、老师和家人的心理，树立独立生活的意识，为将来走向社会打下坚实基础。二是有利于培养学生的自主学习能力，激发学生学习的主人翁意识，变"要我学"为"我要学"，不断增强社会责任感和历史责任感，强化学习的内在动力。三是有利于培养学生的社会活动能力，从高等教育发展规律和实践的角度看，学生的成长成才，只有通过自己的主观努力和积极实践才能实现。无论是知识的获得，还是能力的培养，或是良好行为习惯的养成，都是学生在"内化于心、外化于行"的基础上，通过自我调节和自我控制不断提高社会实践活动、组织策划管理和人际交往等方面的能力。

（二）健全机制，激发学生乐于"公转"

"公转"是指大学生参与到学校的教育、管理与服务工作中来，在自我教育、自我管理和自我服务的同时，也教育、管理和服务他人。学生既是"三自"的主体，同时又是"三自"的对象。学生管理工作者要了解和认识大学生的个性与特性，尊重学生身心发展特点和成长成才的发展规律，不断满足学生各个方面的需求，促进和引导他们向更加积极、健康的方向发展。传统的学生管理工作通常视学生为教育和管理的对象，在内容上偏重对问题的管理，重事后管理，轻日常教育、预防和引导，以学生不出问题或少出问题为原则，且过分强调学生在接受教育和管理方面的统一性和自觉性，忽视了为学生的成长和发展创造条件、搭建平台。凡此种种，都不利于学生"公转"。

1. 建立健全参与学生工作的激励机制

一是要制定公正、合理的选拔制度。鼓励更多学生参与到学生管理工作中来，争取让学生管理工作的每一个环节都有学生参与。高校应选拔一批思想觉悟高、学习成绩好、工作能力和服务意识强的学生参与到学生管理工作中来，改变学生在学生管理工作中的被动和从属地位，学生管理工作的事务性工作让学生自己制定规则，自己决策并完成。思想觉悟高是做好学生工作的前提，只有思想认识到位了，才能更有效地指导实践，才能协助学生管理工作者做好学生的思想教育和管理工作；学习成绩好是搞好学生管理工作的保证，学生在校期间的主要任务是学习，搞好学习的同时参与学生管理工作是对学生能力的锻炼；工作能力强是更好地为学生服务的保障，良好的人际关系处理能力、组织协调能力、实践操作能力和沟通能力是提高学生管理工作效率和效能的必要条件。在这种模式中，学生既是教育者、管理者和服务者，又是教育、管理和服务的对象。学生在这种角色转换中能够不断地增强自我教育、自我管理和自我服务的意识，提高自我约束、自我管理能力，提高教育他人、监管他人和服务他人的责任与信心。二是要制定激励机制。高校对于表现突出的学生予以奖励并广泛宣传，一方面，有利于调动他们参与管理、服务学生的积极性，将更多热情投入学生工作中来；另一方面，可以吸引更多的学生关注甚至参与进来。三是要充分尊重和听取广大学生对学校教育、日常管理和引导服务的建议，根据学生的意见和需求不断调整工作方向和重点，优化自我教育、自我管理和自我服务的目标，促进学生全面发展。

2. 培养一支有能力、敢担当的学生骨干队伍

学生骨干包括在校、院（系）学生会、团委、分团委中担任职务的优秀学生，院（系）党支部、班级党支部、党小组的学生党员以及班级班干部、团干部等。学生骨干队伍是高校学生管理工作队伍的重要组成部分，是辅导员、班主任的左膀右臂和得力干将，在引导学生的自我教育、自我管理和自我服务中担当重任，在各项活动中发挥着积极作用、表率作用与核心作用。随着学分制的推行和高等教育大众化，高校学生骨干越来越成为学校各项工作不容忽视的一大力量，发挥着重要作用。因此，高校应采取以下方法培养学生骨干。一要发挥学生党支部作用，充分体现学生党员的先进性。高校应加强对学生党员的教育和管理，提高学生党员的自身素质，树立学生党员在学生中的良好形象；发挥学生党员作用，自觉维护学院的教学、管理和生活秩序；突出团组织的教育功能，不断提升青年学生的综合素质；党支部根据青年特点，服务学生成长需要，帮助和指导团总支不断优化常规教育活动，探索生动活泼、扎实有效的活动新载体，营造良好的校园文化氛围，丰富学生的课余生活，同时发挥学生特长，培养学生创新能力，促进学生全面发展。二要充分发挥学生会、社团联合会等学生组织的作用，让学生组织成为学院真正的家。学生组织根据学生需求和学院要求，在学院团委的指导下，自主开展工作和活动，并通过实践活动，使学生干部得到进一步的教育、培养和锻炼，不断发挥引导学生自我教育、自我管理和自我服务的作用和功能。学生会、社团联合会等学生组织是一个方便学生成才与发展的服务机构，这里既方便学生处理相关事务，又营造了一个规范、和谐、有利于学生发展的空间，让学生的个性发展和学校的规范管理相协调，让学生在接受管理和服务的过程中感受和谐，体验成长，接受教育。

第六章 高校辅导员工作概述

在高等院校中，辅导员是高校思想政治工作的主要力量，是工作在第一线的思想政治教育者。这支队伍能否与时俱进，切实有效地开展工作，是关系大学生成长、成才的关键。高校辅导员面对新形势、新情况、新问题，如何在原有的基础上继承、延续与革新，是其需要考虑的问题。本章对高校辅导员的基础知识进行了解读。

第一节 高校辅导员概念的由来及角色定位

一、高校辅导员概念的由来

（一）高校辅导员的前身——政治辅导员

目前，国内学者界定"辅导员"这一概念，主要是从工作内容角度给出的。如宁先圣认为，高校学生思想政治工作辅导员（通常简称为"政治辅导员"）担负着学生的思想政治教育、日常生活及行为管理、社团活动指导、心理健康教育、求职择业指导等工作，学校中一切和学生有关的事情几乎都要由辅导员来协调、参与或直接负责。

（二）辅导员概念的产生

随着高等教育的发展，学生事务的范围也在不断扩展，"政治辅导员"的称呼已经不再适合辅导员的身份。在1995年11月《中国普通高等学校德育大纲（试行）》里面已经有了辅导员的概念和职责的雏形。

教育部思想政治工作司对高校辅导员的定义为：辅导员是高等学校教师队伍和管理队伍的重要组成部分，是开展大学生思想政治教育的骨干力量，是高校学生日常思想政治教育和管理工作的组织者、实施者和指导者,是大学生的人生导师和健康成长的知心朋友。加强辅导员队伍建设,对于培养社会主义合格建设者和可靠接班人、巩固党的执政基础,对于维护高校稳定、推动高等教育事业顺利发展,对于推进素质教育、促进大学生全面发展都具有十分重要的意义。

二、高校辅导员的角色定位

(一)角色定位的概念

角色,指剧中的人物。20世纪20年代,美国芝加哥社会学派的代表人物乔治·赫伯特·米德把角色的概念引入社会学研究领域,专指个人在团体中所扮演之职务或必要之行为。此举意指社会也是个大舞台,每个人在这个大舞台上同样扮演着实际生活中的各种角色,由此便形成了"社会角色"这个概念。

社会学家凯利认为,角色是他人对相互作用中处于一定地位的个体的行为的期望系统,也是占有一定地位的个体对自身行为的期望系统。

通过归纳学者的观点,我们可以对角色做出这样的界定:角色是由一定社会地位决定的,符合一定社会期望的行为模式。它是构成社会群体或社会组织的细胞,是人的权利、社会属性和社会关系的反映。

根据对角色概念的界定,工作在一定组织中的人,都有自己特定的地位,并扮演相应的角色。一个组织就是由一系列的角色所组成的社会结构网络。在这个社会结构网络中,每一个角色都是相对或伴随着其他角色而存在的。任何一个角色都是由特定的社会需要决定的,并随着社会的发展而变化发展。角色的行为真实地反映出个体在群体生活和社会关系中所处的位置。因此,所谓角色定位,是指与人的某种社会地位、身份相一致的一整套权利、义务和行为模式。

(二)角色定位的要素

角色定位包括三个要素:角色的社会地位、社会对角色的要求或期望、角色扮演的行为模式。

(三)高校辅导员具体角色定位

2005年教育部发布的《关于加强高等学校辅导员班主任队伍建设的意见》进一步完善了辅导员的角色定位:辅导员是高等学校教师队伍的重要组成部分,

是高等学校从事德育工作与开展大学生思想政治教育的骨干力量,是大学生健康成长的指导者和引路人。也就是说,辅导员不仅是德育教师,而且是学生成长、成才的管理者和服务者。

辅导员的角色定位可以定位在三个方面:管理者、教育者、服务者。

1. 管理者

首先,辅导员要当好先进文化的传播者。大学校园文化是社会流行文化的重要组成部分,已经成为引导社会主流文化的时尚先驱。把握了校园文化的走向,也就在一定程度上把握了大学生的思想脉搏。丰富多彩的校园文化既是学生锻炼成长的舞台,又是高校进行学生素质拓展教育的重要阵地,健康的校园文化活动是广大学生陶冶情操、凝聚精神、升华思想的重要载体。因此,大力开展健康向上的校园文化活动已经成为当前思想政治工作的一个重要方面。广大辅导员要积极引导大学生参加社团活动、素质拓展活动、科技创新活动以及社会实践活动等,让广大学生在活动中思想得到升华,能力得到锻炼。

其次,辅导员要坚持以贴近实际的原则开展工作。辅导员工作在大学生思想政治教育的第一线,是大学生日常思想政治教育和管理工作的骨干队伍。他们既要组织协调班主任、组织员、学生干部等从不同角度开展日常思想政治教育和管理工作,又要围绕大学生学习、生活中的实际问题开展日常思想政治教育,具体实施与大学生思想政治教育有关的各项工作部署,还要指导学生党支部和班委会建设,指导学生开展各种教育活动。大学生日常思想政治教育的一线工作主要靠辅导员来指挥和协调,他们是大学生思想政治教育的一线指挥员。

2. 教育者

首先,辅导员要用马克思主义以及马克思主义中国化的最新成果武装当代大学生。当前,我国的经济体制、政治体制正处于不断改革和发展的过程中,社会生活也在发生着翻天覆地的变化,各种新情况、新问题也层出不穷,尤其是思想文化领域正发生着深刻的变化。因此,面对接受新事物能力强且思想不够成熟的大学生,辅导员应坚持用马克思主义对其展开引导教育,培养其成熟完善的价值观。

其次,辅导员要率先垂范、言传身教。高校辅导员在与大学生朝夕相处、言传身教的同时,要不断地通过开展法制教育、安全纪律教育、文明修身、精神文明创建等活动,对大学生进行良好的文明教育,通过活动来规范大学生的言行，陶冶他们的情操。高校辅导员对大学生文明举止的塑造责无旁贷，广大辅导员应该努力使自己成为大学生文明修身的引导者。

最后，辅导员要切实担当好灵魂的工程师。辅导员是特殊的教师，是大学生的人生导师。大学阶段是一个人世界观、人生观、价值观形成和变化的关键时期，辅导员在这一时期对大学生发挥着特别重要的教育和引导作用。辅导员就是辅导教师，是在用自己的知识、经验和感悟辅导学生，做专业课程教育之外的日常思想政治教育工作，是在教学生如何做人和做事，从而不断提高大学生的思想政治素质，使之成为政治合格、品德优良、德才兼备的建设者和接班人。

3. 服务者

首先，辅导员要当好大学生职业生涯的设计师。随着高校就业体制改革的进一步深化，大学生自主择业或创业已逐渐成为目前我国高校大学生就业的主要形式。近年来，大学生就业压力逐渐增大，引导大学生理性择业，鼓励大学生自主创业，已经成为高校拓宽就业渠道的重要举措。辅导员要针对大学生的实际情况，对大学生进行创业理论教育，并且积极构建创业平台，帮助大学生进行职业生涯设计，使大学生充分认识自己，客观分析环境，科学树立目标，使大学生能够在大学阶段当中分目标、分阶段地完成各项任务，为他们成功走向社会打下坚实的基础。因此，高校辅导员要不断加强学习，不断提高自身的素质，努力使自己成为大学生职业生涯的设计师。

其次，辅导员要成为大学生心理健康的培育者。近年来，随着高校的扩招，大学生的组成较之前有了新的变化，出现了特困生群体、独生子女群体、高消费学生群体等。因此，广大辅导员要通过心理测试、心理咨询、建立心理档案等手段，以及开展心理健康讲座、组织爱心座谈会、组织学习促进会、开展特困生帮扶活动等形式，有针对性地帮助大学生融入集体生活当中，使其树立生活的信心，塑造健康的心理和高尚的人格，努力使自己成为大学生健康心理的培育者，真正成为人类灵魂的工程师。

最后，辅导员要做好大学生的知心朋友。辅导员比青年学生具有更丰富的人生经历，而且与青年学生容易沟通，能够和他们打成一片，做知心朋友。做知心朋友，才能和青年学生一起经历成长的过程，应对成长中的困惑和问题，更好地了解他们的所思、所感；做知心朋友，才能正确辅导青年学生，才能教学相长，才能真正成为青年学生的人生导师，才能当好学生教育和管理工作的组织者、实施者和指导者。

第二节 高校辅导员素质构成

一、基本素养

（一）过硬的思想政治素质

思想政治素质是辅导员基本的素质，也是最核心的素质，是其他各项素质的基础和前提。作为学生的日常思想政治教育工作者，辅导员必须要有过硬的思想政治素养，能坚定不移地跟着党的政治路线行动，具有鲜明的政治立场、敏锐的政治鉴别能力和崇高的政治气节；还需要时刻关注时事政治和国家大事，将最新的政治理论融入自身的思想政治体系中，从而引导学生树立正确的世界观、人生观、价值观。

（二）优生的德育素养

育人为本，德育为先。孔子曰："其身正，不令而行；其身不正，虽令不从。"辅导员作为学生的德育工作者，其言行举止、处事方式会影响学生，所以辅导员必须自觉提高自己的思想道德素养，做到育人先育己，带头遵守社会道德规范及法纪法规等，以身作则，用自己的人格魅力影响学生。同时，辅导员还要牢记"以学生为本"的育人理念，时刻关心和关爱学生、服务学生，更好地履行学校的育人理念，即学生进入校园的目的是为了更好地走向社会。

（三）健康的心理素质

由于现今大学生多为独生子女，生活环境优越，加之社会环境复杂等因素，一些学生或多或少存在心理困惑，甚至疾病。辅导员作为学生的良师益友，需及时掌握学生的心理状态，及时对学生进行有效的心理引导和心理干预。这就要求辅导员必须拥有健康的人格和心理素质。

（四）全面的专业知识素养

高校辅导员的专业知识素质培养是一项综合性很高的"工程"。辅导员除了具备以上思想政治素质、道德素养、心理素质，还需具有管理学、教育学、社会学以及就业指导、学生事务管理等方方面面的专业知识。因此，有学者认为，多元的知识结构和良好的知识储备是高校辅导员做好大学生辅导教育的基石。

二、综合能力

（一）组织管理能力

作为学生日常思想政治教育和管理工作的组织者、实施者和指导者，辅导员是学生的前线指挥官，是班级会议、班级活动及调动班级积极性的核心人物。在管理上，辅导员应严格遵守校纪校规，秉承刚柔相济的工作理念：刚——以学校的制度和规章为前提，约束、管理学生；柔——在研究学生行为规律的基础上，采用非强制性方式，在学生的心目中产生一种潜在的说服力，从而达到协调矛盾、合理处理各种关系的目的，发挥好学校和学生之间的纽带作用。

（二）沟通表达能力

苏霍姆林斯基在《给教师的一百条建议》中写道："在拟定教育性谈话内容时，你时刻不能忘记，你施加的手段是语言，你是通过语言打动学生的理智与心灵的，然而，语言既可能是有力的、锐利的、火热的，也可能是软弱的、苍白无力的。"可见，辅导员在与学生谈话时，必须注意语言的沟通与表达技巧。所以辅导员必须掌握与学生之间的语言沟通能力及说服教育能力，同时具有一定的书面表达能力，把自己的所思所想准确地用文字表达出来，充分发挥上传下达的纽带作用。

（三）人际交往能力

良好的人际关系是一个人心理正常发展、保持健康个性和生活具有幸福感的重要条件之一，也为工作、生活和学习提供有益的支持。大学是社会的一个缩影，是绝大多数学生即将踏入社会的最后一站。因此，人际关系的培养在这一时段尤为重要，这就要求辅导员运用自身学习的知识、经验去激发学生的人际交往能力。对于一个还未涉足社会的大学生，辅导员要教育学生如何去面对社会中的需求，教会学生在以后的工作中运用灵活的方法处理好不同的问题。

（四）调查分析能力

大学生在学习、交际中会出现各种类型的问题，辅导员作为管理者、协调者，需对各种问题进行深入的调查研究，分清其深层次原因，把握其根本，这样才能把握事情发生的根源，对症下药，为科学探讨解决办法提供依据。

(五)计算机应用能力

当今时代是信息高速发展的时代,各行各业几乎都使用计算机办公,利用网络传递信息,辅导员这一职业也是如此。学生相关信息的收集及处理、学生各项资料的统计与储存等,都要求辅导员具备相应的计算机应用能力。除在计算机的基本操作方法、计算机的基本知识方面加强外,辅导员还要学会在信息快速发展及普及的时代,更好地利用网络资源,引导学生正确地使用网络资源,遵守网络道德规范,自觉抵制不良网络信息的侵蚀。

在当代价值体系下的高校辅导员,除了满足基本素质和综合能力的要求,更要具备一种服务的态度,本着理解、包容的心态面对方方面面的工作和不同性格的学生,使他们在遵守制度的同时,也能感受到制度之下人心的温暖。这样,才能成为一个合格的高校辅导员。

第三节 高校辅导员的教育理念解析

一、以人为本的教育理念

(一)以人为本的教育理念的内涵解读

教育应该是与学生的身心发展规律相适应的。随着社会、经济和科学技术的飞速发展,学生接收信息的渠道日益增多,接收信息量远比过去要大,学生的个性发展更快。因此,高校辅导员在进行学生管理工作时要与过去有所不同,要随着社会的发展而不断地进行改革与创新。

学校管理的目标是建立"以人为本"的管理理念。以人为本的管理是指在管理活动中,坚持一切从人出发,突出人在管理过程中的地位,以调动和激发人的积极性和创造性为根本手段,以达到效率提高和人的不断发展为目的,实现以人为中心的管理。

在高等教育大众化的背景下,我国高校学生管理工作的一个必然诉求就是确立以学生为本的重要工作理念,进一步把人文关怀彰显得当,服务学生、尊重学生、关心学生、培养学生、激励学生,促进学生的全方面发展,这也将逐渐成为学生进一步工作的重要原则和指导思想。辅导员是维系学校和学生之间的正常联系的桥梁和纽带,是进一步把学生的工作新理念落实下来的重要主体,所以必须始终做到坚持以人为本的原则,始终贯彻以学生为本的基本理念。

(二)贯彻以学生为本的基本理念

贯彻以学生为本的基本理念,需要做到以下两点。

1. 坚持学生至上

贯彻以学生为本的理念要求辅导员始终坚持学生至上的原则,以学生的成长发展为中心,以直接服务于学生发展作为辅导员实现自身最高的职业价值。这不仅仅关系着职业道德的问题,也涉及职业生态的问题。

2. 辅导员把自己摆在服务学生的位置上

贯彻以学生为本的理念,还需要辅导员摆正自身的位置,要永远做到把自己摆在服务于学生的位置之上,进行工作的前提就是要对学生有一定的尊重,进行工作的重点就是让学生的主体作用得到充分的发挥,而促进学生的全面发展则是永恒的工作目标。

为此,辅导员应该认真地换位思考,全面考虑学生的实际情况,理解他们的现实处境,对于学生自身所拥有的个性、独立性和创造性要予以一定的尊重和肯定,根据学生的具体需要对所服务的内容和具体形式进行明确的确定,使工作具有一定的针对性,让服务质量在一定程度上得到有效的提高,耐心地对学生的生命尊严进行细腻的呵护。辅导员对待学生要始终把他们视为处于独立状态的成年个体,与学生之间建立平等的师生关系,积极鼓励学生通过不同的途径参与到有关学生管理工作的各种事宜之中,并针对相关的工作让学生提出自己的意见。辅导员应该主动进行倾听、广泛收集学生所提出的意见,从学生反馈的众多意见中找出在工作中存在的不足之处,在使学生的主体意识既得到满足,又对学生的主体地位给予尊重的同时,把亟待进行改进的方面明确提出来;针对管理者的教育方式进行适当的改变,摆正自己的位置,塑造好为学生服务的形象。

二、"价值参与"的教育理念

(一)"价值参与"教育理念的内涵解读

"价值参与"主要是相对于"价值中立"而言的,具体指的是辅导员对大学生的具体发展所进行的相关引导。在引导时，辅导员需要将一定程度的价值观念渗透到引导当中，引导大学生树立积极的价值观念，进行合理的价值评判，以使其内心产生的冲突得到适当的缓解，最终做出具有一定合理性的选择和积极行为的过程。

（二）贯彻"价值参与"的基本理念

对大学生来说，他们的人生价值观并没有完全得到确立定型，相对于成年人而言，他们的自我分析、自我省察、自我调适能力并不是很充足，其一旦在生活中或者是学习方面遭遇了不快与挫折，就很容易出现心理方面的困惑和价值方面的偏差。大学生价值问题的主要内容，具体包括对自我价值的迷茫和面对社会多元价值的冲突，这也是促使他们产生诸种心理问题的主要原因。

因此，面对大学生这一较为特殊的群体，辅导员应该对他们进行有针对性的积极价值观念的介入和支持。这既是他们在健康成长过程中的具体需要，同时也是作为一名辅导员应有的责任。"价值参与"应做到以价值尊重为前提，以价值澄清为基础，以价值引导为中心，避免出现两个极端。

1. 价值尊重

所谓的价值尊重，主要是指辅导员对大学生所具有的价值观念应该予以一定的理解和尊重，不随意进行排斥、不擅自做评价，能够做到真切的理解，从而为大学生创设一个安全、轻松的人际氛围，让他发挥自身的优势自由地进行表达。

2. 价值澄清

价值澄清是在价值尊重的前提下，辅导员通过采用讨论、对比、实例等多种方式帮助大学生进一步地明确自己的价值观与价值取向，并详细地分析社会价值取向与自己的价值取向是否存在互为矛盾的地方，价值冲突的根源来自何处。

价值澄清的作用是可以协助大学生对自我内在的冲突进行理智的思考和客观的分析，为价值引导打好扎实的基础。

3. 价值引导

价值引导是实施"价值参与"的主要目的所在，即在价值尊重的前提下，在价值澄清的基础上，对大学生进行适当的引导（而非替代），让其进行适宜的价值选择。

三、实践性的教育理念

（一）实践性教育理念的内涵解析

实践性原则的目标是以大学生成长为主，载体是各种实践活动，让大学生在不断的实践过程中去体验生命的内涵，逐步稳定地走向成熟。对人的生命而言，所谓的意义是要诉诸实践之中的。人的生命实践性从更深层次上决定了辅导员所执行的工作必须在实践中才能得以完成。也就是说，只有让大学生在实践过程中把自己充分地展示出来，深刻体验种种生命情感，觉悟人生真谛，大学生才能成长。

（二）贯彻实践性的教育理念

贯彻实践性的教育理念，需要辅导员做到以下两点。

第一，辅导员在开展具体工作的时候，不应好高骛远，而应立足于现实，对所存在的客观实际予以一定的尊重，避免过于纯粹理想化、抽象化的空洞教育，要始终把尽心尽力地解决好学生所存在的实际问题作为主要任务。

第二，辅导员的具体工作应该要重点渗透在学生学习的实践、职业生涯规划实践以及生活实践中，这样才能做到理论与实践的有机结合。为此，在学生的工作实践过程中，辅导员需要努力创造合适的机会，让大学生主动并积极投入各种实践活动中去，让他们在相关的参与过程中进一步体验到自己的存在，展现自己的能力，思考和寻求人生真谛，真正在社会实践中成长。

第四节 高校辅导员工作内容解析

一、思想引导

（一）思想引导的地位

思想引导是辅导员队伍的核心工作内容，是大学生思想政治教育的导向，集中体现在对大学生发展的政治方向和价值取向的教育引导过程中，核心体现在让学生获得健康向上的正能量，能客观分辨是非，坦然面对成败，在一个为成功和胜利喝彩的社会，要以健康的心态面对失败，成长的过程中，点点滴滴都是学问，辅导员要教会学生知道在错误中学到的并不比正确中学到的少。对学生的思想引导既是一门科学，又是一种方法，是辅导员工作内容的中心。

（二）思想引导的目的

思想引导的目的是以观念形态、思想意识形式反映社会发展对大学生成长的客观要求，体现国家和社会对大学生身心成长、思想发展的方向规定，是开展思想工作的出发点和归宿点，也是辅导员开展思想工作的依据和动力。确立思想工作的目的是进行思想引导工作的基本前提，同时又是提高思想引导工作动力的关键。辅导员要用实现中国梦、建设中国特色社会主义共同理想，坚持马克思主义理论和社会主义核心价值体系，以爱国主义为核心的民族精神等内容，加强对大学生世界观、人生观、价值观的教育引导，坚定学生的信念，增进爱国情感和民族自豪感，从而树立远大理想，使其成为学生全面发展的原动力。

思想政治教育虽然没有方针、政策那种权威性的力量，没有法律那种强制性的规范威力，也没有组织手段那种约束力，但它能影响、改变人的立场、思想、观点、态度，使人产生自觉的行为，其影响是内在的、深远的、持久的。开展大学生思想引导工作的根本目的就是要提高大学生的思想道德素质和科学文化素质，提高大学生认识和改造世界的能力，努力使大学生树立为共产主义奋斗的理想。

（三）思想引导的内容与做法

思想引导的过程是通过辅导员与大学生的交互作用才能实现的，如同保持或改变物体运动方向一样，需要施加一定的外力才能实现。这个过程就是辅导员施加引导和大学生接受引导的双向活动过程。

为了培养全面发展的人，辅导员在教育内容上必须坚持思想性与科学性的统一，以形成大学生的科学世界观和积极进取的人生观，培养提高学生认识世界和改造世界的能力。辅导员需要首先将社会主义的政治思想和道德要求转化为大学生的思想意识，然后大学生将这些思想意识转化为自身的思想品德观念，进而形成一定的行为习惯，这就是思想引导从"知"到"行"的转化过程。按认识理论中知、情、意、行的顺序，大学生思想观念的形成应从认识开始，并按认识、情感、信念、意志行动的顺序发展；但在实际的思想引导过程中，以上因素往往同时起着作用。特别是在复杂多样的社会环境影响下，大学生个体也存在差异。辅导员选择思想引导过程的切入点非常重要。这样的工作没有具体的书面规定程序，需要辅导员因人而异、因时而异。

此外，学生在思想形成过程中的反复性比较突出，辅导员需要在此方面有所准备。思想引导要求辅导员坚持社会主义核心价值体系的主导性，同时考虑学生的发展实际，遵从学生思想成长的规律，充分发挥学生的主动性，注重教育方式的差异，兼顾环境的影响作用，科学地将工作在学生发展的每个过程都有效地实施下去。思想引导在学生成长中体现为形成"三观"，即世界观、人生观、道德观。

思想引导在具体工作中既关注技能，又关注人格完善；既关注现实的知识，又要为终身学习奠定基础；既要对学生在校期间负责，又要对未来教育发展负责。

二、发展辅导

大学精神的发展价值最直接地体现为大学及大学人对"人的发展"的无限可能性的追问与诉求。促进学生发展是大学存在的基本价值，而从发展的意义上说，学生的发展（学业、道德、品质、社会贡献）是"教师生命意义的确证"。对辅导员个体来说，没有什么比让学生共同分享希望与梦想更能激励他们的了。无论是对学生思想的引导还是事务管理的过程，都渗透着对学生发展的教育目的。

（一）发展辅导的原则

发展辅导要求辅导员一要明确"辅"，即辅助性原则，任何强制性的服从都是没有意义的；二是"导"的原则，导是方式，是手段，目的是解决问题；三是专业性原则，辅导员要进行以上这些辅导工作，实现教育引导、事务管理和发展辅导的各项职能，掌握一定的专业知识并学会运用科学的专业技术方法，都是非常重要的。

（二）学习发展辅导

辅导员进行学习发展辅导应遵循启发式原则。对学生学习的辅导不以传授具体的知识为目的——因为那不是辅导员的任务，而是教会学生在不同的学习时期，明确不同的学习方法。

1. 入学辅导

对"学习"的认识问题,是辅导员对学生专业素养发展辅导中要解决的第一个问题。辅导员要在学生入学教育中,抓住学生困惑和茫然高发期这个有利时机,以专业发展情况介绍为牵动,对学生未来几年将要进行的专业学习进行一次全面的辅导教育,让学生再一次明确大学的学习目的。辅导员要深入了解学生,对学生学习倾向做一个基本测评,并与专任教师配合,立足学生实际,对学生的专业学习情况、专业发展兴趣及其他拓展潜能进行基本测评,帮助学生解决学习的疑惑,建立初步的学习兴趣,以此为基础,让学生树立专业学习和发展潜能的自信心,相信自己能成才。辅导员在满足学生成才需求方面,应帮助学生树立学业为本的理念,制订个性化的专业学习计划,在分析学生个性特点的基础上,通过入学的学习倾向测评分析,着力解决高考填报志愿时学生专业选择的盲目性问题,根据学生自身的兴趣特点与专业的相关度,为学生的专业学习做初步的目标预测。辅导员不仅要熟知所带学生的专业设置、学科分类、专业骨干课的基本内容、学分制规定、就业走向等问题,而且要针对大学授课方式和学习模式,并联系学生家庭的实际包括地域、父母职业等因素,让学生制订个性化的专业学习计划,入学开始先学会学习。

需要特别说明一下,入学和毕业这两个端点在学生的发展教育中尤为重要。相比来说,新生入学教育更加重要,也始终是国内外高校普遍重视的问题。这方面,美国的"新生定向"和"研讨班"的新生指导形式是我们可以借鉴的。新生定向的定义是:"借助于不断推出的服务和帮助,使新生实现从以前的环境到大学的转折,使新生置身于该校广泛的教育机会之中,促进其融入该校的生活之中。"新生定向以学生的发展为导向,基于生活实践,是一项内容广泛、功能全面的教育活动,且活动的模式主要有新生日(周)、新生课程和注册前活动。有大众媒介、群体活动、个别咨询和课程四种形式。

在以定向日(周)为特征的定向活动不能完全适应学生需求的时候,研讨班出现了。研讨班是水平较高的学生在教授指导下进行的创造性研究,并通过报告讨论和交流其研究成果的教学形式。其定向课程贯穿一个学期甚至一个学年。学术部门的教师和管理部门的学生工作人员共同组成研讨班的师资。研讨班的内容分为三个层次:第一层次是提供信息和传授知识,第二层次是培养和训练相关技能,第三层次是指导学生确立生活方式和价值观,既教内容也讲方法,既有具体也包括抽象,既有集体研讨也有个性化辅导。新生定向与研讨班这两种为学生发展的导航服务性质上是一致的，宗旨都是在努力解决新生入学起点的适应性和不断发展的问题需要。

2. 大学四年的辅导

大一学生辅导的关键词是养成，大学二、三年级学生则侧重于发展性学习辅导。大学自由时间的增加，并不意味着积极有效时间的增加，而且时间利用方式容易出现多样性或分化。经过一年的基础课程学习以后，无论辅导员在前面给过学生多少指导，要变成学生自己的体会及在实践中变成自觉的行为，都是需要有一个过程的。二、三年级的学生在正式开始专业课程的学习后，对时间管理的认识和对专业学习的认识都会有新的变化。这时候的指导工作的着重点应放在对学生学习规划的调整和应用方面，包括对大一时个性发展计划的调整与补充，目的是保证计划的有效实施。另外，辅导员应加强见习和社会实践的指导，使学生对专业的理论学习和实践逐渐接轨，为后面的学习选择做好准备，因此大二、大三学生辅导的关键词是发展。

大学四年级学生辅导则侧重于选择性学习。大四学生进入实习阶段，这个时候的辅导工作最核心的内容是帮助学生在总结前面三年学习的基础上对未来的发展方向定位。这是一个选择性的指导工作，对学生的未来就业方向定位非常重要，学生本人要全面结合前三年的专业学习情况、学生兴趣特长、家庭情况、社会发展情况等实际，对未来做出科学的选择，同时对考研、就业、出国深造等做相应的具体准备工作。以学习为主线的发展辅导工作，是辅导员实现提高学生就业竞争力的主要途径，因此大四学生辅导的关键词是选择。

（三）生命健康发展辅导

除学习方面以外，生命健康发展辅导是对学生发展的辅导另外一个主要内容，即让每个学生都身心健康地度过大学的生活，并为进入社会就业打下基础。

1. 要教学生学会健康的生活方式

相对于高中，大学生的闲暇时间是很多的。大学是大学生生命最旺盛的阶段，有较多的闲暇时间可用，但一些学生很可能滥用时间，甚至挥霍自己的身体，导致身心损伤。要养成良好的生活习惯，建立有序的生活模式，最基本的是要让学生学会安排作息时间。作息时间紊乱在大学生中是普遍存在的，因此辅导员应通过教育，使学生懂得健康知识，自觉认识到身体健康是未来发展的基础，从现在做起，养成良好的生活习惯。除时间管理以外，辅导员还要引导学生养成良好的饮食习惯，从珍惜关爱生命的角度，引导学生远离吸烟、酗酒、电子游戏等不良生活习惯。这些都是对大学生生命健康辅导的重要工作内容。

2. 要关注学生的心理健康，培养良好的处世心态

从健康意义上说，一个人的心理健康往往比身体健康更为重要。因此，辅导员要引导学生正确地认识自我。个人的自我认知是在以往的经历和环境与他人比较的过程中形成的，恰当地评价自己是个体发展的首要基础和适应社会的前提条件。恰如其分的评价使人充满自信，能够扬长避短，与环境的适应也表现为平衡，反之则表现为自我冲突、自高自大或自轻自贱。

辅导员教会学生认识自己"是一个什么样的人"，使学生将现实自我与理想自我达到统一，让学生认识到外部环境是不易改变的，只有提升自身的适应能力，才能在未来获得较好的发展；要明确学会关心的目的是教育学生学会真正地关心自我，赋予学生一种合理的人生态度；要让学生养成良好的心态，常常看到自己的光明面，帮助学生以乐观、自信的态度面对自己的人生，积极向上地迎接各种困难和挑战；与此同时，还要教会学生处理心理危机的基本方法。

一般而言，大学生心理常见的危机有成长危机、人际关系危机、就业危机、学业与经济状况危机和情感危机五大类，主要关系到学业、情感、就业等三方面。这些危机的产生一般都有不可预见性和不可控性的特点，会给学生成长带来非常大的困扰。辅导员要协助学生正确认识这些危机产生的可能性和必然性，建立积极的心理预防机制，以理智、科学的态度去面对挫折与冲突，用积极适当的方式释放那些破坏性能量，这样就会把那些日常的心理困扰及时排解掉，也会让学生逐渐明白想要新的发展就一定要有新的适应这个道理。如果大学生出现个人努力也不能很好地排解掉的心理危机，则应寻求心理咨询师的帮助。

发展辅导，无论从专业素养教育还是生命健康发展教育来看，其目的都是增强学生在社会活动方面的适应性，使学生在社会活动中能自然地与社会和谐地融为一体。无论在现实世界，还是在虚拟网络世界，教学生学会与人交往都是必要而且必需的，这样学生才能立足基本的道德规范，用科学的态度、积极的努力去实现个人与社会的统一。

三、事务管理

辅导员丰富的工作内容具体地体现在对学生事务的管理方面。教育活动是一种在目的引导下的活动，具有十分鲜明的主观性，包括各种具体的原则和规范，而这正是管理所不可或缺的。辅导员的事务管理主要通过规章制度的建设与执行、课外活动的组织与管理、集体建设管理等三方面实现。

（一）规章制度的建设与执行

事务管理的基本保障是建章立制。让学生在学习、生活中去熟知各项条款和规定，对教师来说是当然的，但对学生来说是强加的东西，只有学生也认为是理所当然的时候，外部性的纪律和秩序才能存在于个人内部。制度与个性尊重不是一对矛盾的概念，在发展的视域里，尊重个性、发展个性的教育并不是无条件、无边际的。

制度对学校具有重要意义。制度涵盖的范围较广，包含纪律、政策、文化等诸多方面。制度是硬性的，而管理的艺术在于执行制度是科学的，让学生在行动中实现自律与他律的完美结合。发动学生共同参与制度的制定，既使制度反映学生自身发展的需要，维护其自身利益，又使制度的执行过程实现原则性与灵活性的结合。让严肃与人文关怀同步，原则性与灵活性共生，学生自然就会焕发出生命的活力。

（二）课外活动的组织与管理

在制度以外，管理还体现在学生的自我管理和教育中，在日常工作中主要体现在课外活动的组织和管理方面。课外活动是教育工作，离不开教师的指导。

对学生活动的管理内容一般包括学生社团活动的组织管理、学生业余文体活动的组织管理、社会实践活动的组织管理等。

社团活动是学生活动的重要载体。学生社团是由一些志趣相投的学生，按一定的申请程序申请，由学校批准成立，不同年级、专业、性别、层次的学生自愿加入，自主开展活动的群众性团体，旨在为学生提供活动和发展的平台，其主管部门是学校各级团组织和社团联合会。辅导员在社团活动的科学化、规范化过程中发挥着重要作用。在组织管理社团活动中，辅导员要坚持"符合活动要求，遵循活动原则，依据活动程序，提供活动保障"等原则，对社团活动进行把关。

文体活动组织管理主要指辅导员通过策划组织形式多样、高雅、健康的文娱体育活动，积极与艺术课、体育课教学配合，陶冶学生的高尚情操，培养其健康审美情趣。

社会实践活动是大学生在校内外参加的教学实践、专业实习、社会调查、生产劳动、社会服务、科技发明、勤工助学、"红色之旅""三下乡""四进社区"等各类实践活动的总称。组织管理社会实践活动既要让学生了解社会、认识国情，以增强学生的历史使命感和社会责任感，还要精心策划周密，使社会实践成为学生在校的一门必修课程，并按照固定的教学计划进行组织。

总之，加强对学生课外活动的引导，实际上是细化思想政治教育的过程，组织活动的思想性、艺术性、趣味性、文化性、科学性等都需要辅导员与学生一起在活动方案选择、过程控制、应急预案、活动后总结等各个环节进行有效的管理控制与组织实施才能保障。课外活动的组织与管理旨在不断提高学生的自我管理能力和创造力，在活动中完成育人工作。

（三）集体建设管理

对辅导员来说，集体建设管理主要指党团建设与班集体建设，是中心任务。它与大学生活息息相关，对学生的能力培养和人格塑造非常重要。特别是在高等教育发展过程中，与传统育人所不同的外部问题和内在问题不断出现，表现出复杂多变的情况，此时辅导员的具体工作就是通过加强党团、班的建设，保证党团组织的政治导向性和组织约束力，巩固班级的文化导向性和活动凝聚力。

1. 党团建设

党团建设首先要做好大学生党员的发展工作，从新生入学教育开始就要着手这项工作，引导学生早日主动靠近党组织，建立一支数量多、素质高的入党积极分子队伍；在入党积极分子的培养过程中，要广泛征求意见，在学校入党积极分子培养体系内，通过党校等多个渠道详细了解每一个入党积极分子的思想情况；严格"推优制"，把好入口关，向学生党支部推荐合格、够标准的积极分子作为发展对象。

在对所带班级学生党员的管理过程中，辅导员应完善党员思想汇报制度、党课制度和党员活动制度，使党员教育制度化、规范化、民主化，建立完善的党员考评体系，把学生的情况及时向党组织汇报，听取党组织的指导性意见和方法，解决有关问题，使学生党支部保持先进性、纯洁性。

作为学生工作日常方面最直接的管理者，辅导员在党团建设中发挥了重要作用，其工作成绩在很大程度上体现于基层团组织的活动中。因此，辅导员应加强对团支部干部的选拔、教育和管理工作，提高他们的思想水平和工作能力，使他们成为团支部的骨干核心；从主题团日活动、争先创优活动入手，通过身心健康的文体活动，丰富团员的业余文化生活，对其进行有力的思想政治教育，增强学生的历史使命感，激发其爱国热情，让"全民团员"成为"全民先进"。

2. 班集体建设

班集体建设是高校辅导员集体建设管理最基本的工作，其内容包括班级制度建设、日常事务管理、班委会建设、学风建设、班级文化建设等。回顾班级管理的历史，我们可以看到，最初的班级管理只是为了保证知识的有效传授，是为了谋求整齐划一的秩序而产生的制度。如同赫尔巴特（Herbart）在这方面强调的："如果不紧紧而灵巧地抓住管理的缰绳，任何课都无法进行。"在班级授课规模较小的情况下，教师就会有足够的精力对学生实施个别化的管理，师生之间也有可能进行直接交流。

现代大学的发展，特别是高等教育大众化的实现，大学班级规模不断扩大，专业分科教学也带来了多科教师同时面向一个班级的情况。这样，任课教师对班级的深入管理和人文关怀程度也会越来越低。辅导员的角色的意义在于强调管理为"谁"服务。那些传统的班级管理一般是"并非要在学生心灵中达到任何目的，而仅仅要创造一种秩序"。班级管理只有明确为学生的发展服务，赋予班级以生命的意义，才能使辅导员成为重要的教育力量，使班级不只是向学生提供知识的组织形式，也不仅仅是向学生高效传递知识的组织形式。班级管理可以在治理"不安分"的学生方面发挥作用，也能体现生命关怀，为每一个生命生长提供一个有意义的生活空间。

第五节　高校辅导员工作原则与方法

一、高校辅导员工作原则

高校辅导员的工作原则是指辅导员在开展工作过程中应遵循的思想行为准则，本质上是思想政治工作和管理工作规律的反映，带有客观性、必然性、理论性的特点。坚持这些原则是做好高校辅导员工作的根本保证。

（一）高校辅导员工作原则确立的依据

高校辅导员的工作原则是在理论指导下，在长期的实践中摸索、形成和发展起来的，具有科学的理论依据和广泛的实践依据。

1. 高校辅导员工作原则是党的教育方针的具体体现

党的教育方针决定着高等教育的目的、政策、制度和内容。按照党的教育方针，高校承担着人才培养、科学研究、服务社会三大职能。高校辅导员工作作用日益凸显，在人才培养等方面占有着越来越重要的位置。高校辅导员工作具有育人职能，具有强烈的政治性，在工作过程中要传播党的路线、方针、政策，使受教育者形成符合党和国家要求的思想观点和行为习惯，实现大学生政治社会化。因此，高校辅导员工作的原则必须依据党的教育方针确立。

2. 高校辅导员工作原则是马克思唯物主义和辩证法思想的指导结果

马列主义坚持唯物辩证法，认为一切都应从客观实际出发，用实践来检验真理、指导行动，用矛盾分析法看问题，重视并遵循事物发展的客观规律。因此，高校辅导员工作原则应遵从教育教学客观实际，尊重学生思想行为实际及其变化规律，在工作中全面分析判断事物，分清优势与劣势，不断总结经验教训，在反复提炼中完善和提高管理工作水平。

3. 高校辅导员工作实践经验的总结概括

高校辅导员工作原则是对辅导员工作实践活动经验的高度概括和总结，该原则也需要反复回到实践中接受检验，使其不断丰富、发展和完善。辅导员工作原则是高校辅导员工作开展的核心准则，能高于工作实践，具有很强的指导意义。

（二）高校辅导员工作原则的意义

高校辅导员工作原则是辅导员工作必须遵循的准则，对辅导员工作起着导航定向、规范和提高的作用。

1. 对辅导员工作起着导航定向作用

高校辅导员工作担负着培养和塑造适应国家社会主义建设需要的合格建设者和可靠接班人的重任，具有强烈的政治性和方向性。辅导员工作有着量大、面广、头绪多等特点，如果没有原则的指导，很容易在实施过程中出现偏差和错误，影响党的教育方针的贯彻落实和教育目标的实现。所以在繁忙而琐碎的日常工作中，坚持辅导员工作原则能保证各项工作方向一致，作用互补，相得益彰，从而使辅导员工作的针对性和实效性增强。

2. 促使辅导员工作规范化

高校辅导员工作随着高校在校学生情况的变化也出现了一些新特点，例如，各种复杂和困难局面增多、突发事件和应急处理情况明显增加等特点。这种情况对高校辅导员工作提出了更高的要求，如细致化、规范化、系统化等。高校辅导员工作只有遵循一定的科学原则，才能采取相应行之有效的办法，使自己的工作符合大学生的思想形成规律和成长成才规律，从而有效调节、规范辅导员的工作行为。

3. 提高辅导员工作效率

高校辅导员工作原则能充分贯彻党的工作方针，正确反映辅导员工作的规律，认真总结辅导员工作的经验教训，具有科学性和指导意义。准确把握并坚持辅导员工作原则，能提高辅导员育人质量和工作效率，增强辅导员工作的科学性和有效性，减少工作中的无效劳动，甚至有害劳动。总之，辅导员工作原则有利于推动辅导员工作的开展，提高辅导员工作效率，促进辅导员工作目标的实现。

（三）高校辅导员工作原则把握

1. 民主性原则

民主性原则是指实施辅导员管理工作的过程中，对人对事都力求客观公正，师生都有同等的权利发表意见。

坚持民主性原则有利于增强学生对辅导员的信任度，实现师生的心理相容性；实施民主性管理是科学管理的基础，也是辅导员管理工作本身的要求；遵循民主化原则，就是要管理的程序、手段和方式都民主化。

2. 全面性原则

全面性原则是指辅导员管理要贯彻面向全体学生，对全体学生的全面发展负责的基本要求。辅导员管理要促进学生品德、智能、身心、个性的全面发展，并把管理看作一个系统，抓紧着眼点，即各构成因素的关联性，从总体上有计划、有目的、有组织地开展辅导员管理工作，以全面提高辅导员管理的整体效果。

3. 系统性原则

系统性原则是指辅导员要重视学生集体，依靠并通过集体活动管理个别学生，又通过管理个别学生去影响集体，做到集体与个别管理相结合。我们必须把辅导员管理工作作为一个系统工程来看待。辅导员管理工作也必须向全方位和开放型的模式发展，确定全方位的学生管理工作新体制，建立学生管理工作的组织机构，形成学生管理工作职能部门。

4. 导向性原则

导向性原则是指辅导员在管理中对学生的思想和行为进行引导，使学生树立科学的世界观、人生观和价值观，形成良好的品德和个性。

在管理中，辅导员需要对学生进行行政性统一管理，但不能对学生的各个方面都实行统一式的行政性管理。随着就业形式的改变与学分制的实行，学生的自由度扩大，这就要求辅导员必须改变以往那种"地毯式"和"消防员式"的管理方式，要在完善学生管理法规上下功夫，明确哪些是必须管死的，哪些是应该放手的，做到管理职能明确，强化服务性管理，发挥学生的自我管理作用，尊重学生的自主性，对各种学生组织进行政策性、实体化的指导性管理；同时，辅导员也应关注学生关心的热点和重点问题，及时对他们做出正确的引导，这样才能促进辅导员本职工作的顺利完成。

5. 主体性原则

21世纪是知识经济时代和信息时代，全球经济呈现一体化发展趋势，对人才的创造力提出了越来越高的要求。创造性是主体性的最高表现，因此，辅导员管理工作也要适应这一历史潮流，在管理中注重主体性原则。

主体性原则是指在辅导员管理中要明确学生的主体地位，承认和张扬学生的个性，让学生有不同程度的自主权和选择权，允许学生参加学校日常管理工作，启发学生进行独立思考，引导学生进行自我教育、自我管理和自我约束，培养学生的探索精神和创新能力。

6.渗透性原则

渗透性原则是指在辅导员管理过程中，辅导员要用自身的素质和爱心感染、感化学生，从而取得良好的管理效果。学生规范意识的养成存在一个逐步渗透的过程。在此过程中，辅导员对制度的态度会影响学生对制度的认识，辅导员的言谈举止也会影响学生对某一事物的判断。

辅导员在对学生行为管理的过程中，在落实学校各类制度时，会对学生认识管理制度及遵守制度的态度产生极大的影响。因此，辅导员应该有意识地塑造自己的师表形象，强化正面效应，有效实现学生管理的目标。

二、高校辅导员工作方法

（一）高校辅导员工作方法选择的重要性

1.大学生的思想状况处于不断的变化中

辅导员的工作方法，必须根据大学生的不同特点有针对性地进行选择，坚持从实际出发，来确立和采用教育、管理的途径和方法。

在现实生活中，大学生的思想状况和行为表现是千差万别、千变万化的。从思想的质的规定性来看，有正确思想与错误思想、积极思想与消极思想、先进思想与落后思想的差别，还有政治立场、思想观点与一般思想认识问题的差别。

从思想的量的规定性来看，即从思想存在和发展的规模、范围、程度、深浅等方面来看，有普遍与个别、一贯与偶然、系统与零散、深刻与肤浅的区分。

从思想发展变化的趋势来看，有尚未形成而将要形成的思想，有正在形成和发展的思想，还有正在转化和衰亡的思想。

从思想存在的状况来看，有广泛流行的思想状况，有剧烈对抗的冲突状况，有含而不露的隐蔽状况，还有以假乱真的虚伪状况。

从思想存在的内容和形式来看，有政治、人生、道德、职业方面的，也有物质生活、精神生活、人际关系等方面的。

从思想产生和发展的原因来看，有客观原因，也有主观原因。客观原因包括社会影响、学校教育及家庭教育等方面，主观原因则包括思想基础、个性特征、文化水平、生活经历以及思维方式等内容。

总之，每一种思想形式，都有它自身的内容和发展变化的方式，都有它特殊的矛盾和特殊的本质。而不同质的矛盾，只有用不同质的方法才能解决。

2. 避免工作中的教条主义和经验主义倾向

辅导员工作的方法是多种多样的。每一种方法都不是万能的，都有一定的使用范围和使用条件，离开特定的范围和条件，这个方法就难以发挥作用了。辅导员工作方法也和做其他事情一样，一切以时间、地点和条件为转移，必须具体问题具体分析。离开方法使用的范围和条件而滥用方法，不仅会导致辅导工作无法收到良好的效果，而且还可能带来新的问题。因此，辅导员在选择教育的具体方法时，一定要看所选择的方法的适用范围和条件是否与实际情况相符合，一定要选择符合实际需要的教育方法。

忽视教育方法的选择，或在辅导员工作过程中盲目使用教育方法，容易导致辅导员犯教条主义或是经验主义的错误，两种错误方法都会使辅导员工作遭受挫折、导致失败，或者将本来做得好的事情弄得很坏。因此，为了避免工作中的教条主义和经验主义倾向，辅导员要科学地选择工作方法。

（二）高校辅导员主要工作方法

无论做任何工作，都要讲究方式方法，只要方式正确、方法得当，工作就会事半功倍。以下是辅导员工作中比较常用和有效的方法。

1. 调查研究法

要解决某些问题，首先要对问题背景和具体情况有细致、客观的了解，才能得出正确的结论，从而能够从本质方面入手，采取相应措施，解决问题。实现这一目的需要调查研究，它也是解决问题的必要途径。

个案调查是辅导员工作中最常用的方式。例如，在对班级后进同学的帮助工作中，通过观察、访问、个别谈话等手段弄清其形成后进的原因，这个过程就是个案调查。经过这样充分的准备，辅导员就可以对这类学生进行有针对性的指导，矫正其不良思想行为。

2. 说理启迪法

说理启迪法即将要解决的问题明确提出来，通过举实例等形式充分分析问题的本质，帮助学生预测后果；或者侧面揭示事物本质，使学生在不知不觉中受到启发和教育。

辅导员在运用这种方法时应注意两点：一是方法要适宜，要根据大学生的思想、行为、心理特点，举一些他们容易理解和接受的例子；二是方式要缓和，现代大学生基本都是独生子女，从小到大很少受激烈的批评，同时处于这个时期的青年，逆反心理都比较强，激烈的方式很容易使学生的感情与自尊心受到伤害，从而引起矛盾的激化。

3. 交流沟通法

建立融洽、相互信任的师生关系的最有效方法就是情感交流。在交流中，学生能够体验到尊重、理解的情感，从而建立对辅导员的信任。同时，随时与学生沟通是相互传达、了解信息、增强理解的重要手段，辅导员可以与学生通过相互交换意见、交流思想、表达情感、统一认识来达到教育目的。

要想达到预期目的，辅导员应根据大学生的特点采取适当的交流、沟通方法。例如，辅导员可以多参加班级组织的课外活动，在活动中淡化自己的教师地位，尽量让学生接纳其为他们中的普通一员，在轻松活泼的气氛中，让大家敞开心扉；经常与学生进行朋友式的交谈，能够了解他们真实的想法，拉近师生间的距离。

4. 人格影响法

大学阶段是大学生世界观、人生观、价值观形成的关键时期，大学生的观念很容易受到外界现象的影响。因此，教师的一言一行都会对他们产生潜移默化的影响。辅导员应该时刻牢记自己的位置和作用，处处以身作则，身体力行，注意提高自身道德修养，用行动感召他们，用人格魅力影响他们。

（三）辅导员工作方法的探索与创新

1. 在指导思想上，突破单一的界限

辅导员应积极主动地向各个领域渗透，坚持从单一服务到全方位服务的转变，注意把握有利的教育时机并充分调动教育资源，积极引导学生关心时事，面向世界，开阔视野，使学生在学习大学知识的基础上，更加贴近社会实际，做到全面发展。

2. 在管理方式上，应尽量杜绝对学生使用命令性的工作方式

工作中，辅导员要真正做到管理与教育并重、感性与理性并存、指导和引导相结合，通过政策、考研、就业、心理、行为等方面的引导和指导，发挥工

作的职能，使教育对象在不知不觉中受到启发和教育。

3. 在工作方式上，切忌空洞教条式的思想理论说教

当今的大学生头脑活跃、思想灵活。因此，辅导员应通过实际例子将大道理转化为学生容易接受的小道理，通过摆事实、讲道理，启发开导学生，使学生在启发中受到教育，从而起到细雨润物的效果。

4. 在服务方式上，要尽量变被动为主动

辅导员要广泛涉猎社会各个方面的问题，不断丰富自身的知识和阅历，积极主动地深入学生当中，发现问题，并把它们扼杀在萌芽状态，从而起到防微杜渐的作用。

5. 在工作机制上，要实现"自上而下"向"自下而上"的转变

辅导员应坚持基层第一的原则，要具有干实事、讲实话、求实效的思想，经常深入学生中间调研，根据调研结果制订管理和教育方案，摒弃那种"想当然"而没有根据的错误做法。同时，辅导员应针对教育对象的多层次性和易变性的特点，努力建立开放、协作式的工作机制。

6. 在教育形式上，要注意对学生全面教育和引导，始终做到为学生的健康成长和全面成才服务

辅导员在教育中要注意培养学生的集体意识和大局意识，在活动形式上，要摒弃那种为举办活动而举办活动的思想，合理设计活动内容，在活动中融入教育理念，面向学生，突出特色，有针对性地开展活动。比如学生经常参加大型活动，在节目的编排上，辅导员就应鼓励学生自己构思，自己设计，不要照搬别人的东西，这样学生每次参加活动都会得到不同程度、不同方面的锻炼，这对学生较单一的生活是一个很好的补充。

总之，高校辅导员工作是一项复杂而又很细致的创造性劳动，是一门讲究教育和管理的艺术，需要全新的教育思维，全方位的探索、创新与实践，以及不断的学习、借鉴和总结。因此，辅导员要始终本着与时俱进、以人为本的原则不断探索、不断创新，以培养出适应社会发展的大学生。

第七章　高校辅导员工作精细化研究

辅导员工作制度是目前高校普遍采取的学生教育管理制度。深入研究高校教育管理工作的针对性和实效性，对高校辅导员工作进行精细化探析，对培养中国特色社会主义事业的建设者和接班人具有重要的现实意义。本章将解读高校辅导员工作精细化的内涵，分析日常管理工作的精细化以及思想政治教育工作的精细化，研究高校辅导员精细化工作推进的保障。

第一节　高校辅导员工作精细化内涵解读

一、高校辅导员概述

（一）高校辅导员的概念

国家颁布的涉及辅导员的文件，如《关于加强高等学校辅导员、班主任队伍建设的意见》和《普通高等学校辅导员队伍建设规定》等，对高校辅导员的内涵都有确切的定义和说明。

辅导员是高等学校教师队伍和管理队伍的重要组成部分，是开展大学生思想政治教育的骨干力量，是高校学生日常思想政治教育和管理工作的组织者、实施者和指导者，是大学生的人生导师和健康成长的知心朋友。加强辅导员队伍建设，对于培养社会主义合格建设者和可靠接班人、巩固党的执政基础，对于维护高校稳定、推动高等教育事业顺利发展，对于推进素质教育、促进大学生全面发展都具有十分重要的意义。

从教育部思想政治工作司对高校辅导员的定义可以看出，辅导员的主要工作职责可以归纳为两点：一是思想政治教育工作，二是日常学生管理工作。

有关辅导员工作的精细化探讨主要从思想政治教育工作和日常学生管理工作入手，结合辅导员工作实践，探讨如何通过把握高校学生教育管理工作的特点和规律，逐步实现高校思想政治教育工作和大学生日常管理工作的精细化，进而提高高校学生教育管理工作的针对性和实效性，培养合格的社会主义建设者和可靠接班人。

（二）高校辅导员的工作职责

辅导员的工作职责是指辅导员从事高校学生工作应该履行的责任，即辅导员工作分内的事情具体包括哪些内容。

第一，帮助高校学生树立正确的世界观、人生观、价值观，确立在中国共产党领导下走中国特色社会主义道路、实现中华民族伟大复兴的共同理想和坚定信念；积极引导学生不断追求更高的目标，使他们中的先进分子树立共产主义的远大理想，确立马克思主义的坚定信念。

第二，帮助高校学生养成良好的道德品质，经常性地开展谈心活动，引导学生养成良好的心理品质和自尊、自爱、自律、自强的优良品格，增强学生克服困难、经受考验、承受挫折的能力，有针对性地帮助学生处理好学习成才、择业交友、健康生活等方面的具体问题，提高思想认识和精神境界。

第三，了解和掌握高校学生思想政治状况，针对学生关心的热点、焦点问题，及时进行教育和引导，化解矛盾冲突，参与处理有关突发事件，维护校园安全和稳定。

第四，落实对经济困难学生资助的有关工作，组织高校学生的勤工助学，积极帮助经济困难学生完成学业。

第五，积极开展就业指导和服务工作，为学生提供高效优质的就业指导和信息服务，帮助学生树立正确的就业观念。

第六，以班级为基础，以学生为主体，发挥学生班集体在大学生思想政治教育中的组织力量。

第七，组织、协调班主任、思想政治理论课教师和组织员等工作骨干，共同做好经常性的思想政治工作，在学生中间开展形式多样的教育活动。

第八，指导学生党支部和班委会建设，做好学生骨干培养工作，激发学生的积极性、主动性。

这些工作职责涵盖了高校辅导员工作的方方面面。从这八项工作职责中，我们可以看出辅导员工作是具体而琐碎的，任务重、责任大。根据《普通高等学校辅导员队伍建设规定》中对高校辅导员工作职责的描述，辅导员的工作职责可以分为两大类：一类是大学生日常思想政治教育工作，另一类是大学生日常管理工作。日常管理工作又可以分为以下五种：

①日常事务类，如班干部的培养、奖助学金评定以及助学贷款的处理等；

②具体事务类，包括心理健康教育工作、就业指导工作等；

③学风建设类，如听课、查课、督促学生学习等；

④困难学生事务类，包括留级生、心理问题学生处理等；

⑤突发事务类，即对突发事情的应急处理。

二、高校辅导员工作精细化的内涵

高校辅导员教育管理工作精细化是大势所趋。精细化管理是发源于20世纪50年代的一种企业管理理念，它是社会分工和服务质量的精细化对现代管理的必然要求，是一种以最大限度减少管理所占用的资源和降低管理成本为主要目标的管理方式。它是一种意识，是一种理念，是一种认真的态度，是一种精致文化的管理。精细化管理要求在工作中做到精、细、准、严。

教育部《关于加强高等学校辅导员、班主任队伍建设的意见》中规定专职辅导员和学生的数量总体上按1∶200的比例配备。可见，高校辅导员作为负责高校日常思想政治教育工作和学生日常管理工作第一线的工作者，面对200个甚至更多的学生，要想高质量地完成工作，压力和挑战是巨大的。高校大学生虽然思维活跃、自我意识强烈、善于表现自己，但相对来说心理较脆弱、受互联网文化影响较深，日常的教育管理工作更难开展。

辅导员工作是集教育、管理和服务于一体的系统性工作。不管哪个角度，都要求高校辅导员能够保质保量地完成大学生的教育管理工作，培养出社会主义合格的建设者和可靠接班人。在这样的工作量和工作质量要求下，辅导员如果采用粗放式的学生教育管理方式，虽然能够完成相应的工作量，却无法保证工作的质量；如果采用类似企业的精细化教育管理工作方式，在现实面前，面对如此琐碎繁重的教育管理工作，要求辅导员面面俱到、事事精细化，不管在时间上还是在精力上都是无法做到的。

但是，辅导员教育管理工作也有一定的规律可循，并且有轻重之分。辅导员只要把握住高校学生教育管理工作的规律和特点，抓住学生教育管理工作中的关键环节和重要节点，做到关键节点的精细化，往往能够事半功倍，在有限时间内高效地保质保量地完成工作。

由此可见，高校辅导员工作精细化是在把握高校教育管理工作的特点和规律的基础上，发挥高校辅导员的主观能动性，做到辅导员"面"上工作和"点"上工作的精细化。"面"上工作精细化就是要明确辅导员工作的具体范围，对辅导员工作有整体上的把握；"点"不是指辅导员工作中每一个细节，而是指高校辅导员工作中的"关键节点"的精细化。"点""面"结合的精细化管理，能将学生的教育管理工作做细、做精、做实，达到事半功倍的效果。

因此，高校辅导员工作精细化是在借鉴企业精细化管理概念的基础上，结合高校辅导员工作的规律和特点，而采取的一种有益探索和大胆尝试，是高校教育管理工作的新理念和新策略。辅导员工作精细化的目的是为了提高高校思想政治教育工作和日常管理工作的针对性和实效性，更高质量地完成工作任务，进而培养出更优秀的大学生。

三、高校辅导员工作精细化的必然性

高校辅导员队伍为我国的高等教育事业做出了重要贡献。随着时代的快速发展，高校思想政治教育工作和日常管理工作的环境发生了巨大的变化。全球经济一体化和网络信息技术的快速发展使整个地球变成了"地球村"。大学生能够更方便快捷地接触到外部事物，也更容易受到校园外思想的影响，这样一来，传统的高校思想政治教育工作和日常管理工作的方法已经无法适应新时期国家对高校人才培养质量的高要求。在这种情况下，高校要主动出击，积极探索学生教育管理工作的新途径和新方法，才能达到高校人才培养质量的高要求。高校辅导员工作精细化是大势所趋，是众多原因共同作用的结果，是时代的要求。

（一）辅导员工作精细化是落实国家有关政策文件的重要举措

《关于进一步加强和改进大学生思想政治教育的意见》中的第二点"加强和改进大学生思想政治教育的指导思想和基本原则"提到，"努力提高思想政治教育的针对性、实效性和吸引力、感染力，培养德、智、体、美全面发展的社会主义合格建设者和可靠接班人。"中共中央办公厅、国务院办公厅印发的《关于进一步加强和改进新形势下高校宣传思想工作的意见》中也提出，"准确把握师生思想状况，创新工作理念和方式方法，把解决思想问题与解决实际问题结合起来，不断增强针对性、实效性。"

要提高高校思想政治教育工作和日常管理工作的针对性、实效性，高校必须对目前的高校思想政治教育工作和日常管理工作进行系统的回顾和梳理，并对客观环境发生变化的高校教育管理工作进行深度思考，研究高校辅导员工作中的规律和特点，进而把握工作的关键环节，并对关键的教育管理工作进行精细化处理。从这个角度来说，高校辅导员工作精细化是落实国家对辅导员工作要求的重要举措。

（二）辅导员工作精细化是高校人才培养的内在目标

培养出德、智、体、美、劳全面发展的高素质人才，促进大学生综合素质能力的发展是高校的人才培养目标。21世纪以来，高校在校大学生的规模不断扩大，如何在有限的资源条件下，保证人才培养的高质量，是对工作在高校第一线的辅导员提出的更高要求。辅导员教育管理的对象是有感情、有思想的大学生，因此，辅导员对工作的关键环节应更加精细化，要确保每个大学生的全面发展，这是高校人才培养的内在目标。

（三）辅导员工作精细化满足高校教育管理工作的特点要求

高校辅导员工作事务繁杂，涉及大学生日常学习生活及感情等方方面面。对高校辅导员工作中的每个细节都进行精细化，实际上无法全面落实。因此，抓住大学生管理工作的特点，对关键环节进行精细化处理，是做好高校辅导员工作的有效途径。

（四）辅导员工作精细化是各类辅导员培训班的内在要求

为了进一步加强辅导员专业化、职业化和专家化建设，教育部专门制订了普通高等学校辅导员培训规划，每年定期举办各类高校辅导员培训班，包括全国高校辅导员骨干专题培训班、全国大学生心理健康教育工作专题培训班等。这些培训班通过设定特定主题，将大学生思想政治教育和大学生日常管理工作的相关经验及规律传授给高校辅导员，使辅导员在自身已有工作水平的基础上，能够快速提高业务素质，把握学生教育管理工作的特点和规律，实现辅导员工作精细化，提高工作效率。

（五）辅导员工作精细化是提高工作实效性的需要

辅导员是高校教师队伍和管理队伍的重要组成部分，是开展大学生思想政治教育的骨干力量。辅导员工作精细化要求辅导员时刻把握学生的思想动态，掌握学生教育管理工作的脉络、特点、规律以及学生教育管理工作的重要环节，并要求辅导员在处理大学生事务的过程中发挥主观能动性并善于思考，通过"面"上工作和重要"点"上工作的精细化，促进学生教育管理工作进入良性发展的轨道。高校思想政治教育工作和日常管理工作的主客观环境都发生了变化，高校辅导员工作的难度进一步加大，这更需要辅导员善于总结和反思，通过"点""面"结合的精细化思路，提高辅导员工作的实效性。

（六）辅导员工作精细化是促进辅导员自身成长的需要

高校辅导员工作和其他学校行政管理工作有所不同，需要更多的"用心""用情"和"主动"，要求辅导员老师发挥自身的主观能动性。如果仅仅把大学生管理工作当作"窗口式"的"被动"服务，辅导员不仅不能把大学生管理工作做好，而且激情和信心也会消磨殆尽。

要想在有限的时间里高质量地完成较为繁重和复杂的辅导员工作，辅导员除了要勤奋，还要与时俱进，能够进行深度思考，不断对自己的工作进行总结和反思，探索高校思想政治教育工作和日常事务管理工作的规律，把握辅导员工作的本质，进行辅导员工作精细化。这样不仅能够提高辅导员工作的质量，同时也能够促进辅导员自身的成长。反过来，辅导员各方面能力的提升，又会进一步提升学生管理工作的质量，形成良性循环。

第二节　日常管理工作精细化

一、日常管理工作的内容

大学生日常管理工作内容繁杂、重复、工作量大，占据了辅导员的大部分时间。而这些日常管理工作和大学生的学习生活息息相关，关乎学生的切身利益。大学生日常管理工作不到位，也会影响大学生的思想政治教育效果。因此，面对繁重的大学生日常管理工作，辅导员要善于进行工作总结和思路方法创新，提高日常管理工作的实效性,为学生的学习生活做好服务。

大学生日常管理工作的内容包括班级管理、学生奖助贷管理、学风管理、社团管理、学生党建工作、学生入学教育、学生就业管理以及日常突发事件应对等,涉及的范围非常广,可以说,只要和大学生相关的学习生活,就都是辅导员管理服务的范围。

二、班级干部管理精细化

班干部是大学生和辅导员之间沟通的桥梁,是班级实现自我教育和管理的中坚力量。培养高素质的班干部队伍也是培养社会主义后备管理人才的重要途径,这是辅导员的分内之事。选拔出优秀的班干部,对班干部进行有效培训,培养出优秀的班干部团队,对大学生实现自我管理有着重要的意义,也体现出高校辅导员的行政管理水平。因此,班干部管理是辅导员工作中的重要环节和关键节点,辅导员需要对班干部进行精细化管理。

(一)班干部选拔精细化

1. 借助新生入学信息完成班干部精细化选拔

班干部是辅导员的得力助手,班干部的选拔是否成功直接影响到班级管理质量,甚至影响整个学生管理工作的质量。特别是新生入校后的班干部选拔,对一个班级在大学期间的整体发展有着重要的影响。为了协助自己更加快速有效地做好班级工作,辅导员需要从几百个相对陌生的学生当中选拔出工作能力较突出、成熟稳重、政治素质过硬的班干部队伍。有经验的辅导员,在新生尚未报到之前,就已经开始思考班干部选拔的问题了,他们会积极查阅分析新生的相关背景资料,尽量掌握更多的新生信息,为班干部的选拔做准备。

辅导员一般会在新生入学报到前后的一段时间仔细查看学生的相关信息,且有意识地观察学生。新生报到前,辅导员可以到招生就业处拷贝学生的招生信息资料。这些信息的内容非常丰富,包括学生个人的基本信息,如姓名、性别、籍贯、出生年月、民族、生源地所在高中信息、家庭住址及家庭联系方式等;学生的高考成绩,包括语文、数学、外语等科目;学生的报考志愿,包括第一志愿到第六志愿所报考的专业信息等;入学新生的高中班主任老师对学生高中三年的评语等。

招生信息经过各省、自治区、直辖市的招生办工作人员的认真审核,是入学新生最原始和准确的资料,辅导员可以通过这些信息对自己的学生有一个初步的了解。辅导员将学生的资料信息掌握得越翔实、越准确,就越能够有的放矢,有针对性地开展工作。

辅导员迎接新生的第一项具体任务是分班和分寝室。分班和分寝室一般同时进行,但是两者相互关联。一种方法是先按照学生总人数和班级个数来分班,再按照班级的学生来分配寝室;另一种方法是先将所有学生分到寝室后,再按照寝室的分布情况来分班。若对两种方法进行优劣比较,第二种方法相对更好。相较而言,在分配寝室的时候,要遵循的原则会更多一些。

整个大学求学期间,大学生待在寝室的时间远远多于待在其他地方的时间,寝室是大家共同交流、学习和生活的地方。寝室内部同学之间的人际关系如果处理得不好,甚至长期处于紧张的状态,会影响到他们大学期间的学业和个人的身心健康发展。一个好的学生宿舍集体,可以是学生学习的园地,获得信息、交流思想的窗口,养成良好品德作风、文明行为习惯的重要阵地。因此,辅导员在分配大学生寝室的时候一定要慎重。

一般分配寝室要遵循的原则如下:

①同一个寝室的学生尽量来自不同的省份。同一个省份的大学新生由于生活习惯、生活方式,甚至思想观念等差异不大,加之身处异地,有着浓厚的"老乡"情结,容易抱团,从长远来看,不利于同省同寝室的学生与寝室外的班上其他同学交流,不利于整个班级工作的后续开展和班级的团结。

②尽量将农村生源和城市生源平均分配到寝室中去。同一寝室尽量不要全部都是农村生源的学生或者全部是城市生源的学生。这样做有两个目的:一是让来自农村的学生和城市的学生相互学习沟通,二是让贫困的学生较平均地分配到各个班级,利于以后较公平地评选国家助学金等,使家庭贫困的学生最大限度地得到资助,顺利完成学业。

③高考成绩按照不同的省份进行高分段和低分段混合,尽量不要将不同省份或者同一省份高分段的学生分在同一寝室中。

④尽量保证每个小寝室都有班干部。这也是四个原则中最难量化的。前三个原则的量化标准分别是省份、生源地和高考成绩,很容易按照这些量化的指标去分配。在还没有亲眼见到学生的情况下,尽量确保每个小寝室都有班干

部，确实不是件容易的事情。不过，辅导员可以按照省份进行选择。选择同一个省份中，高中老师给予评价比较高的、成绩较优秀的同学作为班干部的后备人选。

确定这四个原则后，辅导员就可以在保证这四个原则的前提下，在一定范围内进行随机分配寝室。通过这样的方式，能够让来自全国各地的大学生学习处理人际关系，学习适应和被适应，学习相互之间如何沟通交流，在学习上互补，这有利于班级工作的开展。寝室分配完毕后，辅导员就可以按照寝室分配的情况进行分班。

在分班的时候，唯一要注意的就是同一寝室的学生尽量分到同一个班级。这样做的目的也是为了班级的管理，保持班级的凝聚力和向心力。

辅导员通过新生的招生信息，可以完成新生的分班工作和寝室分配工作，并在这一过程中，根据入学新生的详细信息，找出有潜力做班干部的人选范围，然后分到不同的班级和寝室，为以后的班级工作打下良好的基础。

2. 辅导员的认真观察有助于班干部选拔精细化

每年的新生入学报到期间，辅导员是最辛苦的。在这段时间，迎新工作千头万绪，学校不同的部门随时发布新的通知，辅导员要跟进处理。辅导员的迎新工作任务繁重，包括新生迎新工作的安排、新生家长会的安排、开学典礼的工作安排以及突发事情的应对等。在此过程中，辅导员即便工作再忙，也需要留意观察新生。

辅导员应通过迎新阶段的细致观察，再加之迎新前对新生个人资料的了解，从新生的工作能力、道德品质、合作精神、领导能力以及踏实作风等角度对学生进行考核，并在迎新工作的中后期，有意识地将部分迎新工作分配给有潜力当班干部的学生去做，进而在实践中对学生进行考核，有利于新生班干部的选拔。

3. 不同年级的班干部选拔精细化

班干部是辅导员的得力助手，是班级的骨干，建设一支素质过硬的班干部队伍是辅导员的本职工作，也是一项需要长期开展的系统工作。为了能够让更多的学生得到锻炼，辅导员在大学四年期间要对班干部进行轮流选拔。

在大学一年级的开始，由于同学们之间彼此了解不够深入，班干部主要由辅导员来指定。辅导员指定的标准主要依赖于学生的入学信息，特别是高中老师的评语以及是否有班干部的经历等，也依赖辅导员在学生入学期间对学生的观察。

在大二和大三的上学期，班干部由班级的民主选拔产生，辅导员可以通过这种方式让获得班级同学认可、能力强、负责任的同学继续担任班干部，也可以让有意竞选班干部的其他同学来参加选拔。

进入大四阶段，由于班级活动的减少以及有些班干部外出实习等原因，辅导员可以通过前3年的了解指定每个班由1~2名学生来负责班上事情的处理。总之，辅导员应通过对不同年级的班干部精细化选拔，确保班干部的素质和质量，为班干部做好班级工作打下良好的基础。

（二）班干部培养精细化

优秀的班干部不仅依靠班干部的选拔精细化，更是依靠选拔完后对班级干部培养的精细化。学生只要有乐于为他人服务的意识，有任劳任怨、吃苦耐劳的精神，其工作能力就可以通过辅导员的培养来获得。如何培养出优秀的班干部，对辅导员来说不仅是一门技术，更是一门艺术。

辅导员要能够通过"点""面"结合的方法对班干部进行培养。"面"上要定期地给班干部开会，可以是班干部培训会，也可以是班级活动交流会，还可以是班级情况汇报会，以开会的形式和班干部交流如何做好班级工作，如何和班上同学交流，如何更好地为班上同学服务。另外，对于班长和团支书等主要干部，辅导员要进行点对点的辅导交流，找出班干部的问题所在，有针对性地提出意见，以加速班干部的成长。

班干部的选拔和培养是辅导员工作中的重要环节，是为了培养出更多更优秀的班级干部，更好地协助辅导员工作，因此，班干部的选拔和培养等环节都需要精细化。

三、高校学风建设精细化

（一）高校学风建设的重要性

1. 优良的学风是大学生健康成长的重要保证

学风即学习的风气。高校学风是高校教师和学生精神面貌、做人品质以及教学传统等各方面的整体反映。优良的学风能够激发人奋勇向前，共同进步，充满正能量；不良的学风让人意志消沉，精神懈怠，充斥着负能量。

高校的学风建设面临着各种问题和挑战。随着信息技术的快速发展，大学生可以随时通过网络接收各种外界信息，并根据这些信息做出个人的价值判断。而这些个人价值判断往往会受到社会的影响而出现偏差，如过多地从自身角度出发、不会换位思考等。另外，随着我国经济的快速发展，社会上一些负面的东西也会侵蚀大学生的思想。因此，为了大学生能够健康成长，高校需要加强学风建设。

2. 优良的学风是大学生形成良好习惯的重要保证

拥有良好的习惯是重要的人才素质之一，大学生应该在大学期间将其培养好。高校大学生在校学习并取得好成绩是学生的本职任务，而优良的学风是学生认真学习的保障。除此以外，大学生在校期间能够养成良好的行为习惯比学习成绩本身更为重要。

然而，大学生在高校学习生活中存在着很多不良习惯。例如，目前从高校大学生上课时间看，偷玩手机已经成为一个普遍问题。偷玩手机表面上只是一个不良的学风现象，然而当这种上课看手机无法聚精会神听课的行为形成习惯后，在以后的学习生活中，学生做任何事情都很难让自己集中精力，那么毕业后走出高校到社会上工作时也就无法做到专注于某一件事。

又如，如果学生自己每次都提前10分钟到教室准备上课，当形成习惯后，会发现每次提前10分钟进教室就是理所当然的事情了。相反，如果每次上课都迟到5分钟，长此以往，就会形成拖沓的习惯。而在用人单位眼里，员工除了需要具有良好的专业知识，更需要具有良好的行为习惯，而这些良好的行为习惯不是一天两天可以养成的，都是在校期间慢慢养成的。

当这些良好的行为，包括认真听课、善于总结与思考等成为一种习惯后，学生就会在以后的学习工作中享受这些好的习惯带来的好处。在快节奏的当今社会，拥有良好的行为习惯是社会成员的稀缺能力，为了让大学生拥有这些良好的行为习惯，高校要加强学风建设，通过良好的学风促成大学生形成良好的行为习惯。

综上所述，高校学风建设不仅是大学生良好学习环境的保证，更是大学生养成良好行为习惯的保证。工作在高校第一线，负责大学生日常教育管理工作的辅导员，需要把学风建设当成重要的工作来抓，并且要根据具体情况，对高校学风建设进行精细化管理，切实增强学风建设的成效。

（二）高校学风建设精细化的管理策略

高校学风建设是一个较复杂的系统工程，需要学校学生工作部、教务处等多个部门的相互配合和共同努力。

1. 高校学风建设"面"上的精细化管理策略

第一，完善学校的规章制度。无规矩不成方圆，高校要在已有的规章制度的基础上建立切实可行的制度，通过学校的规章制度来约束学生的日常行为，为良好学风的形成打下制度基础。

第二，根据不同年级学生情况的特点，分阶段管理。如四川大学根据学生的情况提出大学生在校期间的管理策略，"大一严格管理、大二规范管理、大三激励管理、大四成才管理"。良好的开端是成功的一半，高校一定要做好大一新生的入学教育，学校的相关规章制度要给学生讲透彻，而且要严格按照规章制度规范学生的行为。新生的可塑性强，入学教育是新生入学后的第一堂课，会给学生留下深刻的印象。

第三，采取其他"面"上的精细化管理策略，包括组织优秀的高年级学长给低年级学生做学习经验交流、组织学生参观考试作弊警示展、构建高年级和低年级的互助小组、加强对大学生使用电脑的管理等。通过高校学风建设"面"上的精细化管理，能够提高年级的整体学风，营造良好的学习氛围，促进学生整体进步。

2. 高校学风建设"点"上的精细化管理策略

高校优良的学风是由全体师生共同营造的，为营造优良学风，辅导员要做好学生个体的工作。对大学生的精细化教育管理能够促进辅导员对个体学生的深入了解。例如，通过对学生学业成绩的把握、家庭情况的把握、个人在学校的表现以及和班上同学的相处情况，辅导员能够采取针对性的方法来解决学生个体上的问题，促进学风建设。

"面"上工作和"点"上工作的精细化是相辅相成的，只有"点""面"结合的精细化管理，才能切实有效地做好高校学风建设，为学生营造良好的高校学风环境。

四、高校学术型社团管理精细化

随着我国高等教育事业的快速发展，高校大学生社团发展迅猛。作为大学生校园生活重要组成部分的大学生社团，已经成为大学生乐于参与的团体。在这个过程中，大学生社团在高校的教育教学中扮演着越来越重要的角色，成为高校实施素质教育的重要平台。为了加强对高校学生社团的建设和管理，共青团中央、教育部颁布了《关于加强和改进大学生社团工作的意见》。

经过多年的发展，高校大学生社团不管在理论研究还是应用实践方面都取得了长足的进步。就理论研究而言，笔者在学术期刊网络出版总库（CNKI）中以"高校学生社团"为主题进行搜索，检索到2005年以来相关研究文献上千篇；就应用实践而言，目前各个高校的学生社团形成了百花齐放、百家争鸣的繁荣局面，高校大学生社团在人才培养中发挥着其他教育途径无法替代的作用。

然而，作为高校大学生社团重要组成部分的学术型社团却还处在初级建设阶段，其相关理论体系和管理实践都有所欠缺。在CNKI数据库中，和"高校学术型社团"主题相关的研究论文非常少；国内仅部分高校设有学术型社团，并且尚处于建设初期。这一问题将影响学术型社团在高校育人中发挥作用。

（一）学术型社团的内涵与特点

目前在我国高校中存在的学生社团类型多样，可以分为思想政治型、实践服务型、社交型、文学艺术型及学术型等。作为学生社团重要组成部分的学术型社团，目前学界尚未对其达成一致的定义。大体来看，高校学术型社团是由有志于某一学科或某一研究领域的学生在专业教师的指导下，以学术研讨、课题研究、教学实践为主要活动形式，以提高学生综合素质、创新能力为目的而组建的群众性学生自治组织。

学术型社团与其他学生社团相比，有以下四个方面的不同。

1. 目标不同

学术型社团是高校激发学生潜质与潜能的重要平台，目标是培养学生的实践创新能力，具有学术共同体的特征。学术型社团要依托于具体的学科背景，能够促进学生专业深入学习的需要。

2. 指导老师的作用不同

学术型社团在满足社团基础活动的基础上，更加注重社团成员学术能力以及专业能力的提升。其他类型的社团主要依靠社团指导老师"面"上的指导，包括活动的审批、活动的总结等；而学术型社团的指导老师不仅要进行"面"上的指导，还要进行"点"上的带动，需要付出更多的辛勤劳动。

3. 社团中学生的年级层次不同

一般社团的成员主要由高校一年级和二年级的学生构成。而学术型社团对成员的学科专业性要求相对较高，因此，成员主要由二年级及以上的高年级学生构成。

4. 社团审批的条件不同

相比其他类型的社团，成立学术型社团所需要的条件相对更多，包括有合适的专业老师指导、有专业实验室做依托、有对应的学科竞赛可以提供实践机会等。

（二）学术型社团是开展个性化教育的重要载体

创新是一个民族的灵魂，培养一批高素质、勇于创新的人才是建设创新型国家的需要。创新是提高社会生产力和综合国力的战略支撑。当前高校人才培养的根本目标是培养具有国际竞争力的创新型人才。因此，深化教育改革，注重创新精神和创新人才培养，是高等教育担负的重要历史责任和使命。而个性化教育是创新的前提和基础。

创新型人才不是千篇一律的，要通过个性化教育培养。个性化教育是一种承认差异、发展个性、以学生为中心、促进学生个人潜能发挥的创造性教育。随着高等教育事业的快速发展，高校已经认识到个性化教育在培养创新型人才中的重要作用，高校教育改革也正朝着个性化教育的方向发展。

当前，我国已经进入大众化高等教育时代，高等教育正处在从规模扩张转向提高教育教学质量的关键时期。在这种情况下，高校要想培养出国家需要的创新型人才，必须确立个性化培养的教育理念。目前，国内不少高校提出在通识教育的基础上进行个性化培养的人才培养模式，并且采取了一些个性化培养的措施，包括小班教学等。

个性化教育的基础是要进行不断的尝试，而拥有不断尝试机会的前提是丰富的教育教学资源。充足的个性化教育资源是高校保证能够开展个性化教育的必备条件。如何整合有利于大学生个性化学习的资源，保证大学生个性化教育的顺利实现，是摆在高校面前的难题。在目前的情况下，让高校对所有学科都进行小班化教学等方式来进行个性化教育，不管从师资力量上还是硬件条件上，都是无法达到的。此时，高校学术型社团是对第一课堂教学的重要补充，是培养大学生兴趣爱好的有力举措，能够给大学生提供更加充分的科研实践机会，是高校培养大学生专业能力的新途径，更是高校教育教学整体工作的重要组成部分。学术型社团能够提供多样性的学习探究形式，并且能够将大学生的专业教育深入化。高校学术型社团能够根据大学生自身的需要，实现大学生进科研团队、进实验室、进课题组、参加学科竞赛等目的，增强其科学文化水平和创新能力。

可以看出，高校学术型社团的作用与个性化教育的要求之间表现出高度的契合。因此，学术型社团是高校进行个性化教育的重要载体和资源，既能克服目前高校教育教学资源紧张的问题，又能够满足高校进行个性化教育和大学生进行个性化学习的需要。

（三）学术型社团的筹建与精细化管理

1. 高校学术型社团的筹建

相比其他的学生社团，高校学术型社团的发展需要更多的资源支持，包括对口的实验室、课题组、学科竞赛支撑以及指导老师的精心指导等。因此，学术型社团要想得到可持续发展，首先要解决统筹学科资源的问题。学术型社团应从学院的层面进行顶层设计，筹建数量相对合理、相互之间尽量不交叉的学术型社团。高校在筹建学术型社团时，有以下三个要素需要考虑。

（1）有丰富的学科竞赛做支撑

学科竞赛有利于培养高校学生创新能力。近几年，各类型的学科竞赛蓬勃发展，然而高校对学科竞赛的组织实施却存在一定的问题。目前高校组织大学生参加学科竞赛一般包括四个环节，即"教务处——学院的学生科——指导老师——学生"。四个环节下来，往往出现不合适的指导老师指导不适合参加某个类型比赛的学生去参加比赛的情况，且比赛常常缺乏连续性。

因此，高校需要从学院的层面对学科竞赛进行统计分类，通过学术型社团来精细化学科竞赛的组织开展，减少中间环节，这样既有利于学科竞赛的长期可持续化组织实施，也有利于学术型社团的活动开展，最终有利于大学生的个性化培养，提高创新能力。

（2）有配套的实验室做支撑

在高校中，学科实验室有较强的学科优势。因此，依托实验室搭建学术型社团，是学术型社团发展的良好选择。在指导老师的安排下，利用实验室，可以定期开展学术讨论、学术沙龙等日常社团活动，可以让社团成员得到进行个性化学习的机会。

（3）有足够的专业老师做指导

指导老师强有力的持续指导是学术型社团持续发展的必备要素。相较于其他类型的社团，学术型社团指导老师的作用更加重要，需要具备主观能动性。因此，在建立学术型社团的时候，学院要从顶层进行设计，综合考虑学科竞赛、实验室以及指导教师等多重因素，以筹建相对合理的学术型社团，保障学术型社团有可持续发展的依托平台，开展常态化的社团活动，实现对学生个性化培养的目标。

2. 学术型社团的精细化管理

依据学科背景、实验室情况及学科竞赛的汇总分类等要素从顶层对学术型社团进行精细化设计，筹建数量合适、规模适中的学术型社团只是第一步，要真正发挥学术型社团在个性化教育方面的作用，需要高校对筹建好的学术型社团进行有效的精细化管理。学术型社团要在借鉴其他类型社团管理经验的基础上创新学术型社团的管理模式，推动学术型社团的可持续发展，服务于高校个性化教育的目标。

（1）高校充分认识学术型社团的重要作用

相较于其他类型的社团，学术型社团除了需要校团委、学院的支持，还需要教务处、学工部、科技处等部门的协调配合，绝不是单一职能部门能够完成的。如果缺乏统一的规划与管理，学术型社团的工作将无法持续下去。因此，学术型社团的建设需要学校领导的支持和重视，学校要充分认识到学术型社团是高校进行个性化培养的重要载体。学校对学术型社团的关注和重视，直接影响到学术型社团工作的推进力度。

以四川大学为例，在学校的高度重视下，学校共成立了近300个学术型社团。为了更好地落实四川大学"精英教育、个性化教育、自由全面发展的教育"的育人理念，鼓励大学生根据个人需要积极参加学术型社团，学校成立了四川大学学生学术型社团工作指导委员会，统一规划指导全校学生学术型社团工作，并制定了《四川大学学生学术型社团激励办法（试行）》。目前，在学校的重视以及多个部门的共同努力下，学术型社团已经成为四川大学第一课堂的重要补充，是学校进行个性化教育的重要载体和激发大学生潜质与潜能的重要平台。

（2）整合资源，保证学术型社团活动的顺利开展

高校在重视学术型社团的前提下，需要了解学术型社团顺利开展所需要的各种资源。只有熟悉学术型社团所需的资源架构，才能更好地整合资源，掌握和控制学术型社团运行的整个过程。因此，在整合高校学术型社团开展所需资源的过程中，高校要采用系统论的观点，将高校学术型社团的资源系统分为经费资源、指导教师资源、社团成员资源、活动场地资源、学科竞赛资源等。每个资源的子系统之间通过相互作用，形成一个开放复杂的系统。高校通过实现对这个复杂资源系统的控制，来整合多方资源，保证学术型社团的顺利开展。

（3）加强管理，促进学术型社团的可持续发展

有了资源以后，高校需要对这些资源进行科学化的精细化管理，以保障学术型社团的持续有效运行，提高个性化教育的效果。各种类型的学术型社团需要在专业老师的指导下，定期开展内容丰富的社团活动，包括技术沙龙、学科竞赛、学术讨论、学术讲座等。这些形式的社团日常活动需要进行精细准备，对于具体的专业方向要持续化和系统化开展活动，才能保证个性化培养的效果。因此，在活动的开展过程中，高校要加强对资源的管理。

指导老师在社团中的作用非常重要，高校要切实加强对指导老师的激励措施，制定指导老师的激励政策，对指导老师的工作量进行认定。高校对于参加学术型社团的大学生，要制定相关的奖励办法；对于学术型社团的经费资助，要制定具体的经费使用管理办法。只有制定规范的管理制度，加强对学术型社团各种资源的管理，才能保证社团高效持续的发展，摆脱传统大学生社团"因人兴社、因人废社"的困境。

（4）积极反馈，不断提高学术型社团的建设水平

目前仅有部分高校意识到学术型社团的重要作用，且学术型社团在高校的发展尚处于起步阶段，学术型社团的管理还处于探索初期，相关的管理制度还处于试验时期，没有可以直接借鉴的规范管理机制。因此，在具体的学术型社团工作开展过程中，高校要注意管理制度与实践的衔接，形成反馈机制，在管理实践中不断对管理制度进行修正，增强高校学术型社团工作开展的针对性和时效性。通过工作中积极的反馈，学术型社团的建设水平会得到提高。

第三节　高校辅导员精细化工作推进的保障

一、高校辅导员的重要性已成为社会共识

高校大学生是祖国的未来和希望，他们承担着实现中华民族伟大复兴的中国梦的重要任务，培养出德、智、体、美、劳全面发展的大学生是高校的重要责任。大学生在大学期间既要"成才"，也要"成人"，两者相辅相成，缺一不可。大学期间的成才教育工作主要由专业教师负责，成人教育工作则主要由高校辅导员承担。

在大学期间，大学生接触最为频繁的是辅导员老师。当大学生遇到困难、寻求帮助的时候，首先想到的也是辅导员老师。辅导员几乎负责了大学生在校期间的所有学习、生活等方面的琐碎事宜。高校辅导员作为一线管理人员，直接面对学生，是学校和学生之间的桥梁。很难想象，在我国现行的教育体制下，如果没有高校辅导员这个职位，高校相应的工作如何开展。

国外对应的岗位是窗口式的服务，如心理咨询岗位、就业指导岗位等专岗，由学生主动提出需求，对应岗位给予相应帮助。我国普遍采用高校辅导员制度，主要原因有以下几点：

第一，在我国现行的教育体制下，升入高校的大学生普遍自主能力较弱，因此在大学期间需要高校辅导员的引导和帮助，为学生步入社会做好准备。

第二，高校辅导员不是窗口式的管理服务，而是主动式的帮助管理，这也充分体现了国家对在校大学生的重视，体现了社会主义制度的优越性。

第三，高校辅导员在管理好大学生的同时，还要肩负起贯彻党的教育方针、开展大学生思想政治教育的重要工作。

二、国家与高校对高校辅导员精细化工作的支持

要做好高校辅导员的工作，辅导员自身必须具有高度的政治责任感、良好的道德修养以及健全的人格，除此以外，辅导员还要能够与时俱进，不断地丰富自己的知识结构，时刻充满着热忱，具备主观能动性。很难想象，一个缺乏

主观能动性、政治责任意识淡薄的辅导员如何做好辅导员工作。辅导员对自身工作最大的荣誉感来自和自己朝夕相处的学生。对高校辅导员来说，只有从心底真正热爱这份工作，才有可能真正做好这项工作。

作为一个相对特殊和重要的工作岗位，高校要想保持住辅导员的这些初心和品质，就必须对高校辅导员进行精细化管理。这种精细化管理最重要的目的是让高校辅导员能够持续产生职业自豪感。制定合理的高校辅导员工作质量评价体系，是对高校辅导员工作的认可和尊重，也是保持高校辅导员初心和促进高校辅导员队伍健康可持续发展的关键。

中华人民共和国教育部令第 24 号《普通高等学校辅导员队伍建设规定》中第 22 条对高校辅导员的工作质量考核做了说明："各高等学校要制定辅导员工作考核的具体办法，健全辅导员队伍的考核体系。对辅导员的考核应由组织人事部门、学生工作部门、院（系）和学生共同参与。考核结果要与辅导员的职务聘任、奖惩、晋级等挂钩。"

虽然目前国内很多高校按照教育部的要求，已经制定了一系列和高校辅导员工作相关的评价体系，然而这些考核办法大部分是唯结果论。诚然，由于高校辅导员工作的特殊性，高校辅导员的考核评价是一项困难的工作，特别在对学生的思想道德教育方面缺乏科学的评价手段。但高校仍要坚持以人为本，深入辅导员工作中，多聆听一线辅导员的心声，通过定量和定性相结合、过程和结果相结合，实现多角度、多元化的评价方式，充分尊重高校辅导员，进而保持和提高高校辅导员工作的积极性、主动性和创造性，促进高校辅导员队伍健康可持续发展。

三、构建高校辅导员管理体系，实现高校辅导员队伍专业化建设

自中央 16 号文件提出高校辅导员队伍的专业化建设以来，国家和高校在辅导员队伍建设方面进行了深入探索。国家为了稳定住高校辅导员队伍、建设辅导员队伍，从顶层进行设计，颁布了一系列的文件，提出了一系列的建议，采取了多种措施。高校在建设措施的具体实施过程中也在尽力配合。

从现实方面来说，高校可以调研统计近年来辅导员的工作流向情况，通过真实的数字反映高校辅导员队伍专业化建设的情况，进而在已有辅导员队伍建设措施的基础上，通过构建辅导员管理体系架构，真正实现高校辅导员队伍的

专业化、职业化和专家化。

综上所述，高校辅导员工作的精细化要求辅导员自身具有主观能动性，能够与时俱进，把握辅导员工作的规律，具备较高的业务素质和政治素质。高校辅导员要善于利用国家和高校对辅导员工作的相关支持政策，在主观意志的鼓励和客观条件的支持下，提升自身的管理能力，实现学生管理工作的精细化，进而促进高校辅导员管理体系的建设与完善，从整体上提升高校辅导员的专业水平。

第八章 课程模式下高校辅导员工作研究

作为高校开展大学生思想政治教育的主力军和学生日常管理工作的组织者、实施者和指导者,辅导员队伍建设问题越来越受到高校的重视。近年来,高校频频探索以"课程化"模式开展辅导员工作,就是要让辅导员更好地兼顾教育与管理职责,使其工作更加系统化、长效化。因此,探索建立辅导员工作"课程化"模式的流程显得尤为重要。本章对课程模式下高校辅导员工作问题进行了探究。

第一节 辅导员工作课程化模式的内涵

一、辅导员工作课程化模式基本内涵解读

关于辅导员工作"课程化"的内涵,最早提出此工作模式的是辽宁工程技术大学,其在2009年提出的辅导员工作课程化方案中对这一模式进行了描述:将内容不一、形式多样、头绪繁多的高校辅导员工作,如思想政治教育、文明行为管理、学习方法指导、心理健康工作、生涯规划辅导、评优入党选干、第二课堂开展等,按照课程理念加以整合,突破课程即学科已有的课程观,从课程是知识、课程是经验、课程是活动的新课程观角度和以学生发展为本角度出发,构建领域广泛、复合交叉、点面结合的若干模块课程;辅导员为所带学生开设"综合指导课",分为基础指导课、专项指导课、特色创新课,这就实现了高校辅导员工作的具体化。

简单地说,辅导员工作课程化模式就是辅导员通过"上课"的方式对学生实施有效的教育、管理和服务,同时把其教育实践或活动整体转变成一门课程的形式,并按照课程实施的要求和规律加以建设。

二、辅导员工作课程化的主要维度

辅导员工作课程化的内在意蕴主要包括辅导员工作课程化是一种工作理念、一种工作方式。辅导员具有教师和干部的双重身份，就教师这一职业而言，传道授业解惑是社会的理想期待，这一理想期待内在地规定了教师的职业能力；就辅导员的职业能力而言，教师既需要有具备辅导员日常具体工作的能力，还需要以运用专业知识为价值引领进行赋能，以获得较好的育人效果。

（一）以创新发展辅导员队伍建设理论为辅导员工作课程化的价值标准

辅导员工作课程化内涵的界定，借鉴吸收了教育学、管理学、思想政治教育等学科的理念，参考了现代课程观的观点，吸收了国家有关政策文件精髓。根据现代教育理论，课程是学校为实现学生培养目标而选择的教育内容及其进程的总和，只要是学校有组织、有计划开展的教育、教学活动，都应归入课程的内容。《普通高等学校辅导员队伍建设规定》界定了辅导员的身份和工作职责。因此，辅导工作课程化可以说是具有充分理论依据和政策依据的。

辅导员工作课程化模式的提出也有其现实基础，主要包括：辅导员角色定位清晰，辅导员工作职业化、专业化、专家化、团队化趋势凸显；新课程观日渐成熟；高校思想政治教育工作备受关注；科学的绩效评价技术支持等。同时，高校围绕辅导员工作课程化模式这一主题，通过立项课题、发表论文、出版著作等方式，从具体指导思想、基本原则、基本流程、相关教学特点、相关教学技能、相关教学方法等方面系统论证高校辅导员工作课程化模式的相关理论问题，能够实现对辅导员的全面认识，使其无论从角色定位、工作性质还是从工作内容等方面都更加明晰，进而创新和发展了高校辅导员队伍建设的相关理论。它在保持辅导员队伍职业生命力、激励职业内在力、涵养职业价值观念、锤炼精神品格等方面具有重要的价值。

（二）以专业知识为辅导员工作课程化的专业标准

专业知识是辅导员以教师身份开展教育教学，不断提升教学质量、增强职业认同和自身角色认同的核心与基础。现代意义上的课程观认为，课程的含义更为广泛，除了教师在课堂上为学生所教授的各门学科课程，还包括课堂外有计划、有组织开展的各类教育教学活动。也就是说，课程是为实现人才培养目标而选择的教育内容以及实施过程的总和。

从辅导员的职责使命来看，课程化工作模式的价值取向以学生的全面发展为目标，它使实现方式更加社会化、生活化和综合化。辅导员工作课程化是指辅导员以课程的方式规划工作，以教学的方式开展工作。

从思想政治教育工作及其学科支撑来看，辅导员理论学习的首要任务是系统、深入地学习马克思主义理论知识，读原著、学原文、悟原理。马克思主义理论学科知识主要涵括马克思主义理论知识、中国特色社会主义理论知识、中国共产党的历史知识、国情国史的知识等。传道者自己首先要明道、信道，高校教师要坚持教育者先受教育的前提，只有彻底相信理论，才可能真心说服学生。这些基础理论知识是辅导员提升课堂教育的政治性、思想性、导向性和实效性的基础。值得注意的是，单一的知识传递并不必然形成正确分析问题与解决问题的思维。引导学生辩证地看待问题的目标要求辅导员应从理论回归到与学生紧密相关的"生活世界"中，坚持宏大理论与微观叙事相结合，以生活叙事的表达方式让学生觉得理论可感、可亲、可信，彰显立德树人的价值关怀。

从教学效果层面来看，高校辅导员还应具备关于教学管理与学生成长规律的知识。在党和国家政策的推动下，辅导员的角色定位已经从单一的"政治引路人"转变为围绕人才培养的"教育管理者""教育服务者"，职责也从"培养大学生政治素质"发展为"促进大学生全面发展"。在这样的转变中，为了把握当代大学生的特点，并用科学理论强化引领他们，辅导员在教学过程中能达到知识性与价值性的统一，能处理遵循学生成长成才规律与分析、阐释现实问题的能力之间的张力等问题。面对学生的各种疑惑，辅导员必须坚持把解决思想问题和解决实际问题相结合，在解决实际问题中，不断总结、反思，不断增强针对性和实效性。

（三）以职业定义为辅导员工作课程化的行为标准

对职业的定义是职业能力的基本要素，明晰职业定义是引领高校辅导员职业化、专业化发展的基本准则，是提升高校辅导员能力的重要途径。《高等学校辅导员职业能力标准（暂行）》中将高校辅导员的职业定义为："辅导员是高等学校教师队伍和管理队伍的重要组成部分，具有教师和干部的双重身份。"该标准为辅导员职业建立了相对独立的知识和理论体系，规范了辅导员的工作范畴，为辅导员的岗位职责和边界提供了行为规范。

明晰职业定义对辅导员具有以下积极作用。首先，明晰的职业定义有助于辅导员增强职业自信心，获得职业归属感，履行起教学育人的职责。其次，明晰的职业定义准确定位了辅导员职业能力的界限,辅导员工作课程建设,能有效提升辅导员履行工作职责的标准和责任,使辅导员教师身份的作用不断发挥出来。

三、辅导员工作课程化的价值意蕴

辅导员工作课程化是指:用课程的形式规划辅导员的工作内容、用教学的标准要求辅导员的工作行为、用科学的方式评价辅导员的工作效果,促进辅导员履行教师的角色,优化工作方式,发挥教育功能,从而提升工作效果。

辅导员的主要工作为开展学生日常思想政治教育。辅导员工作课程化的建设,是以高校辅导员的九大工作职责为框架的,辅导员通过整合开展的具体工作,以课程的形式与学生之间产生良性互动,从而达到一种良性循环的效果,增强辅导员的工作实效。

(一)强化辅导员队伍的职业化定位

辅导员是开展学生思想政治教育工作的骨干力量。目前,全国高校辅导员队伍的整体建设发展不同步,对辅导员的角色理解不准确、履行职责不到位、评价体系不完善、落实相关政策不充分等问题是各高校辅导员队伍发展的痛点。对辅导员工作的课程化建设进行探索,在系统规划辅导员工作内容的基础上,以课程的形式整合辅导员开展的工作,有利于强化辅导员的教师、干部"双重身份",有利于学校职能部门和学院对辅导员工作的"双重领导",有利于延伸辅导员的工作效果,从而定位辅导员角色。

(二)提升辅导员队伍的专业化水平

立足于新时代人才培养的新要求,高校辅导员队伍建设职业化、专业化、专家化、团队化的现实条件越来越充分。高校大学生思想政治教育工作,尤其是日常思想政治教育工作是经验性的工作,这是很多人的共识,不过,这类工作从内容到手段、从任务到机制、从人员构成到评价体系等反映出的科学性、系统性和专业性尚不充分。

辅导员开展具体教育工作的内容,与传统的思政课在内容上是没有冲突的。构建辅导员工作课程化体系,转变辅导员开展日常思想政治教育工作的话语体系,帮助辅导员从日常工作的走进寝室、走进活动延伸至走上讲台、走进课堂,这些举措都能提升辅导员解决学生实际问题的能力，也能让辅导员的工作更加贴近学生、贴近实际、贴近生活，同时，这不仅是思想政治教育理论教学的实践补充，也有助于提升辅导员队伍整体的专业化水平。

（三）实现辅导员队伍的内涵式发展

辅导员队伍承担着大学生日常思想政治教育和管理工作，在思想政治教育工作体系中承担着尤为重要的职责。落实辅导员职务职级"双线"晋升制度，是辅导员队伍可持续发展的必由之路。学习思想政治教育的基本理论和相关学科知识，参加相关学科领域学术交流活动，参与校内外思想政治教育课题或项目研究，是《普通高等学校辅导员队伍建设规定》中明确规定的第九项职责，也是对辅导员个人科研能力提出的要求。

推进辅导员工作课程化建设，整合教学、科研、管理、服务等各方面的资源，搭建辅导员实现理论探索和实践工作相结合的研究平台，这些措施能引导辅导员在知识储备和业务能力上下功夫，能促进辅导员队伍的全面发展，能培养辅导员成为引导大学生全面发展的高素质人才，能为高校思想政治教育工作的亲和力和实效性打下坚实的基础，能实现辅导员队伍建设的内涵式发展。

第二节　探索与实施辅导员工作课程化模式的必要性

一、明确辅导员自身定位与落实课程观的需要

（一）明确辅导员自身定位的需要

综合考察全国高校辅导员的队伍建设状况，可以说各个高校都不同程度地存在着角色不清、定位不准的问题。在大部分高校中，辅导员被称为"边缘人"，他们接受学校与院系的双重领导，随时都要完成学校的各级党政管理职能部门布置的任务和本院系布置的工作事务，俨然成了学生的"保姆"、校职能部门的"勤务兵"、院系的"服务员"，是"万金油"式的干部。辅导员对自己的工作很难有理想的价值归宿。他们出路窄、待遇差、地位低已是不争的事实。

作为教师和管理者，辅导员理应承担"教书育人，管理育人，服务育人"三项工作职责，但其整天忙于事务工作，却把作为教师的首要工作——教书育

人抛之脑后,这是辅导员队伍发展迫切需要解决的突出问题。规划、实施辅导员工作课程化对解决这一问题产生了积极的作用,它把辅导员开展的具体工作用课程形式整合起来,借助课程和教分考核辅导员的具体工作,强化辅导员的教师、干部"双重身份",加强学校职能部门和院系组织对辅导员工作的"双重领导",落实辅导员教师、干部"双重待遇",促进全员、全程、全方位育人格局的形成。

(二)课程改革和发展的需要

进入 21 世纪,随着课程改革的深入、课程理念的更新,原有的课程观——课程即学科的概念被打破了。新的课程观认为,课程是知识与经验,是学校有组织、有计划的所有教育、教学活动。课程改革的发展体现出以学生发展为本的趋势,体现出综合化、社会化、生活化的趋势。辅导员工作课程化正是顺应了课程改革和发展的趋势,深化了对课程观的新认识,把辅导员所从事的具体工作按照课程理念加以整合,使之成为领域广泛、复合交叉、点面结合的若干模块课程,成为较为稳定、便于实施的课程。辅导员工作过程就是上课过程,这从理论上解决了高校辅导员无课可上的问题,从实践上解决了高校辅导员没时间上课的问题,使辅导员的"双重"身份得以践行。

二、实现高校全方位育人的需要

高校的核心工作是"育人",无论是正式课程还是非正式课程,无论是显性教育形式还是隐性教育形式,都应该紧紧围绕这一核心工作来展开。辅导员作为高校"育人"一线的主力军,工作"课程化"模式让他们既可以在教室里,也可以在教室外开展教育活动;既可以用知识讲授的形式,也可以用现场演示的形式进行教育活动;既能将学生思想政治教育、文明规范、心理健康、职业生涯规划整合为课程教学内容,又能将社会实践、党团建设、校园文化、学生资助等纳入课程体系。可见,辅导员工作"课程化"内容是以非正式课程形式构筑高校育人体系的重要部分,这部分课程教育对人才培养起到至关重要的作用,它用非正式课程弥补了以学科知识为中心的专业教育的不足,是高校实现全面育人、提高人的综合素质这一终极目标的必经之路。

尽管实现辅导员工作"课程化"还有很多需要解决的问题,要有制度保障、人员保障、经费保障等一系列配套支持,但这种工作模式使学生的教育和管理在广度和深度上都获得了更大的突破,是高校建设好辅导员队伍值得探索的新途径。

三、全面提升高校辅导员水平的需要

(一)加强高校辅导员建设的需要

教育学家顾明远指出:"社会职业有一条铁的定律,即只有专业化,才有社会地位,才能受到社会的尊敬,如果一个职业是人人都可以担任的,那么,它在社会上是没有地位的。"这里的职业化、专业化有以下几层含义:一是指一个普通的群体经过一段时间后不断成熟,逐渐符合职业标准,成为专门职业并获得相应专业地位的过程;二是一个职业群体的专业性质和发展状态处于应有的水平,拥有一套完善的专门知识和技能体系作为这一群体从业的基本依据;三是拥有相当高的社会声望和经济地位。具体到辅导员职业来讲,则是辅导员队伍在发展过程中获得较强的专业素质,形成鲜明的专业标准,拥有稳定的专业地位的过程。

随着高等教育改革的日益深入,高校辅导员队伍建设职业化、专业化、专家化的现实条件也越来越充分,但不可否认的是,我国高校辅导员队伍的非专业性和流动性状况依然严峻。究其原因,辅导员专业化知识体系和专业化课程体系仍显滞后。

从职业发展角度考察,辅导员工作职业化是实现辅导员队伍专业化、专家化的基础。要想让辅导员职业成为像专业教师一样是长期从事的稳定职业,高校就必须创造条件,使辅导员从工作中获得预期的事业感,并自觉地把它当作奋斗一生的事业看待。而辅导员工作课程化是辅导员获得职业声望、专业地位的重要途径。是辅导员安心做好本职工作的前提条件,因此,课程化是高校辅导员职业化、专业化、专家化建设的迫切需要。

(二)提高辅导员工作实效性的需要

辅导员是与学生接触时间最多的教师,从学生入校开始,无论是在生活上还是在学习上,辅导员教师都是全程相伴的,对学生的爱好兴趣、心理状态、精神需求等有着比较深入的了解。如果辅导员有能力充分利用这一有利条件,适时开展大学生思想政治教育,势必能够增强思想政治教育的效果。但由于目前很多高校辅导员的学历层次不高、学科知识结构单一、思政专业能力低下等，他们只能就事论事地进行简单说教，工作流于形式，不能满足大学生思想政治教育工作的客观需要。实施辅导员工作"课程化"模式，一方面可使思政教育内容更系统、更全面，与学生的需求更贴近，使辅导员的说教不再空洞，更易于学生接受；另一方面对辅导员队伍职业地位的提高、整体素质的完善，增强思想政治工作的实效性，形成思想政治教育的长效机制，都是十分有利的。

实施辅导员工作课程化模式，可以避免辅导员由于超负荷的工作将科学管理变成简单应付，将上传下达变成简单复制，将热情周到变成冷若冰霜；可以将辅导员从繁杂的工作中解脱出来，通过课堂教学将"管理"与"育人"相结合，提高工作的实效性。

（三）科学评价和考核辅导员工作的需要

建立科学的评价和考核体系能够为高校客观、准确地对辅导员进行培养、使用、分配、调整、晋级和续聘等提供有效的依据，同时也是对辅导员职责行为的规范和强化。

从工作实践来看，辅导员考核具有复杂性和难操作性，这主要是由辅导员工作的烦琐性、事务性、滞后性和长期性的特点决定的，要完全做到科学、规范、有效是非常困难的。而实施辅导员工作"课程化"模式，可以最大限度地避免或纠正在对辅导员进行绩效评价和考核过程中出现的问题，如缺乏科学经验的评价和考核指标体系，缺乏操作性的评价和考核方案，缺乏监督性的评价和考核过程，缺乏反馈性的评价和考核结果，等等。同时，辅导员考核体系借助课程和教分，在全面反映辅导员工作特点的同时，还能对辅导员的发展方向和行为表现产生直接的导向作用。

（四）实现辅导员队伍专业化建设的需要

目前存在的辅导员数量不足、人员结构混杂、学历层次不高、学科知识结构不合理、人员流动性大等问题严重影响着高校辅导员队伍建设，只有辅导员队伍走专业化道路才能解决这些问题。要彻底摆脱将辅导员看成学校分流的富余人员或可以滥竽充数的工作角色的固有印象，高校就必须通过专业化的培训、选拔机制和规范化的管理、保障体系提高辅导员的理论水平，整合和优化辅导员的知识结构，提高辅导员的能力素质，建设一支符合教育工作需要的专业素养高的辅导员队伍。

实施辅导员工作"课程化"模式，能够让辅导员从繁杂的、不相干的事务性工作中解脱出来，也能使其在授课过程中获得较强的专业素质，并逐渐发展到专业自立；能够让辅导员队伍在发展过程中，形成鲜明的专业标准，获得科学、合理的绩效评价；能够让辅导员拥有稳定的专业地位，这是其安心做好本职工作的前提条件。

四、增强大学生思想政治教育工作实效性的需要

大学生思想政治教育是大学育人的重要环节，它涉及多个专业领域，既包括大学生思想道德发展，又涵盖大学生学习、身心、生活发展。我国高等教育的快速发展对高等院校思想政治工作提出了新要求，也使高校辅导员面临着新的挑战。

目前，高校辅导员队伍客观上存在的种种问题，严重影响了大学生思想政治工作的效果。由于队伍的非专业性，辅导员工作很难保证其规范性与有效性；由于角色的不确定性，学生思想政治工作不到位现象时有发生；由于队伍的不稳定性，高校思想政治工作水平一直未有显著提高。所有这些，都使大学生思想政治教育工作的实效性大打折扣，而进行辅导员工作课程化建设，借助课程和教分，像考核专业课教师那样来考核辅导员的具体工作，能够提高辅导员队伍的职业地位和整体素质，形成思想政治教育的长效机制，增强思想政治工作的实效性。

第三节　课程化模式下高校辅导员工作体系构建

一、关于体系

"体系"一词在英文中有许多解释，诸如体系、系统、体制、制度、方式、秩序、机构、组织等。体系在《辞海》中的解释为"若干有关事物相互联系，相互制约而构成的一个整体"。

关于体系，往大了说，总宇宙是一个体系，各个星系是一个体系。往小了说，社会是一个体系，人文是一个体系，宗教是一个体系，甚至每一学科及其内含

的各分支均是一个体系,一人、一草、一字、一微尘,也是一个体系。大体系里含有无穷无尽的小体系,小体系里含有无尽无量的、可以无穷深入的更小的体系。众多的小体系构成了一个大体系甚至于总体系。

二、辅导员工作体系

辅导员作为一个在政治思想和业务水平上都有严格要求、人才培养质量和政治思想素质又有明确目标和任务的重要职业,就应该也必须有明确规范的工作体系来促进和保证辅导员工作的任务、目标,以及党和国家赋予的历史使命的顺利实现。然而,无论从理论层面还是从实践层面来看,辅导员工作体系都还没有明确、规范的提法和要求。

(一)宏观层面没有明确的提法和要求

直到现在为止,很少有人提出和探讨过辅导员工作体系。从国家政策、文件等宏观层面看,明确的提法和要求也仍然缺失,辅导员制度关于工作体系的理论仍然空缺。近年来,尽管国家出台了不少关于辅导员的各种文件,有权威性的要算教育部2006年5月颁布的第24号令,其中明确了辅导员的5项工作要求和8项工作职责,但对辅导员工作内容表述颇具宏观性和方向性,并不具体明确,没有直接、明确地对辅导员工作板块、体系和内容进行要求。辅导员工作体系如果没有明确的界定和相关要求,我国辅导员制度建设就不完全,理论就存在空缺,辅导员工作就缺乏规范的要求和管理,这就会长期影响辅导员工作目标任务的实现,从而制约高等教育的发展。

(二)实际工作的微观层面缺乏明确管理的依据

从管理学的角度看,管理和考核就是促进工作的杠杆、动力和导航仪,明确规范的工作体系对加强和促进管理的作用和意义重大。

三、课程化模式下高校辅导员工作体系概述

辅导员工作体系是指在实施辅导员工作课程化模式下,从院系层面对辅导员工作进行规范化研究,重构课程化模式下院系辅导员工作体系,优化过程管理,明确院系层面实施辅导员工作课程化模式的方法、途径和标准,建立辅导员工作课程化模式的长效机制。

四、课程化模式下高校辅导员工作体系的具体构建

课程化模式下辅导员工作体系构建包括以下五个方面：一是保障体系；二是课程体系；三是质量监控体系；四是考核评价体系；五是过程运行体系。

（一）保障体系

保障体系是指为了实现某种目标而采取的各种保障性措施所构成的一个整体及其相互关系的结构。辅导员工作课程化模式保障体系就是院系把对辅导员工作课程化模式产生一定影响的因素（主要包含政策、制度、机构、人员等方面）有机地结合起来，促使各要素处于最佳状态，形成一个能够保障辅导员工作课程化顺利、有效开展的有机整体。保障体系是辅导员工作课程化模式实施的重要支柱。

1. 政策支撑

政策是国家政权机关、政党组织和其他社会政治集团为了实现自己所代表的阶级、阶层的利益与意志，以权威形式标准化地规定在一定的历史时期内所采取的一般步骤和具体措施。政策的实质是阶级利益的观念化、主体化、实践化的反映。

辅导员工作课程化模式离不开政策的支撑，政策支撑是开展辅导员工作课程化的前提，只有构建科学、系统的政策支撑体系才能保证辅导员工作课程化的顺利开展。政策支撑体系的构建可从学校和学院两个层次着手来进行：首先学校要对辅导员工作课程化模式进行论证，对开展辅导员工作课程化的必要性、重要性和可行性有充分的认识，要在全校全面实施辅导员工作课程化模式，并提供相应的政策保障，做好学校课程化模式的顶层设计工作；其次，院系领导要高度重视辅导员工作的课程化，要在学校的统一要求和部署下，积极主动推进院系辅导员工作课程化模式，并立足学院的实际情况提供相应的保障措施。

2. 制度健全

制度，也称规章制度，是国家机关、社会团体、企事业单位，为了维护正常的工作、劳动、学习、生活的秩序，保证国家各项政策的顺利执行和各项工作的正常开展，依照法律、法令、政策而制定的具有法规性或指导性与约束力的应用文，是各种行政法规、章程、制度、公约的总称。健全的规章制度是各项事业成功的重要保证，实施辅导员工作课程化模式亦是如此。

高校可按照"打基础、管长远、增后劲"的总体思路，结合高校的实际情况，在推行辅导员工作课程化模式的过程中建立一整套具有自己特色的规章制度，如《辅导员工作量化考核办法》《辅导员集体备课制度》《辅导员优秀教案评选办法》《辅导员精品课评选办法》《学生工作人员酬金计算及发放办法》等。

3. 机构合理

机构指由两个或两个以上构件通过活动连接形成的构件系统，泛指机关、团体或其他工作单位，也指机关、团体的内部组织。

辅导员工作课程化模式要求学生工作的机构设置要与其相匹配：首先，高校应设置辅导员、班导师工作课程化模式教研室，在教研室设置主任、秘书等岗位，并进一步明确教研室各成员的工作职责，充分发挥辅导员课程化教研室在课程体系构建、师资队伍建设、优秀教学团队培育、合格人才培养、教学及科学研究活动开展等方面的统筹推动作用；其次，在课程建设方面，"专项指导课"一般应有相应的辅导员专职岗位相对应，如"学生党建指导课"对应"学生党支部书记"岗位，"共青团工作指导课"对应"团委书记"岗位等等，而"基础指导课"则要设立与之相对应的年级辅导员，实施分年级或班组的分工模式。

4. 人员到位

辅导员是实施辅导员工作课程化的主体，辅导员的数量和辅导员工作的积极性、主动性和创造性直接影响着辅导员工作课程化的开展。当下，一些高校或院系辅导员人数不足会让辅导员在承担繁重的"专项指导课""基础指导课"教学任务，从而导致辅导员工作积极性不高，主动性不强。因此，合理的辅导员数量和辅导员工作到位的程度是开展好辅导员工作课程化的关键因素。

（二）课程体系

课程体系主要是指学校依据一定的教育目的建构的各学科、各科教育以及教学活动的系统。课程体系是实现学校人才培养目标、确定人才培养规格、体现人才培养特色的最主要的教学载体，也是辅导员工作课程化模式的基础，分为"专项指导课"和"基础指导课"两大模块。

（三）质量监控体系

"提高质量"已成为当前我国高等教育发展最突出的"主题"，教育部专门印发了《教育部关于全面提高高等教育质量的若干意见》，对提高高等教育质量的意义、任务、措施给出了明确的指导性意见。而质量的提高需要监控来确保，因此，高校辅导员在工作中要加强质量监控工作。

所谓监控，是指对对象的监督和控制。质量监控是在实施质量计划的过程中对质量对象进行监督和控制，从中发现质量问题，并对质量进行有效改进，这是实现质量目标的保证。

高校要想对课程化模式下辅导员工作的质量和效果实施有效的监督、检查、评估和指导，不断提高教育教学效果，就必须构建并完善质量监控体系。一套完善的质量监控体系应该覆盖教育教学的全方位、全过程和多层次，考虑到辅导员工作课程化模式正处于运行、推进的初级阶段，因此，质量监控体系可从简单到复杂，从单一教学过程到全过程，逐步进行完善。

1. 教学效果调查

由于问卷调查具有节省时间、经费和人力；有效避免主观因素干扰、减少调查误差；匿名性好、便于收集真实信息；调查结果便于分析和处理等特点，所以辅导员课程化教学效果调查可采用问卷调查的方法进行。教学效果调查问卷的内容包含被调查学生的基本信息，辅导员围绕"专项指导课"和"基础指导课"中各个教学项目所开展的情况和效果等进行。

通过采用问卷的方式开展教学效果调查，一方面，可以清楚地了解每位辅导员的教学工作是否按照学校及学院的要求扎实开展以及工作开展后是否达到了预期的效果；另一方面，也可以准确了解广大学生的实际需求，这样辅导员能根据学生反馈的意见和建议对其开展的教学项目或子课程进行增加或删减，以增强每个教学项目或子课程设置的针对性和实效性，提高教学质量。

2. 技能及方法培训

近年来，随着高校辅导员工作课程化模式的实施，各高校辅导员开始依据思想政治工作规律，运用管理学、教育学、心理学、哲学等学科知识和技术，指导课模块课程和专项指导课模块课程。在具体教学工作中，他们探索出了很多好方式、好方法，从不同角度来看，主要有以下几类方法。

从教学主体创新角度来看，有角色扮演法、互动教学法、自我教育法、合力教育法等。

从教学内容创新角度来看，有诚信教育法、感恩教育法、主题教育法、兴趣教育法、精品活动法、科技学术法、案例分析法、项目教学法、生涯规划法、学涯规划法、学习指导法、心理咨询法、职业指导法等。

从教学行为创新角度来看，有预防在先法、以身作则法、民主管理法、激励评价法等。

从教学工具创新角度来看，有媒介引导法、模拟教学法等。

从教学双边活动创新角度来看，有矛盾转换法、对症下药法、疏导教育法、循序渐进法、沟通交流法等。

这些方法，有的是辅导员对通用工作方法的传承，有的是其在实际工作中的独创。综合分析可得，这些方法既涉及思想政治教育方式创新层面，也涉及解决问题方式创新层面；既涉及教育咨询方式创新层面，也涉及所用工具创新层面。伴随这些新方法的运用，一些新的教学技术和手段也不断涌现出来。这些技术和手段属于方法论创新范畴。

3. 优秀教案评选

优秀的教案是在辅导员遵循教育规律、教学规律和人才成长规律的前提下，在充分了解授课对象特点的基础上，经过精心规划和设计，反复充实和不断完善，以及不同辅导员间相互借鉴和帮助下得来的。它是辅导员教育思想、智慧、动机、经验、个性和教学艺术性的综合体现。

每一学期，学院辅导员、班导师工作课程化模式领导小组都会按照制定的《优秀教案评选标准》对优秀教案进行评选，并给予优秀教案的撰写人适当的物质和精神奖励。此举能提高辅导员课程化的教案质量，也能强化辅导员课程化的教学效果。

4. 精品课评选

精品课的评选是在辅导员优秀教案评选的基础上，依据《精品课评选标准》，对辅导员开展的某一门教学项目或子课程的教学实践活动进行的评选。

精品课的评选，一方面鼓励辅导员利用新的教学方法和手段，创新完成自己所负责的教育教学活动，不断提高自身的教学水平；另一方面能充分发挥精品课的辐射性和示范性作用，营造人人重视、人人参与精品课创建的良好氛围，不断推进辅导员课程化的课程体系整体建设。

（四）考核评价体系

考核评价是指各级组织单位运用科学的考评手段，从多角度对所属工作人员的工作情况、满意度及各方面的表现进行等级评定。辅导员工作考核评价就是通过收集辅导员在学校内开展思想政治教育工作情况的信息反馈，并综合运用定量方法和定性方法对相关信息进行分析，对辅导员的工作过程及其工作效果进行评判的过程。

辅导员工作课程化要求用科学的方式评价辅导员的工作效果，这就要求我们必须要建立一套科学、合理的考核评价体系。课程化模式下对辅导员工作进行考核评价，必须要在坚持定性与定量考核相结合、过程与结果考核相结合、公平公正公开、导向性与重视反馈的原则的基础上开展。辅导员工作考核评价体系应以领导、同事、学生为考核评价主体，通过绩效考核的手段，以考核评价辅导员的工作为最终目的，科学、合理地衡量辅导员工作。

1. 教学计划执行登记

教学计划执行登记是辅导员过程考核与定性评价相结合的产物，每周五辅导员依据学期初制订的教学计划进度表对自己的教学计划执行情况进行详细登记，同时根据实际情况列出下一周的教学计划。教学计划执行登记应采用表格的形式，一方面方便归档和统计，另一方面能形成过程考核档案，这样，过程考核档案就成了对辅导员教学情况进行定性考核的直接依据。

2. 学生满意度调查

学生满意度调查是学生个体对辅导员定性评价与学生群体对辅导员定量评价结合的产物，每学期末学院要对辅导员逐个进行学生满意度调查，学生就"满意"和"不满意"两个选项进行选择，对每位辅导员来说，其获得"满意"的数量与"满意"和"不满意"之和的比例，就是该名辅导员学生的满意度。满意度是量化的，这从一定程度上也反映出辅导员工作的实际效果。

3. 绩效量化考核

绩效量化考核是辅导员结果考核与定量评价相结合的产物，是尽量用量化的数据、指标反映辅导员工作业绩的一种形式。辅导员工作绩效量化考核内容包括"基础指导课""专项指导课"、成果加分项、扣分项共四个方面，计量单位为教分。所获教分之和即为辅导员学期工作绩效量化考核结果。

（五）过程运行体系

教学工作千头万绪，传统的教学过程运行体系包含一个中心、三个基本点。一个中心就是教学质量；三个基本点分别是理论教学、实践教学和第二课堂，这是教学过程的三要素。三个要素围绕教学质量这个中心，沿闭环控制路线循环运行三个系统。三个系统互相联系、互相制约，构成了传统教学过程运行体系。

课程化模式下，辅导员工作运行体系与传统教学过程运行体系不尽相同，教学质量是中心，贯穿在所有体系之中。过程运行体系主要包括任务分工、学期工作要点及月度安排、教学计划进度表、教案等内容。

1. 任务分工

任务分工本不该是基本环节和要素，但合理的分工和明确的任务是至关重要的，每一项工作都应该有人去负责。课程化模式下，辅导员的工作要涵盖学生工作的方方面面，要覆盖到所有学生，要做到横向到边、纵向到底，不留死角和空白。任务分工要求辅导员要明确自己每学期的任务，在学期运行中可根据工作需要对任务进行及时优化、调整。

课程化模式下任务分工就是要明确辅导员的教学任务，将课程体系中涉及的教学项目或子课程——对应分配到每位辅导员，同时应进一步明确每一名辅导员的授课对象，及时调整辅导员的岗位任职。

2. 学期工作要点及月度安排

为了充分保证学期学生工作计划的切实可行性，每学期初，院系应根据校、院两级工作部署及安排，结合学院辅导员工作课程化的课程设置及教学要求，制定学院学期工作要点，并形成月度安排表。月度安排表应细化到每个月的上、中、下旬，并指定每一项工作的具体负责人，进一步明确辅导员的责任和任务。

3. 教学计划进度表

教学计划进度表是实现高等院校人才培养目标和基本规格要求的总体设计蓝图和实施方案，是学校组织和管理教学过程的主要依据，是学校对教育、教学质量监控与评价的基础性文件，也是学校和院系检查辅导员工作运行的重要内容。学校可设计"教学计划进度表"模板，每学期初，辅导员结合学院学生工作要点及月度安排、任务分工，按照相关要求进行填写。

4. 教案

辅导员撰写教案是辅导员工作课程化最重要的产物，撰写教案也是课程化模式下辅导员工作运行的关键环节。教案是对教学的设计和设想，是教学实践活动的蓝图，它直接影响着辅导员的教育教学效果。为了抓好教案环节，学校可精心设计教案模板，明确具体要求，统一形式，规范标准。

第四节　课程化模式下高校辅导员工作的流程

一、准备阶段

这一阶段主要包括两个流程：一是课程建设；二是教学技能及方法培训。

（一）课程建设

课程体系是辅导员课程化模式的基础，课程建设则是课程化模式运行的第一步。高校要紧紧围绕高校辅导员工作的职责和工作的特点，依据学校辅导员工作课程化模式教学大纲要求，结合具体实际，对辅导员工作内容按课程的形式进行规划和设计，以形成"结构完整、科学系统"的课程体系。

课程建设这一流程的执行主体和责任人应该为院系学生工作负责人，通常为分管学生工作的党委副书记，所规划和设计的课程主要包括"专项指导课"和"基础指导课"两个模块。

（二）教学技能及方法培训

辅导员工作课程化要求用教学的标准规范辅导员的工作行为，要求辅导员必须掌握教学的技能和方法；但辅导员工作又与单纯的教学工作不同，它要求辅导员在掌握教学技能和方法的同时，又需要提炼新思路、创新方法，这给辅导员带来了极大的挑战。同时这一标准表明，对辅导员进行必要的教学技能及方法培训是十分必要的，对课程化模式下辅导员的教学技能及方法进行科学的研究和探索势在必行。

教学技能是指通过练习运用某种知识和规则顺利完成某种教学任务的能力。其包括三层含义。

第一，教学技能是在教师已有知识经验的基础上形成和发展起来的。

第二，教学技能的形成是内外兼修的结果。

第三，教学技能是一系列教学行为方式的整体体现。

教学技能一般由教学设计技能、教学语言技能、教学反思技能、活动组织、指导技能五部分组成。这些教学技能都是辅导员需要掌握的技能，在技能培训时，辅导员要根据技能的不同采取不同的方法，以保证自己技能培训水平的提高。

二、计划阶段

计划阶段需要完成以下四个流程：一是学期工作要点制定；二是学期月度安排编写；三是学期教学计划进度表编制；四是学期教案撰写。

（一）学期工作要点制定

工作要点是针对未来一个时期工作的简明扼要安排，多用于领导机关对下属单位布置工作和交代任务。

1. 制定依据

在每个学期初，学院要根据学校学生工作的总体安排和部署、结合学院实际（课程体系、任务分工等）进一步梳理出学生工作的目标和任务，列出学期学生工作要点，以引领和指导学期工作的深入开展。

院系学期学生工作要点的制定主要依据有以下两个方面：一是学校相关部门有关学生工作的学年或学期要点；二是院系学生工作的总体安排和部署。

2. 制定"三个遵循"

学期学生工作要点是纲领性的文件，因而要突出指导思想和工作重点，实现"任务明确，重点突出"的总体要求，制定过程中要注重"三个遵循"。

（1）遵循教育的客观规律

学生思想政治教育工作必须按照科学发展的规律循序渐进，不能搞突击、跳跃等。在制订学期学生工作计划时，教育者要认真学习和研究马克思列宁主义、毛泽东思想、邓小平理论、"三个代表"重要思想、科学发展观、习近平新时代中国特色社会主义思想中蕴含的教育理论和教育客观规律。

（2）遵循党和国家有关教育的方针和政策

这里的方针政策既包括党和国家制定的有关教育的各项方针政策，也包括教育部和其他主管部门的有关规定和下达的通知要求，它是制订学期学生工作计划的根本依据，不能有偏差。

（3）遵循社会主义现代化建设的需要和当代科学技术的发展趋势

新时代背景下的高等学校一方面要培养出数量足够、结构合理的各种专门人才，另一方面要不断提高培养人才的质量，使他们具有合理的知识结构和能力结构。当代科学技术发展迅速，在制订学期学生工作计划时，高校必须研究当代科学技术发展的新动向，分析科学技术发展和新的技术革命对高等学校培养人才的要求，这样才能确保高校培养出来的人才能掌握世界最新科学成果，能站在科学技术的前沿，为赶超世界科技的先进水平做出贡献。

（二）学期月度安排编写

学期月度安排编写的主要依据是学期工作要点，前者是后者的进一步细化和深入，也是辅导员对学期工作的全面梳理。月度安排编写应该科学合理，责任明确，并尽可能详细。月度安排编写是以旬为单位的，可将预计要开展的各项工作按照每个月的上、中、下三旬进行细化，细化的各项工作都要指定具体负责的辅导员，并明确其责任和任务。

（三）学期教学计划进度表编制

学期教学计划进度表相当于教学日历，是辅导员把学期所有教学任务科学合理分配到每周或每一天中所形成的计划进度表。通过编制好教学计划进度表，辅导员能够进一步明确任务、理清思路。科学合理的教学计划进度，将直接影响高校辅导员工作课程化的教学运行效果，进而影响思想政治教育的实效性，因此，它是课程化模式下辅导员工作运行的关键环节之一。

1. 编制依据

院系辅导员工作课程化模式教学计划的编制，主要是在学校和院系辅导员工作课程化模式课程体系的总体框架下进行的，针对的是"基础指导课"和"专项指导课"这两个课程模块，是依据院系辅导员工作课程化模式的教育目的和培养目标，根据上级有关文件规定，结合院系的学期学生工作要点和月度安排完成的。

2. 编制原则

①明确性。所谓明确性就是要用具体的语言清楚地说明要达成的行为标准。

②衡量性。衡量性就是指计划应该是明确的，而不是模糊的。

③可实现性。工作内容既要饱满，也要具有可达性。

④相关性。相关性是指实现此计划与其他计划的关联情况。

⑤时限性。时限性是指计划是有时间限制的。

(四) 学期教案撰写

教案是针对一节课的详细安排，是教师备课工作中的最后一个环节，也是备课过程中最为全面系统、深入具体的一个环节，是保证教师有计划、有步骤地上好课的必备手段。编写教案对提高教学质量、提高教师的理论与实践教学水平有着重要的意义。学期教案撰写的基本要求如下：

①要以教学大纲和教材为依据，做到目的明确，要求适当。

②要处理好教与学的关系。教师要创造良好的学科情境，使师生共同置身于情境之中，并能从中探索中提出问题、解决问题、总结规律。教师还要研究如何设计启发和点拨学生的思维程序及要点。

③要做到教书育人。教案对于开发学生智力、培养学生灵活运用所学知识解决实际问题的能力等诸多方面发挥着重要的作用。教案编写过程要有计划，寓思想教育、能力培养于知识传授之中。

④要依据学科特点，加强实践性教学。

⑤要求环节完整、结构合理、思路清晰、繁简得当、时间分配合理，使教案能对课堂教学活动起到指导作用。

三、执行阶段

执行阶段是为了实现计划中的内容而进行具体运作的环节。在这一阶段，辅导员要完成教学和计划执行登记两个流程。

(一) 教学

1. 课程化模式下高校辅导员教学内涵

①辅导员的教学由辅导员的"教"与学生的"学"两方面的活动组成。辅导员教学是师生双方的共同活动，教学双方在活动中相互影响、相互作用。

②辅导员教学以培养全面发展的人才为目的。辅导员教学不仅要完成思想政治教育任务，更要侧重完成包括增强体质、陶冶情操、培养美感等素质教育任务。

③辅导员教学具有多种形态，是共性与多样性的统一。辅导员教学作为学

校进行全面素质教育的一个基本途径，具有课内、课外、班级、小组、个别化等多种形态。

2. 课程化模式下高校辅导员教学原则

（1）启发性原则

辅导员要在教学中让学生进行独立思考，主动学习，充分调动学生学习的自觉积极性；要激发学生的积极思维、确立学生的主体地位、建立民主平等的师生关系。

（2）系统性原则

教学活动应当持续、连贯、系统地进行。辅导员要按照教学大纲的顺序教学，教学必须由近及远、由浅入深、由简到繁，根据具体情况进行调整。

（3）理论联系实际原则

教学活动要把理论知识与生活、社会实践结合起来。辅导员应当尽可能广泛地让学生接触社会生活的各个方面，应当尽可能结合本地区的特点，应当注重大学生发展的实际。

（4）因材施教原则

辅导员在教学活动中应当关注和照顾学生的不同特点和个性差异，要充分了解学生，尊重学生的差异。

（二）计划执行登记

为及时、全面了解和掌握辅导员的教学计划执行情况，每周进行教学计划执行登记是非常有必要的。这一工作一般在周末进行，每个辅导员都要把自己在本周进行的教学计划进行登记，形成"周教学计划执行登记表"，同时简要地把下一周将要进行的教学计划整理出来，发给院系副书记。

院系副书记一方面要将所有辅导员的"周教学计划执行登记表"存档，另一方面要对每位辅导员下一周将要进行的教学计划进行审查和统筹，如发现授课对象、内容、时间、地点冲突等情况，就要站在学院的角度统一进行及时调整。

四、收尾阶段

在收尾阶段，院系辅导员工作课程化领导小组要检查辅导员的教学效果和成果，包含教学效果调查、优秀教案评选及精品课评选三个流程。

（一）教学效果调查

课程化模式下辅导员工作均是以广大学生为出发点的，同时又以广大学生为落脚点，所以它的实际效果也最终体现在学生身上。对辅导员教学质量的监控首先应该考虑的是学生的反馈，鉴于此，每学期学院都要面向学生进行教学效果调查。

教学效果调查一般在每学期末进行，学院利用假期进行统计、总结和分析，在新学期开始前针对总结和分析的结果进一步完善，实现良性循环。通过多年的实践，笔者认为，此项工作的实施可采用网络信息化技术手段开展，该手段非常便捷。

（二）优秀教案评选

优秀教案要具备以下特点：

①教案保存完好、整洁，无破损、缺页、卷角、污染等，书写整齐规范，各类补充资料整理整齐、规范。

②课型齐全，每种课型环节齐全，课时达到规定节数。

③教案格式规范，每课时教案字数足够。

④体现了新的教学理念，教学设计有独创性、实效性，体现了学科发展的方向，体现了因材施教。

⑤教学成绩不低于平均水平。

（三）精品课评选

精品课的评选标准主要有以下几点：

①坚持正确政治方向，思想观点导向正确，内容信息真实准确。辅导员所开设的课程必须旗帜鲜明地阐述党的理论和主张，坚持正确的舆论导向。

②有明确的授课主题，也就是授课的目的，回答要讲什么、解决什么问题。教师要围绕主题备课，学生要在主题引导下听课。主题要通过题目表述出来。

题目表述必须是学术性表述，所用概念要科学、严谨，题目要高度概括所讲内容或观点，不可模糊或泛泛表述，更不可用未被公众普遍接受的语言表述。题目涉及问题、范围的大小要与所讲内容对应，特别要防止题目过大、内容偏小的情况出现。

③内容能支撑主题，且有合理的结构设计。结构是内容及分论点的组合，这种组合必须有讲究，需要精心设计。辅导员要依据问题自身的逻辑关系、时间空间关系、主次关系等进行设计，首先要保证课程内容是完整的，包括提出问题、阐述过程和概括观点，其次要保证结构是合理的，即各部分的先后顺序、主次关系、总分关系要清晰，最好能体现主题。

④思想观点要阐述清晰、问题论证要充分，并有简洁、严谨、高度的概括。这是课程的核心要素或是评价课程最重要的指标。课程要想具备思想性、指导性、启发性，首先要形成思想观点。思想观点的形成需要有充分的论证。辅导员要善于提炼和概括，通过严谨、充分的论述最终形成观点，这是课程的主旨，是授课的目的所在。学生上课的直接收获主要就在于此。

⑤理论联系实际，使课程既有理论高度又面对现实，既有学术味道又具实践性，高而不空，具有现实的指导性和启发性。辅导员开设的课程无论是理论讲授、知识传授还是政策解读，都不能只是空洞地描述背诵理论原文，或是用概念解释概念。联系实际就是联系历史，联系世情，联系形势，联系重大事件，联系社会热点。用理论政策解释实际，可帮助学生正确、深刻地认识现实；理论联系实际也包括用实际印证理论，能帮助学生全面深刻地理解和把握理论。

⑥鼓励独特的教学风格，但风格要有利于教学目标的实现。评选精品课鼓励教师要有自己的风格特色，但还是要看风格特色最终起到了什么样的作用。

五、评价阶段

评价阶段包含学生满意度调查、绩效量化考核及酬金发放等流程。

（一）学生满意度调查

学生对辅导员的满意度在一定程度上可以反映出辅导员的实际工作效果，高校需要在每学期对辅导员逐个进行学生满意度调查，并把获得的数据进行分析，进而得到每位辅导员的学生满意度指数。

在参与满意度调查的学生选定方面，选定人数原则上不少于该辅导员所指导学生总人数的 10%，选定方式则采取指定人员和随机抽取相结合的方式。当然，学生满意度这项指标的运用还要在一定程度上考虑一些非客观的因素，如果辅导员获得满意度指数在 90% 以上，即可认定为合格，如果低于 90% 或更低的话，学院应该给予高度的重视，要采取和学生代表谈话等方式全面、充分地了解和剖析产生学生满意度指数低的原因，同时要将了解的情况告知相应的辅导员，并指导和督促辅导员通过改进工作方法等措施，切实增强其工作实效，并最终提高学生满意度调查指数。

（二）绩效量化考核

辅导员工作绩效量化考核内容包括"基础指导课""专项指导课"、成果加分项和扣分项四个方面，计量单位为教分。四个方面所获教分之和即为辅导员学期工作绩效量化考核结果。绩效量化考核程序如下。

1. 个人总结

辅导员对照课程化教学大纲，对本人一学期的工作做出全面总结，并向所在院系辅导员工作课程化模式建设领导小组提交总结及相应的佐证材料。

2. 学生评议

各院系组织被考核辅导员所带班级的学生对其进行工作满意度测评（参加测评学生人数原则上不少于所带班级学生总数的 10%）。

3. 学院考核

院系课程化模式教研室主任（学生工作负责人）依据辅导员工作绩效考核内容对辅导员的工作进行考核，在征求院系党政负责人的意见后，确定院系考核结果。

4. 学校审核

各院系将本院系辅导员工作绩效考核结果报送校党委学生工作部审核，审核通过后视为最终考核结果。

（三）酬金发放

在全校同级别职称教师平均工作量的基础上，结合辅导员绩效考核结果，可对辅导员所开展的各项具体工作以酬金的形式加以体现。酬金更好地体现了辅导员所开展工作的多少及实际效果，进而避免了干好干坏、干多干少一个样现象的发生，极大地增强了辅导员工作的积极性、主动性和创新性。

院系专职辅导员个人所得酬金由"基础指导课"考核所得教学酬金、"专项指导课"考核所得教学酬金、成果加分项所得酬金和扣发酬金四部分构成。

校党委学生工作部和人事处对各院系和职能处室报送的学生思想政治工作人员实得酬金进行审核，审核合格后由学校财务处将酬金打到相应辅导员的工资卡中，这样就完成了酬金的发放工作。

第九章 高校辅导员专业化发展的考评激励机制

辅导员的考评和激励是职业发展的重要保证，科学合理的考核评价体系和规范的激励制度可以提高辅导员工作的积极性，激发其工作热情和内在潜力，使辅导员把自己的智慧、能力和需求与职业要求结合起来创新性地开展工作。

第一节 高校辅导员专业化发展的考评机制

考评是科学管理和评价辅导员的重要环节，辅导员工作考评是明确辅导员角色定位、工作定位、工作职责和素质要求的重要手段，是实现辅导员专业化的重要保证，是一项带有指导意义的常规工作。高校应进一步完善和健全辅导员队伍的考评机制，切实强化辅导员队伍的考核工作，使辅导员工作的绩效真正得以体现，保证辅导员队伍留住人才，实现可持续发展。

一、辅导员考评的意义

高校辅导员的考评是对辅导员在一定时期内的学生教育和管理工作做出评价的过程，是对辅导员在工作中的成绩和不足进行系统描述，是一个多方位、多层次、多角度的系统工程。建立科学的考评机制，实施严格的考核，对于激发辅导员的职业意识、提高辅导员的职业能力水平、强化辅导员的职业地位和职业影响力、实现辅导员的专业化发展具有重要的现实意义。

（一）有助于明晰工作职责

工作职责需要考评予以明晰和确认。辅导员工作若只有分工没有检查、只有要求没有考核，就会逐渐形成干多干少一个样、干好干坏一个样的局面。考评指标依据职责而定，通过对具体工作职责的诸项考核使辅导员工作时主动履行职责，认真计划其所承担的任务，认真研究其工作的方法和手段，认真检查其工作落实的效果，真正形成责任明确、职能清晰的学生教育与管理的局面。

（二）有助于增强责任意识

辅导员面对的是一个个有思想、有主意但并不完全成熟的大学生。因此，辅导员对工作的责任意识至关重要，每一个辅导员必须像对待自己的亲人一样，以为学生成长成才负责的态度尽心竭力地工作。这种责任意识主要来自对工作的考核与对成绩的认定，如果没有考核，责任意识就会逐渐消失在漫无边际的繁杂事务之中。

（三）有助于提高专业素养

辅导员工作是做人的工作，人的思想性决定了做人的工作比做任何其他工作都更难、更复杂。特别是现在的大学生，思想活跃，接触面广，信息来源渠道多，在好的东西给学生带来积极影响的同时，负面的影响不言而喻。这就对辅导员的知识面、素质和能力提出了严峻的挑战。没有压力就不会有足够的动力，没有动力就不会有主动提高素质的强烈愿望。如果没有对辅导员工作的考核，素质的欠缺、能力的不足并不一定会引起每一个辅导员的足够注意。

（四）有助于调动工作热情

目前，辅导员的工作并没有被完全认同，有时只被学校作为校园稳定的工具和"消防员"，这就在一定程度上影响了辅导员积极性的发挥。而只有通过对辅导员的考评才能分出好中、差，奖励优秀的，鼓励上进的，督促落后的。辅导员也可以通过自我总结、横向比较，增强自己的信心，找出自己的不足，坚持好的，改正错的，把外在要求变成内在动力，激发努力工作的热情和积极性。

（五）有助于合理奖优罚劣

辅导员是学校乃至社会党政管理干部的重要来源和可靠的预备人员，也是学校人才工程的重要后备力量。辅导员工作取得成绩后，获得奖励、委以重任、提升职务、晋升职称是正常的；同样，工作出现了重大失误或失职，也会受到批评、教育、处罚，甚至降职降级。然而这种升降奖罚必须建立在科学的考评基础上，将考评结果作为其重要依据，奖优罚劣。

（六）有助于优化队伍建设

辅导员工作是一门科学，辅导员队伍必须按照"高进、严管、精育、优出"

的原则不断优化。这种优化的前提必须是建立在科学的考核基础上，通过考核鼓励辅导员努力工作，勤奋钻研业务，给优秀辅导员以优用重用，促进辅导员队伍合理流动，实现辅导员队伍动态平衡，逐步实现辅导员队伍的专业化和整个队伍素质的提高。

二、辅导员考评的原则

建立科学合理的考评制度是实现从职业认同感着手进行高校辅导员专业化发展的重要保障。考评原则的确定是前提条件，在辅导员考评的具体操作过程中，正确把握原则是保证辅导员考评工作公平合理的关键。高校在辅导员考评工作中应遵循以下原则。

（一）科学性原则

辅导员考评必须要充分反映辅导员工作的性质和特点，因此辅导员考评需要遵循科学性原则，科学设置考核内容体系、考核标准、考核程序、考核方法等。第一，科学性原则要求客观。高校应当依据明确的考评指标体系，针对客观的考核资料进行考评，尽量避免感情因素的影响，以辅导员德、能、勤、绩的实际表现为依据，切忌凭主观印象下结论，各项考核用事实说话，实事求是地反映辅导员的各项工作，使被考核对象心悦诚服。第二，科学性原则要求公正。在辅导员工作考评的全过程中，高校要始终把公正公平贯穿于考评工作的每一个环节之中，在制定考评细则时，方法要公平，内容、标准和结果要公开，做到考核过程透明，考核结论公正，考核结果要及时反馈。

（二）导向性原则

考评不是目的，仅仅是一种手段，它的根本目的是通过评估促进辅导员各项工作的完成，提高工作质量和效率，激励辅导员朝着正确的方向发展，促进辅导员队伍建设，以评促建、以评促改，评建结合，重在建设。因此，辅导员考评需要遵循导向性原则，强调辅导员考评要突出重点和难点。一是要突出事业心和责任感。辅导员只有具备了强烈的事业心和责任感，才能热爱学生工作，继而把本职工作做好。二是突出工作业绩。对辅导员工作的考评，关键是考核其工作业绩。高校要始终坚持以业绩为主，科学、准确地评价辅导员履行职责和完成任务的情况，以便与考核标准进行比较，对辅导员实施有效的奖罚和有针对性的培养，同时通过考核提升其薄弱环节。

（三）全面性原则

辅导员考评必须对辅导员进行全方位的考核，遵循全面性原则。全面性原则要求辅导员考评要尽量全面涵盖辅导员的各项工作，尽可能做到质与量的结合、点与面的结合、常规与创新的结合、过程与结果的结合，在具体工作中就是要保证细化的考核项目能涵盖德、能、勤、绩的各个方面，不仅要考察其思想政治素质、职业道德、组织纪律、协作精神、工作能力，还要考察其工作实绩。只有这样，才能全面反映辅导员的实际表现，促使辅导员不断自我完善。

（四）操作性原则

在制定辅导员工作考评体系时必须考虑到可操作性，以使各个职能部门和辅导员相信考评的公正性和可行性。第一，操作性原则要求一致性的考评标准。高校对所有的被考核对象采用一致的考核标准，考核基础数据、考核标准和考核方法要前后一致，才能减少评估时的"弹性"，强化考核指标的"刚性"；同时深入辅导员工作中去，区分被考核对象的工作差异，针对辅导员的实际情况制定相应的指标，以便于辅导员的工作指导及考核者的打分。第二，操作性原则要求及时性的反馈结果。考核与评估的结果要及时反馈给辅导员，这样才能让辅导员及时了解自己的优势和劣势，明确自己的位置和应采取的对策，激励其互相学习、互相竞争，以更饱满的工作热情投入大学生思想政治教育工作中去。

三、辅导员考评的内容

对辅导员的考评工作不仅是辅导员队伍管理的重要内容和重要环节，而且是加强辅导员队伍专业化发展和增强高校学生工作实效性的重要措施。科学、合理、符合实际的、更加完善的辅导员考评内容是极其重要和急需构建的。对辅导员的考核，主要从德、能、勤、绩四个方面进行。实际考核工作必须将这四个方面细化为具有操作性、可测性的具体项目。

（一）对高校辅导员的"德"进行考核

"德"主要考核高校辅导员的政治思想素质、工作作风、理论政策水平和品质修养等方面的素质，尤其应注重通过对高校辅导员的思想作风等多方面的考核，了解和把握高校辅导员的思想政治素质。具体地说，就是看其是否具有共产主义远大理想，坚持正确的政治方向，坚定地走建设中国特色社会主义道路，坚持贯彻执行党的基本理论、基本路线和各项方针政策，坚定地实践"三个代表"重要思想和"科学发展观"，与党中央保持一致；是否坚持解放思想、实事求是，与时俱进、开拓创新，求真务实、锐意进取；是否努力实践全心全意为人民服务的宗旨，密切联系群众，走群众路线；能否发扬艰苦奋斗的优良传统，保持良好的生活作风；是否具备强烈的事业心和高度的责任感，忠诚于人民的教育事业等。

（二）对高校辅导员的"能"进行考核

"能"主要考核高校辅导员是否具有胜任本职工作的能力，具体地说，就是看其是否具有运用马克思主义的立场、观点和方法来分析、研究、解决实际问题的能力；能否将理论准确运用于实际工作之中，在班级管理中是否有凝聚力，是否具备日常学生管理工作能力，即决策能力、处事能力、协调能力等。

（三）对高校辅导员的"勤"进行考核

"勤"主要考核高校辅导员的工作作风和工作态度，是否能坚守岗位，认真履行辅导员职责，参加院系组织的各项活动，能否与学生建立良好的师生关系，定期深入学生宿舍、教室，能经常到学生中去，及时了解和掌握学生的思想动态，关心学生的学习、生活、工作，解决学生的问题和困难。可以据此制定相应的子项目，如每月深入班级或学生公寓的次数、每月听课次数等。

（四）对高校辅导员的"绩"进行考核

"绩"主要考核高校辅导员的工作数量、质量、效益和贡献等方面情况，具体考核所带班级的学风建设、班风建设、到课率、心理健康教育情况、党团活动的开展情况、寝室卫生状况、事故率等。考核应注意从具体的时间、地点、环境中，辩证地分析外部条件和内部条件、有利条件和不利条件、一般条件和特殊条件，从而了解高校辅导员取得实绩的主观能动性，客观地判断一个高校辅导员在特定的环境中，其主观努力的具体表现和取得成绩的工作才能，把高校辅导员的实绩考准。这一部分的考核是最重要的内容，既包括了辅导员的基础性工作成果，如思想教育、行为管理、班风学风建设成果等，也包括了学生党建、帮困助学等专项成果，在辅导员考核中应占最大比重。

此外，高校还需要对高校辅导员理论学习和业务学习进行考核。把高校辅导员理论学习和业务学习作为单独一项素质内容进行考核，是一些高校在高校辅导员进行考核方面的创新性做法。

四、辅导员考评的方法

加强高校辅导员队伍建设,还应根据政治辅导员的工作内容,研究建立一套关于辅导员工作的科学考核办法。考核方法是为获得对高校辅导员的正确认识和评价,在考核活动中所采取的手段和工具。近年来,部分高校以实现高校辅导员考核民主化、科学化、制度化为目标,对高校辅导员考核方法进行了大胆的探索和积极的改革。

(一)360度绩效考核

360度绩效考核也称全视角考核或多个参评者考核,就是由被考核者的上级、同事、学生以及被考核者本人担任考核者,从多个角度对被考核者进行360度的全方位考核,再通过反馈程序,达到改变行为、提高绩效等目的。各类考核者形成了360度考核方案的主体,使考核信息的来源更全面、更详细,也更具体;同时,各类信息之间能够互相补充、互相验证,从而保证绩效考核的可靠性和有效性。

(二)目标管理法

目标管理就是管理组织部门与辅导员一起制定目标,根据辅导员对自己成果的预想来规定辅导员的职责范围和分目标,在规定的考核周期末,对照原定目标来考核实际绩效,找出成绩和不足,然后再制定下一个周期的绩效目标。目标管理必须建立一套完整的目标体系,并保证能有效地执行和实施。

(三)德尔菲法

德尔菲法依据系统的程序,采用匿名发表意见的方式,即专家之间不得互相讨论,不发生横向联系,只能与辅导员发生关系,通过多轮次调查专家对问卷所提问题的看法,经过反复征询、归纳、修改,最后汇总成专家基本一致的看法,作为预测的结果。这种方法具有广泛的代表性,较为可靠。德尔菲法作为一种主观、定性的方法,不仅可以用于预测领域,而且可以广泛应用于各种评价指标体系的建立和具体指标的确定过程。

五、辅导员考评的程序

目前辅导员的职业考评工作仍主要由各高校自行完成，在考评程序上各高校的做法也大同小异。高校辅导员考核程序是指高校辅导员考核工作所遵循的步骤及主要环节，是准确识别高校辅导员、提高工作效率，保证考核工作有秩序进行的规范要求和制度保证。做好高校辅导员考核工作，应坚持高校辅导员考核工作程序，一般的考评程序主要有以下环节。

（一）前期准备

前期高校需要建立考核领导小组，应根据高校辅导员的岗位及拟任职务的特点和要求，本着熟悉业务、结构合理的原则，确定考核人员，搞好人员搭配。评估检查组可以由分管学生工作的校党委副书记担任辅导员工作评估领导小组组长，由学工部（处）会同各二级学院、团委、宣传部、保卫处等有关部门共同组成。制订考核工作方案也是前期准备工作的重要内容之一。考核方案应包括考核目的、考核任务、考核内容、考核方法、考核步骤以及有关要求等内容。

（二）发布预告

发布预告是指高校根据考核高校辅导员的不同情况，通过适当方式在一定范围内发布高校辅导员考核预告，目的是让辅导员认识到考评的意图和导向是为了更加有效地激发工作的积极性，提高效率，解决辅导员的思想认识问题，使他们自觉主动参与到考评工作中去。考核预告是在一定范围和时间内，通过适当的方式，对考核工作有关事项进行预告。一般来说，考核预告应通过内部文告、召开会议等形式，公布考核组组成情况及联络方式、考核对象的简要情况等，消除被考核者的疑虑。

（三）集中述职

集中述职的内容包含事先确定的考核指标体系，一般包括：汇报自己一年来突出的工作和特色；汇报学生工作的思路、手段、方法；汇报自己的纠偏措施和成效；汇报工作心得体会及科研成果等。

（四）深入了解

深入了解是指高校对照辅导员述职内容，采取个别谈话、发放征求意见表、民主测评、实地考核、查阅资料、专项调查、同考核对象面谈等方法，广泛深入地了解情况，了解学生对辅导员的反映、二级学院领导对辅导员的反映、部分教师对辅导员的反映等。这是高校辅导员考核工作的主要阶段，其工作的好坏直接影响考核结果。这个阶段是围绕了解、挖掘和掌握高校辅导员的素质、工作表现和民意情况而进行的，主要任务是准确地把握考核高校辅导员的全面情况，形成初步的印象和概念，为综合评价鉴定高校辅导员做好准备。

（五）信息整理

信息整理是指考评小组整理考核所获得的大量的原始信息，主要是对同事的意见、调查情况、查阅有关资料以及平时掌握的情况等，进行系统分析、判断和研究、综合，并在此基础上对高校辅导员做出结论，形成书面考核材料。

（六）结果公示

考评小组进行综合评定后确定考核等级，并且要及时将考评结果公示，公示无异议后反馈给辅导员，并上报学校和有关职能部门，帮助辅导员不断改进自身的工作，进而提高辅导员工作的积极性与主动性。

（七）结果运用

结果运用是指将考核情况作为高校辅导员职务晋升、评优等工作的依据。考核结果与辅导员的职务聘任、奖惩、晋级和进修培训等挂钩。高校应根据考评结果，做好总结与表彰工作，对于考核优秀的辅导员给予表彰奖励，可以破格提拔使用，优先推荐（保送）攻读在职硕、博士研究生，并适当上浮津贴发放标准；对于连续考核优秀的辅导员应作为学校的后备干部予以重点培养；对表现较差的辅导员进行批评与教育，除扣发部分辅导员津贴外，提出警告并要求限期整改；对于连续考评不合格的辅导员，应及时调离辅导员岗位。高校应依托考评机制建立起辅导员的晋级和退出机制、转换和流动机制。

六、辅导员考评的管理

建立科学的评价机制是推进高校辅导员专业化发展进程中的难点所在。评价制度的好坏关系到辅导员的职业成就感和专业发展，影响着辅导员工作积极性、主动性的发挥。由于辅导员工作涉及面广、弹性大、见效周期长等特点，对辅导员的评价和考核历来是一个难题，也是矛盾的焦点。

（一）对现有的辅导员考评制度的反思

现有的辅导员评价机制尽管有评价效率高的优点，但总体上看，在实践过程中，辅导员考核也存在许多问题。

第一，工作难以量化，难以准确反映辅导员工作绩效。辅导员面对的直接工作对象是学生，整天与学生打交道，需要占用大量业余时间与学生交流、沟通，同时又不得不应付职责以外的工作任务，导致辅导员无暇进行教学和科研。如果只是一味强调对辅导员的工作考核要细化，比如很多学校要求对各种事务性工作都要制度化，并且有相应的工作记录，无疑会加重辅导员的工作负担。

第二，工作无所不包，容易被一票否决。由于辅导员工作长期缺乏明确界定，高校中逐渐形成这样一种认识——"所有跟学生有关的事情，都与辅导员工作有关"，一旦学生出问题首先会找辅导员。辅导员工作领域中存在不容有失的禁区，比如，如果所带学生中有发生人身伤害事故，则辅导员的考核基本上与优秀无缘了。有的学校还采取一票否决的办法考评辅导员的工作，在名目繁多的工作内容中，只要有一项工作达不到要求，就全盘否定辅导员的工作，导致辅导员疲于应付，很难安心地深入开展工作，不利于工作质量的提高。现代社会，学生问题错综复杂，有学校、社会、家庭多方面原因，将所有问题都归结为辅导员，有失科学，这也会影响辅导员工作的积极性，导致"不求有功，但求无过"，以致主动性、创造性缺失。

第三，双重管理体制考核难度大。在我国目前的体制下，辅导员受院系和学校学生工作部（处）的双重领导和管理，辅导员除了要完成学校的各项工作，还要随时配合本院系的工作，造成不同院系辅导员的工作内容与方法存在很大差异。有的院系内部工作比较轻松，辅导员会有更多的精力从事学校职能部门的工作；有的院系则要求辅导员将工作的重点放在院系内部。在对辅导员考核的过程中，由于缺少协调，院系之间、学校各主管部门之间也存在明显差异，有时甚至会出现重复与冲突的现象，给考核带来极大不便。

第四，考核结果模糊，意义有待进一步加强。长期以来，辅导员待遇、职称没有得到有效保障，也使辅导员考核结果的意义大打折扣。一些在本职岗位上兢兢业业工作，受到学生、家长欢迎和认可的辅导员，往往与一些工作实绩平平的辅导员，在职称、待遇上没有任何区别。

（二）建立科学合理的考评机制

实现辅导员工作的专业化和科学化，客观地评价辅导员工作的效果，需要使辅导员制度建立在一个科学严谨的考核机制上。只有建立严谨科学的考核制度，才能明确辅导员的目标和方向，才能通过制度建设引导辅导员的行为与意识。

第一，明确考核目的。工作考核是一把"双刃剑"。正确的工作考核能激起政治辅导员努力工作的积极性，但如果考核做法不当，可能会产生许多意想不到的后果。考核要体现公正、合理、公开，才能起到激励作用。因此，考核的目的除了检查政治辅导员阶段性工作的完成情况，更重要的是要充分运用这一"双刃剑"，引导政治辅导员提高工作成效。总之，考核高校辅导员的工作是为了鼓励他们积极工作，勇于创新，不断向上；是为了肯定成绩，总结经验，提高思想水平和工作能力；是为了发现人才，选拔干部。

第二，多元评价主体。评价主体应由组织人事部门、学工管理部门、辅导员所在学院和学生四方面组成，建立四方结合的评价主体，而且应该加大学生对辅导员工作的考核力度。对辅导员的考核由学生工作部门、院系和学生共同参与。因为组织人事部门只有参与了考评工作，掌握了辅导员的表现和成绩，才能对辅导员了解得比较清楚；学生工作部门和院系对考评有了发言权，才能实现权责结合，真正发挥管理效能；学生是辅导员工作的直接对象，对辅导员的工作状况最有感受，他们的参与是对辅导员工作的最好监督。四者相互结合，才能比较全面、客观地评价辅导员的工作。

第三，多层评价内容。考评既要包含学校层面的考评内容，也要有院系层面的考评内容，还要有班级层面的考评内容。三个层面各有侧重，学校重在考察辅导员政治理论、政策水平以及科学研究的能力等，侧重结果；院系重在考察辅导员的工作实绩、工作态度等，侧重过程；而班级侧重考察辅导员的工作深入程度，应包括学生与任课教师两个层面。在指标设定上，考评既要有思想素质、工作作风、服务态度、组织能力等观察性指标，也要设立一些可以计量的行为性指标，如深入学生课堂、宿舍的次数，主讲的专题讲座，所管理学生违纪率、获奖率和就业率，获得荣誉称号，发表的论文数量，起草的文件数量，提出并得到采用的合理化建议等，细化分类、确定分值、逐项考评，增强考核的可操作性；同时，形成领导、同事、学生、家长共同参与的多元化的评价制度。不定期召开学生、教师座谈会、家长反馈会，向学生、教师、家长代表以及所在系部领导了解辅导员的工作情况。

第四，多样评价方式。考评应结合辅导员的工作特点，以岗位职责为依据，在形式上可以采取定性考核与定量考核相结合、日常考核与集中考核相结合、组织考核与学生考核相结合以及奖惩性考评与发展性考评相结合等。

辅导员工作的考评中，单纯的定性考评是不够的，必须与定量考评相结合。以往的考评往往是定性为主，没有一个统一标准，主观成分较大，经常会造成评价的不公正。定量考评主要采取数量分析的方法，通过数学模型进行数值分析，能定量化的一定要量化，这样数据表示的结果才更客观，能够排出优良中差，更具有说服力。但是在定量的比较中必须加强平时数字的记录，加强数字的积累，要考虑到数据的可靠性和可比性，杜绝形式主义的方式。

辅导员工作涉及学生日常生活的每一个具体的环节，因此在考核时不能只看结果而不看过程，做到日常和集中的结合。这种方法将结果考评与过程考评相结合，将集中评价结果与平时考核记录按一定的比例进行换算，形成最终的考评结论，能在一定程度上纠正非线性因素造成的结果与过程的偏差。

辅导员工作的直接对象就是学生，其工作的好坏学生是最有发言权的。重视学生在辅导员考核中的评价意见，也是"以人为本""管理就是服务"工作理念的体现。但是由于多种原因，学生的评价可能有一定的偏差，因此考评组在实际操作过程中可以采取除去过高和过低评价的方法，以便做到客观和公正。院系和学生处是辅导员工作的主管部门，他们的评价也是必不可少的，这些部门可以组成考评小组，通过一定的方式，如同事间互评、主管领导评价等，广泛征求意见对辅导员工作进行评价，排除主观评价，努力做到考察的科学性和全面性。

奖惩性评价与发展性评价相结合的根本目的是促进辅导员的全面发展，使评价成为辅导员发现自我、建立自信、欣赏别人的过程，从而让他们体验到工作的成功，激发内在发展的动力与需求，进入快乐学习、快乐工作的状态，实现职业价值和生命价值的统一。

第二节 高校辅导员专业化发展的激励机制

对辅导员绩效管理的最终目的是为了依据考核结果对辅导员采取有效的激励措施，进一步激发辅导员的工作热情，从而更好地实现学校思想政治工作的目标。中共中央、国务院 2004 年 8 月颁发的《关于进一步加强和改进大学生思想政治教育的意见》中明确指出："辅导员、班主任工作在大学生思想政治教育第一线，任务繁重、责任重大，学校要从政治上、工作上、生活上关心他们，在政策和待遇方面给予适当倾斜，建立和完善大学生思想政治教育专职队伍的激励和保障机制。"本节在分析有关激励理论的基础上，结合辅导员自身工作特点，探讨制定辅导员激励机制。

一、辅导员激励机制的意义

激励，其词义就是激发、鼓励。在心理学上，激励指通过某种外在的或内在的刺激，使人维持兴奋的积极状态，即激发人的动机的心理过程。激励是管理学上一种重要的功能，是管理心理学的核心问题。从管理心理学角度来讲，激励主要是指激发、鼓励、维持人的动机，调动人的积极性、主动性和创造性，使人有一股内在的动力，朝向所期望的目标前进的心理活动过程。研究表明，同样一个人在通过充分激励后所发挥的作用相当于激励前的 3~4 倍。

"机制"一词来源于希腊，语义指机器运转过程中的各个零部件之间的相互联系、互为因果的连接关系及运转方式。在经济和管理科学中，机制是一个经济或管理系统内各子系统、各构成要素之间相互联系、相互制约、相互作用的关系及其整体功能。

激励机制，是指同激励有着内在的必然联系，依照一定规律作用于激励对象，能够促使激励发生、运作和有效运行所必须采取的制度、方式或措施。从定义来看有两点需注意，一是激励机制与激励有着内在的必然联系。激励是通过需要产生动机，导致行为的发生，以达到目标来满足需要。激励机制应该是内在地作用于系统，通过满足需要来促使激励的产生与有效运行。二是激励机制是通过制度、方式或措施作用于激励对象来运作和运行的，制度、方式或措施的制定必须遵循系统本身的规律。

高校辅导员既是激励机制的使用者也是激励机制的适用对象。高校辅导员激励机制就是教育部门和各高校制定鼓励性和辅助性措施，尽量满足多数辅导员的需要和愿望，充分调动和保护辅导员的工作积极性，保证思想政治教育的效果和辅导员所从事的各项工作高效运转。激励机制运行的出发点在于激发辅导员工作的积极性和创造力，充分挖掘和发挥辅导员的才能。因此，要实现高校辅导员的专业化发展，就需要真正发挥激励的作用，建立科学有效的激励机制。建立健全高校辅导员专业化发展的激励机制，具有十分重要的意义。

（一）建立健全高校辅导员激励机制是加强高校思想政治教育工作的需要

高校辅导员是高校思想政治教育工作的主力军，在贯彻党的路线、方针和政策中担负着重要的责任，是大学生健康成长的指导者和引路人，对大学生进行日常思想政治教育和管理、辅导、引导、指导的干部，是学生工作最基层、最直接的实施者。他们的积极性、主动性的调动程度直接决定思想政治教育工作的水平，他们的工作是否到位，直接影响到以德育为核心的素质教育的实施，也直接影响到高校政治的稳定与发展局面。因此，建立健全激励机制可以使高校辅导员致力于学生思想政治教育工作的研究和创新，使大学生思想政治教育工作更具成效，真正达到思想育人、管理育人、学习育人、身心健康育人的目的。

（二）建立健全高校辅导员激励机制是提高高校辅导员自身素质的需要

新时期的高校辅导员是具有独立人格的知识型教育工作者，有着开放的眼界、较强的自主意识和开拓的创新能力，有着基于实现自我价值的高度责任感和内心需求。从整体看，辅导员的非物质激励要素对其绩效的影响程度大于物质激励要素。辅导员工作以育人为主，具有独立性、自主性、多样性的特点，有效的激励方式能够满足他们的个性化需求。因此，高校应从辅导员内在的需求出发，建立一套较为健全的激励机制，为辅导员营造一个良好的工作环境，提供更多学习深造的机会和实现自我价值的平台，使热爱学生工作的辅导员能增强职业认同感，安下心来走专业化发展道路，不断提高自身素质，努力使自己成为学生工作的行家、专家，促进其自身的发展。

（三）建立健全高校辅导员激励机制是适应高校辅导员队伍发展的需要

当前，我国高校辅导员队伍的结构、素质、工作内容和方式等均发生了深刻变化，整体素质和工作水平都得到显著提高。但与大学生思想政治教育新形势、新任务的要求相比，高校辅导员队伍建设的深层次问题始终没有得到很好的解决，整体素质始终没有质的飞跃。目前，高校辅导员队伍整体上缺乏稳定性，其知识结构、年龄结构、学历结构不合理，其身份自我认同度低，职责定位不明确，事务性工作繁重，发展的机会较少、收入较低。这些问题不解决或解决不好，势必影响高校辅导员队伍建设与发展的进程。建立健全辅导员激励机制，吸引更多德才兼备的人才加入辅导员队伍并长期从事思想政治教育工作，对进一步提升辅导员队伍的整体素质、优化辅导员队伍结构，无疑具有十分重要的现实意义。

二、辅导员激励机制的理论基础

20世纪初，西方的研究者从不同的角度研究了怎样激励人的问题，提出了许多激励理论。按研究激励问题侧重的不同及其与行为的关系不同，我们可以把各种激励理论归纳和划分为内容型激励理论、过程型激励理论和行为改造型激励理论等。

（一）内容型激励理论

从内部状态来看，激励即指人的动机系统被激发起来，处在一种激活状态，对行为产生强大的推动力量。内容型激励理论是从激发行为动机的因素这个角度来研究激励问题的。这类理论认为人的积极性和受激励的程度主要取决于需要的满足程度，因此他们从研究激励的起点和基础出发，分析研究人们内在需要的内容、结构以及它们如何推动行为。目前，由于所研究的内容都围绕着需要这一核心因素，这类理论又称为需要理论。比较有代表性的内容型激励理论有马斯洛的需要层次论、赫茨伯格的双因素理论、奥德佛的ERG理论、麦克利兰的成就需要论等。

（二）过程型激励理论

从心理和行为过程来看，激励主要指由一定的刺激激发人的动机，使人产生一股内在的动力，一种向期望的目标前进的心理和行为的过程。过程型激励理论就是着重研究从动机的产生到采取具体行动的心理过程，试图弄清人们对付出劳动、功效要求和奖酬价值的认识，涉及员工如何对奖酬进行评估、如何选择自己的行为、如何决定行为的方向等，以达到激励积极行为的目的。比较有代表性的过程型激励理论有弗鲁姆的期望理论、亚当斯的公平理论、洛克的目标设置理论等。

(三) 行为改造型激励理论

从诱因和强化的观点来看，激励就是将外部适当的刺激（诱因）转化为内部心理动力，从而增强或减弱人的行为的过程。行为改造型激励理论是从分析外部环境入手，着重研究如何转化和改造人的消极行为以及如何巩固和发展人的积极行为。比较有代表性的行为改造型激励理论有强化理论、挫折理论等。

三、辅导员激励机制的原则

无论从辅导员个人发展的角度，还是从实现学校学生工作目标的角度来讲，激励都是一项不容忽视的工作，对辅导员进行必要的激励，是推进和确保队伍健康、稳定发展的助推器。建立辅导员激励机制发挥人力资源优势，要结合学校实际，兼顾各方，遵循和坚持一些基本原则。

(一) 物质激励和精神激励相结合，以精神激励为主的原则

物质激励主要是通过经济手段满足辅导员的生活需要，从而激发他们的动机，调动工作积极性；而精神激励的作用，在于能满足辅导员的某些高级需要。物质生活需要虽然属于低层次需要，却是人的最基本的需要。在辅导员工资不高、生活水平还比较低的情况下，物质激励有着重要的作用。然而物质激励不是万能的，尤其是对于具有安贫乐道、甘于清贫的优秀传统的中国知识分子而言更不是万能的，此时激励机制也离不开精神激励的作用。精神激励主要是通过理想、成就、荣誉、情感等非经济手段激发人们的潜能，用于满足教师的尊重、成就、自我实现等高水平的需要。这是一种主导的、持久的激励形式，对辅导员的行为具有教育性、激励性、调节性和增力性作用。但是没有物质激励的支持和充实，精神激励的作用就会减弱甚至落空。辅导员失去了精神力量，就会失去前进的方向和动力。因此，在高校管理中，物质激励与精神激励是对辅导员进行激励的两种模式，高校应进一步调整好物质激励与精神激励，将两者有机地结合起来，实行同步激励，以产生实际的、持久的、强有力的激励作用，切实调动辅导员的工作积极性和创造性。

(二) 外在激励与内在激励相结合，以内在激励为主的原则

激励可以分成两类：一类是指成功、成就和认可的内在因素的激励，即内在激励；另一类是指通过提高工资、改善工作条件、加强监督性管理等外在因素来达到激发动机的激励，即外在激励，这两者共同构成了激励系统的有机条

件，缺一不可。高等教育事业的发展、国家经济的建设都离不开一支高质量的辅导员队伍，而高校辅导员作用能否发挥、作用发挥的大小与对辅导员的外在激励密切相关。外在激励是一种重要的激励方式，它虽然能对高校辅导员产生一定的激励作用，但很难激发他们的内在动力。要想使激励对高校辅导员产生更大的作用，还要辅导员个体的内在激励发挥作用，内在激励则主要来源于对工作活动本身、发自内心的一种力量。高校辅导员管理必须始终抓住内在激励和外在激励的相互渗透和结合，避免"一手硬，一手软"的现象，力争做到"两手都要硬"。这也符合马克思辩证唯物主义的内、外因互动理论。激励机制运用的侧重点还是应放在内在激励上，要通过内在激励强化高校辅导员的自主意识和主观能动性，同时辅之以必备的外在激励。外在激励是诱导因素，是保障，是促发高校辅导员内在动机的前提条件。内在激励是基础，是先导。只有通过两者的互促、互动，将辅导员的外在激励与内在激励有机结合起来，外在激励以内在激励做基础，内在激励的产生有赖于外在激励的诱发，而内在激励的产生会使外在激励更有效，两者互相促进，才能实现高校辅导员管理中激励机制的整合功能。

（三）正面激励与负面激励相结合，以正面激励为主的原则

正面激励就是对所倡导的行为进行奖励，能使符合社会期望和组织要求的行为加强、保持和推广；负面激励就是对所不倡导的行为进行惩罚，能使不符合社会期望和组织要求的行为尽快得到控制、减弱和矫正。在对高校辅导员进行激励的过程中，高校应真正做到奖惩分明，既要对做出突出成绩的辅导员进行奖励，又敢于对不负责任或不合格的辅导员进行批评和惩罚，甚至将他们清除出辅导员队伍。负面激励是在辅导员失职时采取的负面措施，这种方式如果使用不当会严重伤害辅导员的自尊心和工作积极性，有时还可能造成人际关系的紧张。因此，高校在实际操作中应以正面激励为主，特别是在使用负面激励时一定要注意方式和场合，以私下谈话或者单独批评教育的形式为主，对确实不符合辅导员岗位的人员要调离工作岗位或者继续培训学习。

（四）统一激励与个性激励相结合

激励的目的是通过一定的激励措施，提高辅导员工作的积极性，发挥他们的创造性，从而实现高校目标。由于高校辅导员的工作性质相同、认知水平差距不大，某些统一的激励措施或方法对大部分辅导员来说是有大致相同的激励力量的。但是，高校辅导员这一群体总是千差万别且发展变化着的，每个辅导

员的需要层次是各不相同的，对同一目标是不可能有完全相同的效果的。因此，在高校辅导员管理中，高校要针对辅导员个体差异等特点，有的放矢地实施个性激励，在统一激励的目标下，不可埋没任何一个辅导员的个性特征，促使个体在个性激励的引导下朝着统一的目标方向迈进。高校对辅导员的激励要达到良好的激励效果，必须与辅导员个人的目标相一致。这种结合是实现辅导员与学校"双赢"的根本，是辅导员得以发展、学校得以前进的保障。由于辅导员的需求是多样的，与学校的目标可能并不一致，因此，辅导员在考虑个人需要的同时，也要多体谅一下学校的实际，多考虑一下学校的发展。辅导员只有与学校所需紧密结合起来，用自己的才能与本领为学校服务，才能使自身的才能得以充分发挥。反过来，学校也要多了解辅导员们的需求，从而在实现学校目标的同时，满足辅导员的个体需求。

四、辅导员激励机制的内容

辅导员激励机制的重点内容包括以下三个方面：一是职位系列的设计，实行辅导员职级制，鼓励优秀辅导员走专业化发展之路；二是奖励与考核制度的设计，实行聘用制、任期制、岗位津贴制，健全业绩考评体系，科学地把握激励的"时、频、度"，调动辅导员的工作热情；三是辅导员职业生涯发展的设计，建立模块培训制，给予辅导员更广阔的发展空间。

（一）职级制

高校辅导员的职级制是指由学校依据有关法规，参照现行高校教师专业技术职务评聘制度，联系辅导员工作实际制定的一种较科学、合理的辅导员教师职级评审条件、聘用标准、相应的工资待遇和任职期限，在本校内部执行的辅导员职级评聘单列制度。职级制的实行，使辅导员这一职业成为高校中名副其实的专业技术职务，使得大批德才兼备的中青年辅导员脱颖而出，有效地激励了他们在辅导员岗位上全身心投入，潜心研究思想工作的理论和规律，解除了辅导员的后顾之忧，有利于辅导员专业化的发展，有利于辅导员这一职业得到全社会和学校成员的认可。实行辅导员职级制要注意以下三个方面：一是职级制的评审标准必须重工作能力、重工作实效，不唯文凭；二是职级制的评审过程必须体现公开、公正、公平原则；三是必须建立与职级制相对应的薪酬体系。

（二）聘用制

高校辅导员的聘用制是指在现有的学校人事制度体制下，由学院与辅导员签订聘用合同，确定双方聘用关系，明确双方责任、权利与义务的一种辅导员人事管理制度。实行辅导员聘任制，将有利于建立一个切实有效的人才竞争上岗的激励机制，提高人才的使用效益，实现辅导员队伍结构的最优化和效益的最大化；有利于保障辅导员的合法权益，使得人才的自我意识和价值观念在市场经济条件下获得最大提升。实行辅导员聘用制应注意以下三个方面：一是处理好学校人事制度规定与学院自主权的关系，由二级学院根据辅导员岗位设置、岗位职责，报学校人事处备案，实行公开招聘，按岗聘用，竞争上岗；二是处理好"职务聘用"与"资格评审"的关系，允许打破原有学院的界限，允许"高职低聘"或"低职高聘"，充分发挥人才的使用效益；三是处理好改革与稳定的关系，由于历史原因造成的落聘人员，要进行培养提高，合理分流，妥善安排。

（三）考评制

高校辅导员的考评制是指以从事高校辅导员工作的老师为对象，规定其在任期届满之后，必须通过学校有关管理机构的考核来确定是否可以继续聘任，或者是否可以采取"退职"方式不予聘任的一个制度。推行考评制，能够根据辅导员实际工作能力、工作兴趣，通过双向选择，构建"公开、平等、竞争、择优"的人才竞争机制，一方面有利于提高人才的合理流动，另一方面有利于提高辅导员自身能力、竞争意识及创新研究能力。实行辅导员任期考评制应注意以下三点：一是明确规定辅导员的任职期限；二是严格考核，考核工作体现制度化、规范化，考核结果作为续聘的依据；三是考评体系要科学合理，做到定量与定性相结合，以定性为主。

（四）津贴制

高校辅导员的津贴制是指学校把国家和地方政府发放的津贴、奖金等统一使用，根据岗位性质、责任大小、难易程度、工作环境、工作实绩进行分配，不搞平均主义，真正发挥津贴的激励作用，它是学校发给辅导员岗位的一种特殊津贴。实行辅导员津贴制，极大地激发了辅导员的工作热情，体现了学校对辅导员工作的重视和关心，体现了"按劳分配、优劳优酬，效率优先、兼顾公平"的薪酬分配激励机制。实行辅导员津贴制应注意以下问题：一是津贴制实质上是一种激励手段，是学校给辅导员的政策倾斜，享受岗位津贴的辅导员其他待遇不受影响；二是津贴制的发放要与辅导员业绩考核相结合，体现多劳多得的分配原则；三是津贴制的最终解释权在学校。

（五）养用制

高校辅导员的养用制是指为提高辅导员素质、能力而采取的有组织、有计划的培养和训练。在知识信息爆炸的现代社会，随着社会形势的复杂化，教育对象、教育方式、教育环境发生了翻天覆地的变化，辅导员的专业素养、政治修养需要及时更新、与时俱进。因此，建立科学、合理的养用制，有利于辅导员培养终身学习的习惯，有利于辅导员提升业务技能，提高工作效率。建立辅导员养用制应注意以下四点：一是各学院了解辅导员的学习需求，制订切实有效的培训计划；二是根据每一位辅导员的工作实际，分层次、分阶段提供进修机会，并给予时间和经费上的充分保证；三是理论与实践相结合，并及时更新培训内容，重视现代教育技能培养；四是培训与聘任、评估相结合。

五、完善高校辅导员激励机制的举措

选聘机制重在确保选聘优秀的人才进入辅导员队伍，激励机制重在激发这些优秀人才的主观能动性，把潜在的素质优秀变成工作业绩优秀，把个体不稳定的工作热情变成一种持续的、稳定的工作动力。辅导员工作的烦琐性、晋升渠道的不确定性等决定了在辅导员专业化发展的过程中，必须完善激励机制，通过一些有效的操作激发诱导辅导员，使他们进入高动机状态，为学生的"终身发展"和学校的长远利益努力奋进，继而提升辅导员的职业认同感和幸福感。

（一）明确要求是完善激励机制的前提

高校辅导员工作的激励机制即以高校思想政治教育和德育为目标，根据辅导员自身的需要和愿望，创设满足其各种需求的条件，从而激发促使辅导员充分发挥才智、发掘潜能，为高校的思想政治教育和德育工作积极贡献力量。建立辅导员工作激励机制有以下要求：一是激励机制要注重人文管理，创设辅导员工作的良好环境和平台。从工作特点来看，辅导员进行的是高校思想政治教育工作，它是一种能够体现个性的体力和脑力劳动，其工作性质具有丰富的情感色彩和人文关怀，因此高校要调动和保护辅导员工作的积极性、主动性和创造性，就绝不能简单地依靠规章制度和行政命令来对辅导员队伍进行管理，而要更多地注重人文管理。二是激励机制应该具有开放性和层次性。激励机制应该随着学生、学校和时代的发展而不断发展、不断创新，形成一个开放的系统。同时，高校应对不同专业、不同学科的辅导员制定不同的激励机制，既要统筹兼顾又要区别对待，具有层次性。三是激励机制应建立在公平、客观的基础上，才能真正发挥作用，只有促进辅导员提高工作的实效性，整个辅导员工作才能生机勃勃，充满活力，如果公平的激励机制不能建立，就会挫伤辅导员工作的成效。

（二）理解人性是完善激励机制的基础

高校辅导员激励机制激励的对象是人，因此，怎样认识"人性"及其本质是建立高校辅导员激励机制的基础。长期以来，人性假设一直是经济学家、管理学家所关注的重要理论问题。中国古代有性善论、性恶论和人性可塑论之说；西方现代有经济人、社会人、自我实现人和复杂人的假设。在现实生活中，人性假设具有客观必然性，即它的存在不以人的意志为转移。然而，长久以来，我国传统的高校管理体制一直排斥"自利"行为，片面强调个人利益、局部利益服从整体利益，普遍要求辅导员像蜡烛一样为社会主义教育事业无私奉献、忘我工作，结果造成了高等教育低效率、低效益的恶果，认为辅导员就应不食人间烟火，不谈金钱，不能沾世俗一丝浊气；就要讲奉献，不能谈物质，要甘于做人梯，当蜡烛。这显然是对辅导员职业的一种扭曲认知。这说明高校辅导员激励机制忽略了现实的人性假设，是脱离实际的，结果必然是制度效率的损失。马克思关于人的本质的论述提示了人的本质不仅不是抽象的，而且不是永恒不变的，是随着历史的发展而发展的。因此，在构建高校辅导员的激励机制时，必须以对人性的理解为基础，建立在理解人性基础上的激励机制必定也是随着社会发展而有所不同。

（三）改革方法是完善激励机制的途径

辅导员是一个高学历的知识群体，具有较高的文化教育水平和自我发展意识。高校在对辅导员进行激励时，必须遵循激励的规律，把握激励的要素，分析辅导员的个性特点和不同需求，发挥多种激励措施的合力作用，体现激励机制的目标引领作用，从而创造高质量的工作氛围和环境，促进辅导员目标与组织目标的实现。辅导员积极性的复杂性决定了针对辅导员的激励方法应该是全方位的、不断改革的。

1. 物质激励法

为了辅导员的终身发展，也为了学校目标的实现，达到个人目标与集体目标的一致性，学校有必要在物质激励方面加大力度，推动辅导员对职业的热爱。学校常用的物质激励手段有薪酬激励、福利激励、奖励激励等。

2. 精神激励法

精神激励是一种正面的诱导和鼓励，它通过创造良好的工作氛围和人际环境，加强对辅导员的精神关怀，提高辅导员觉悟的角度激发工作动机，使辅导员感受到组织的温暖和爱护，主动为学校做出更大的贡献。组织常用的精神激励手段有尊重激励、榜样激励、信任激励、参与激励、荣誉激励、文化激励、关爱激励、目标激励、环境激励等。

3. 发展激励法

高校要根据学校辅导员队伍建设的目标和定位，帮助辅导员明确自身的发展方向，对每位辅导员进行分析定位，使其明确在不同阶段的个人定位与相应任务，给予足够的保障措施，促使其按计划实施，并适时地调整与修正，逐步完成预期目标，实现个人发展成就的最大化。具体的激励手段有理想激励、工作激励、竞争激励、成就激励、晋升激励、教育激励等。

（四）创新制度是完善激励机制的措施

创新辅导员的激励机制，就是要因时、因地、因人，创造性地建立一种能够发挥辅导员作用的激励机制。辅导员积极性的复杂性决定了针对辅导员的激励机制应该是全方位的、不断创新的。高校辅导员的激励机制可以从以下方面进行创新和完善。

1. 完善激励规则

完善激励规则应主要注意以下方面：首先要注重激励规则的科学性。高校应加强高校辅导员竞争激励规则的研究，科学设计激励规则。高校辅导员激励规则设计应当遵循科学的逻辑结构原理，即"假定、处理和规则后果"。假定，就是条件，任何激励规则都只能在"一定条件""一定范围"适用，假定的条件设计应当尽量全面具体，便于操作；处理，就是行为规定，允许什么行为，禁止什么行为，应当如何，必须如何，可以如何等；规则后果，就是对遵守或违反规则予以肯定或否定，肯定的给予保护和奖励，否定的给予惩罚与制裁。其次，注重激励规则的系统性。涉及高校辅导员激励活动的内容和环节很多，每项内容和每个环节都应当有具体规则，如果一项内容或一个环节有问题，就会影响整个竞争过程。最后，注重激励规则的明确性。一般不宜在操作性规则中过多规定"按其他细则"执行或选择性条款，每项规则都应具体明确，为了便于操作，应当做到增加刚性规则，减少任意性规则；增加确定性规则，减少委任性（委托授权自主）和准用性（允许性授予或参照）规则。

2. 规范考核运作

规范高校辅导员激励运作是完善高校辅导员激励机制的重要内容，其中重点是规范高校辅导员考核激励的运作。规范考核运作的当务之急就是实行目标考核责任制，根据岗位职责，制定科学的考核指标体系，按照考核标准体系对高校辅导员进行考核，使考核激励更具客观性和科学性。

3. 确保激励公平

职务职称晋升、评优获奖等是辅导员个人利益的重要内容。在高校辅导员的激励过程中，高校需要建立起良性竞争机制。竞争机制一旦有效运作起来，将有力地调动辅导员的积极性与主动性，增强整个队伍的活力。建立与完善高校辅导员的竞争激励机制，关键在于竞争过程的公开与公正。要保证竞争的公正性，就需要高校科学地制定竞争规则，扩大民主程度，通过良性竞争达到有效激励的目的。

4. 创新工作模式

辅导员由于身陷事务性工作，8小时工作时间内要处理有关学生工作的各项事务，要定期安排班级会议，要定期对学生进行思想政治教育，工作时间忙不完就要加班加点，因此有的工作只有放到业余时间开展，比如对学生身心状况、心理状况的了解，就要抽学生的课余时间来进行，通过与学生交谈掌握他们的思想动向，及时发现问题，帮助学生化解困惑。根据大学生辅导员工作自身的特点实施弹性工作模式，即根据辅导员工作与学生上课时间不重叠、工作地点多变的特点，高校可以不要求辅导员像其他行政人员那样每天白天按时坐班，改为"白天轮班、设立个性化固定辅导时间、重点保证针对重大教育活动以及重点辅导对象的工作时间"这种弹性工作模式。当然，这种工作模式需要严格的考核制度来保证。

5. 优化报酬结构

报酬分为内在报酬与外在报酬。内在报酬是就辅导员工作本身所获得的满足感而言的，包括工作中的权力、个人成长发展机遇等因素；外在报酬主要指薪酬等物质形态的报酬。对于辅导员的报酬管理，在支付辅导员物质性报酬强度不大、吸引力不够的情况下，高校应该加强非物质性报酬的吸引力，完善他们的报酬结构，从而提高他们工作付出与工作报酬的对称程度。例如，一些高校在加大奖励力度方面，除适当地提高物质性奖励额度外，更积极通过召开奖励大会、公开宣传获奖人员等措施提高辅导员的荣誉感。这样，学校虽然没有在物质报酬方面给予辅导员特别关照，但是这些非物质性报酬对辅导员也是很大的激励。

6. 实行双重晋升

在高校中，辅导员的身份比较特殊，他们既是教师又是行政人员，在发展序列上可以实行辅导员行政职级和专业技术职务聘任的"双重身份、双重晋升"。高校对于职级晋升，可以把辅导员队伍建设列入学校党政管理干部培养总体规划，享受同等待遇。辅导员的职级可以分成5个等级，分别对应科员、副科级、正科级、副处级、正处级。如西南交通大学规定，辅导员经考核合格，本科毕业满两年的可定为副科级，满4年的可定为正科级，满7年的可定为副处级，对表现突出的辅导员可破格提拔或越级晋升。对于职称晋升，高校在制定职称评审标准和实施细则时，应将辅导员队伍建设纳入师资队伍建设总体规划，设立专门的辅导员专业技术职务序列，成立专门的专业技术职务评审委员会，实行独立于专业教师之外的职称评审，专职辅导员可按助教、讲师、副教授、教授评聘思想政治教育学科或其他相关学科的专业技术职务。各高校也可以根据实际情况，在辅导员队伍中设立机动的讲师、副教授和教授岗位，有了独立的职称序列就可以防止辅导员的职称名额被其他序列所挤占或挪用。学校对辅导员发展实行行政职级与技术职务双重晋升机制，可以充分调动辅导员们的主动性，实现整个辅导员队伍的良性发展。

7. 营造竞争氛围

首先，不断强化竞争观念。高校应不断培育和强化高校辅导员的竞争观念，采取多种形式和途径，营造竞争氛围使高校辅导员在实践中真正体会竞争、感受竞争，并且把理解竞争、参与竞争和接受竞争结果转化为自觉意识。只有处于这样的社会氛围和校园氛围，高校辅导员激励机制才可能达到预期的最佳激励效果。其次，创造多种竞争激励形式。高校辅导员竞争激励形式多样，有利于创造更多的激励机会，给高校辅导员的管理不断注入新的活力。如竞争上岗，可以规定任职年限，到了规定年限后重新竞争。再如，可以在多个环节设置竞争机制，如上岗、升职、升级、转任资格等。多环节设置竞争有利于创造竞争氛围，培养高校辅导员的竞争习惯，不断提高辅导员的综合素质。营造良好的竞争氛围，对保证激励效果具有十分重要的作用，也是健全激励机制的重要内容。

参考文献

［1］李宁.谈高校辅导员的学生工作创新［J］.重庆工贸职业技术学院学报，2008（3）：18.

［2］张启艳.高校学生管理工作创新研究［D］.南京：东南大学，2012.

［3］梁红娥.民办高校辅导员学生管理工作的创新路径探析［J］.新西部：下旬·理论，2016（9）：72.

［4］陈鹏悦.高校辅导员学生管理工作的创新方法探微［J］.科技资讯，2016，14（1）：133.

［5］李江.浅谈高校辅导员学生管理工作中的创新［J］.教育界：高等教育，2015（8）：8.

［6］盛力.高校辅导员学生管理工作中的创新探讨[J].才智，2014(14)：1.

［7］张二月.创新高校学生管理中的辅导员工作初探［J］.新教育时代（电子杂志），2016（5）：1.

［8］高丽.高校学生管理中辅导员工作的主要问题和创新思路［J］.经营管理者，2014（34）：246.

［9］杨广宇，武林.浅谈高校辅导员学生管理工作中的创新［J］.陕西教育：高教版，2008（3）：50.

［10］谭红丽.高校辅导员管理育人工作要坚持以人为本［J］.商品与质量：理论研究，2011（10）：025.

［11］程威.新时期高校辅导员工作的思考与创新[J].时代教育，2016(2)：41.

［12］陈自松.高校辅导员管理效能的提升与工作创新研究［C］.教师教育能力建设研究科研成果汇编（第七卷）.2018.

［13］包锋.新形势下高校辅导员学生管理工作方法探析［J］.智富时代，2019（9）：1.

［14］刘楷,郑岩.浅析新时期高校辅导员创新性工作方法［J］.读与写:教育教学刊,2010（9）:44.

［15］杨正云.辅导员工作在高校学生管理中的创新［J］.2023（10）:24..

［16］杨真."互联网思维"时代下高校辅导员管理工作探索与创新［J］.佳木斯职业学院学报,2017（6）:154.

［17］齐冬雪.新形势下高校辅导员学生管理工作中的主要问题以及创新思路［J］.现代交际,2016,（13）:89.

［18］张晓英,殷凤,赵斌.大数据时代高校辅导员学生管理工作创新对策探讨［J］.科技资讯,2022,20（4）:68-70.

［19］李宁,徐洁云.论高校辅导员在学生工作中的创新［J］.济南职业学院学报,2007（5）:30.

［20］杨广宇,武林.浅谈高校辅导员学生管理工作中的创新[J].陕西教育:高教版,2008.

［21］罗永辉.转型发展时期民办高校辅导员学生管理工作的创新路径[J].福建质量管理,2016,（4）:44.

［22］陈武林.高校辅导员管理效能与工作创新研究［D］.福建:福建师范大学.2023.

［23］曾茜.创新高校学生管理中的辅导员工作初探[J].教育与教学研究,2010,24（1）:63-65.